名师课堂·教学研究与实践

本书是苏州市 2021 年度"姑苏教育人才"资助项目"基于深度学习的小学数学阅读微课程的构建与实施"（项目批准号：RCZZ202121）和江苏省教育科学"十四五"规划 2021 年度课题"小学数学阅读微课程的建构与实践研究"（项目批准号：D/2021/02/204）的研究成果。

数学阅读 行与思

走向课堂的小学数学阅读

SHUXUE YUEDU XING YU SI
ZOUXIANG KETANG DE XIAOXUE SHUXUE YUEDU

陆 椿 著

江苏大学出版社
JIANGSU UNIVERSITY PRESS

镇 江

图书在版编目(CIP)数据

数学阅读行与思：走向课堂的小学数学阅读 / 陆椿
著. -- 镇江：江苏大学出版社，2024.1
ISBN 978-7-5684-2029-7

Ⅰ. ①数… Ⅱ. ①陆… Ⅲ. ①小学数学课–教学研究
Ⅳ. ①G623.502

中国国家版本馆 CIP 数据核字(2023)第 169920 号

数学阅读行与思:走向课堂的小学数学阅读

著　　者/陆　椿
责任编辑/宋燕敏
出版发行/江苏大学出版社
地　　址/江苏省镇江市京口区学府路 301 号(邮编：212013)
电　　话/0511-84446464(传真)
网　　址/http://press.ujs.edu.cn
排　　版/镇江文苑制版印刷有限责任公司
印　　刷/镇江文苑制版印刷有限责任公司
开　　本/710 mm×1000 mm　1/16
印　　张/16
字　　数/300 千字
版　　次/2024 年 1 月第 1 版
印　　次/2024 年 1 月第 1 次印刷
书　　号/ISBN 978-7-5684-2029-7
定　　价/72.00 元

如有印装质量问题请与本社营销部联系(电话：0511-84440882)

序

徐　斌

　　我认识陆椿老师好多年了。最初，因为同在一座城市，又恰好从事着同一项工作，彼此就有了很多交流的机会，不知不觉就渐渐熟稔起来。再后来，没想到他和我竟成了同事，我们先后加盟苏州大学实验学校，一起吃同一个锅的饭达 3 年之久。5 年前，区域成立徐斌名师工作室，他成了我工作室的核心成员，就这样，他常称我为"师父"，其实我一直把他看作兄弟。如今，他已经是姑苏教育青年拔尖人才、学校的管理干部，成为专业研究和管理发展并驾齐驱的教育理想追寻者。

　　前不久，陆老师专程送来了他撰写的一本书稿——《数学阅读行与思：走向课堂的小学数学阅读》。当我翻开这厚厚一摞散发着浓郁墨香的书稿时，不禁感佩于他潜心研究和孜孜以求的专业精神。我实在是没有想到，在这几年看上去平常的同事同行道路上，陆椿老师已经不知不觉地积累了如此丰硕的研究成果。

　　长期以来，一提到"阅读"二字，人们首先想到的自然是语文、英语或其他人文学科的责任，阅读似乎与数学这一理性学科相距甚远。其实，这是一种学科误解。读完本书之后，大家就会明白：数学学科需要阅读，数学阅读可以更好地帮助学生学好数学，促进教师改进数学教学。尽管数学学科的课程性质表明"数学是研究数量关系和空间形式的科学"，但是数学首先是一种语言，而且是无国界的通用语言。因此，数学阅读既有一般阅读的共性，又有其独特的个性。

　　浏览书稿，我们可以发现，本书的逻辑结构十分清晰完整，内容也丰富多样。作者从数学阅读的理论探索入手，分析了当下数学阅读的现状与问题，厘清了数学阅读与学生核心素养发展之间的关系，并提出了基于深度学习的数学阅读策略；作者还依次从数学阅读的内容、方式、课型三个角度进行了理论与实践双向建构，进而形成了数学阅读的微课程系列及"阅读+"数学实践活动延展系列；更为可喜的是作者带领团队成员进行了大量的数学阅读教改实践，并在此基础上精选呈现了多个丰富具体的数学阅读典型课例，为广大一线数学教师开展数学阅读活动提供了过程性样本参照；此外，作者还以"课堂拾贝"和"附录"方式分别提供了其在数学阅读探索中的成功经验和调查访谈提纲，为数学阅读的推广应用提供资料支撑。

新教育实验发起人、全国政协副主席朱永新先生说过："一个人的精神发育史就是他的阅读史"，"一个民族的精神境界取决于这个民族的阅读水平"。苏联教育家苏霍姆林斯基也指出："让学生变聪明的方法，不是补课，不是增加作业量，而是阅读、阅读、再阅读。"2023年全国教育工作会议提出的年度五大亮点工作之首即是"把开展读书活动作为一件大事来抓"，并具体指出要引导学生爱读书、读好书、善读书。这里的读书既包括广义的阅读活动，也包括学科阅读，这样的国家行动战略为我们深入开展数学阅读活动提供了政策支持。

诚然，与国内外专门研究数学阅读的专家学者相比，陆老师所开展的数学阅读"行"与"思"，起步时间不算早，理论探索与实践经验也正在逐步积累之中，但所取得的成效却十分喜人。我欣喜地看到陆老师在这方面做了很多有益的探索，也期待陆老师在今后的教学实践与管理实践中，将数学阅读拓展为全科阅读，将学校阅读拓展为家庭阅读、全民阅读，营造更为良好的读书氛围，为下一代的全面发展提供强有力的保障。

（作者系苏州大学实验学校副校长，著名特级教师，
苏州大学基础教育研究院无痕教育研究所所长）

目 录

第一章

数学阅读的基本理论及现状调查分析

第一节 也谈"数学阅读"

一、关于"阅读"

《教育大辞典（简编本）》对阅读的解释是："阅读是从书面材料（文字、符号、公式、图表）获得意义的心理过程，也是基本的智力技能。"[①]一般意义上的阅读，是指人类通过语言文字来获取信息、认识世界、发展思维，并获得审美体验与知识的活动。阅读的过程是从视觉材料中获取信息的过程，其中视觉材料主要是文字和图片，也包括符号、公式、图表等。阅读还是一个学习的过程，不仅需要读，还需要和动脑、动手有机结合，经历理解、领悟、吸收、鉴赏、评价和探究等一系列的思维过程。读者阅读文本，还自然会将文本内容与个人的理解、思维方式、生活经历和心理感受结合起来，仁者见仁，智者见智。正如莎士比亚所说："一千个人眼中就有一千个哈姆雷特。"每位读者都会有不同的阅读体验和感悟。

提起阅读，人们想到的往往是语文阅读、英语阅读，很少会想到数学阅读。其实，阅读是最基本的学习方式，适用于大多数学科，作为基础学科的数学同样离不开阅读。

因为学科性质有所不同，所以数学学习中的"阅读"和语文学习中的"阅读"是有区别的。阅读是语文教学过程中的基本环节。《义务教育语文课程标准（2022年版）》指出："语文课程是一门学习国家通用语言文字运

---

① 顾明远. 教育大辞典（简编本）[M]. 上海：上海教育出版社，1999：597.

用的综合性、实践性课程。工具性与人文性的统一，是语文课程的基本特点。"① 语文阅读材料的内容往往更具文学性，是一种语言文化的体现，更侧重于使读者通过阅读体会语言文字背后的意境和情感。而《义务教育数学课程标准（2022 年版）》指出："数学是研究数量关系和空间形式的科学。"② 因此，数学阅读材料的内容，多是说明性质的文字表现，更倾向于把问题情景用最简洁的语言文字、符号、术语、公式、图表等展现给读者，让读者在简短的文本中体会一系列的数量关系和空间形式。正是因为数学材料具有这一特性，读者在进行数学阅读时就需要更精准地思考文字的含义和文字之间的直接或间接联系。

二、关于"数学阅读"

苏霍姆林斯基说："让学生变聪明的方法，不是补课，不是增加作业量，而是阅读、阅读、再阅读。"他还说："三十年的经验使我相信，学生的智力发展取决于良好的阅读能力。"学习离不开阅读，数学学习同样离不开数学阅读。国内外一些学者很早就开始关注数学阅读这个领域，并开展了很多相关研究。

（一）数学阅读的含义

美国数学教育家贝尔认为，数学阅读和一般阅读大不相同，数学阅读要求精确、有条理、灵活和精力集中，是伴随着一系列思维活动的过程。③

南京师范大学课程与教学研究所、南京师范大学数学科学学院喻平教授在题为《小学数学阅读的两点思考》的报告中，提出了"小学生需要数学阅读吗"和"如何将数学阅读融入教学之中"两个问题，并较为系统地阐述了其对数学阅读的思考。他指出，数学阅读一般包括对教材的阅读、问题解决中对题目的阅读、对课外数学材料的阅读，以及对小学教材中补充阅读材料的阅读。数学阅读的心理过程分为内化、理解、推理和反省四个层次。

成都师范学院李兴贵教授则对数学阅读进行了界定，从社会学角度、文化学角度、心理学角度、信息学角度和数学的阅读机制等方面进行了解读。

---

① 中华人民共和国教育部. 义务教育语文课程标准（2022 年版）[S]. 北京：北京师范大学出版社，2022：1.

② 中华人民共和国教育部. 义务教育数学课程标准（2022 年版）[S]. 北京：北京师范大学出版社，2022：1.

③ 贝尔. 中学数学的教与学 [M]. 许振声，管承仲，译. 北京：教育科学出版社，1990：617.

他认为：数学阅读就是看数学材料，领会、理解其中的数学知识、数学方法、数学思想，经历数学产生、发展、演绎、形成的过程，体验数学文化，欣赏数学美的过程。①

宁波大学邵光华教授则根据阅读心理机制对数学阅读进行了心理和思维层面的研究。他认为，数学阅读过程同一般阅读过程一样，是一个完整的心理活动过程。它包含语言符号（文字、数学符号、术语、公式、图表等）的感知和认读、新概念的同化和顺应、阅读材料的理解和记忆等各种心理活动因素。同时，它也是一个不断假设、证明、想象和推理的积极能动的认知过程。② 还有部分学者如华南师范大学许世红、罗华根据学生在数学不同学习阶段的特点和阅读后对知识的掌握程度，对数学阅读方法进行了分类研究。

（二）数学语言对数学阅读的影响

苏联数学教育家斯托利亚尔认为："数学教学也就是数学语言的教学。"数学语言的表达不只是文字，还包括数字、符号、公式、图表、特定的字符组合等。数学语言的特殊性，使数学阅读的特质有别于其他阅读，也使数学阅读的教学方式具有独特性。有学者对数学语言障碍进行了调查，调查内容主要包括数学语言认知障碍、数学语言理解障碍、数学语言转换障碍、数学语言结构障碍和数学语言表达障碍等。还有学者（如巴特利特、皮尔逊、汉森等）对数学阅读的影响因素进行了研究，认为图式和自我监控是阅读的主要影响因子。③

山西师范大学教师教育学院杨红萍教授和南京师范大学数学科学学院喻平教授研究了数学语言对数学阅读的影响。研究表明，符号语言由于具有抽象性而增加了学生数学阅读的困难，图形语言由于具有直观性而降低了数学阅读的难度。④

李兴贵教授等人在《新课程数学阅读教学新论》中指出：学生学习数学的过程就是数学语言不断内化、不断形成、不断运用的过程。学生准确灵活地掌握了数学语言，就等于掌握了进行数学思维思考、数学表达和交流的工具。⑤

① 李兴贵. 新课程数学阅读教学新论 ［M］. 成都：四川大学出版社，2006：16.
② 邵光华. 数学阅读：现代数学教育不容忽视的课题 ［J］. 数学通报，1999（10）：16-18.
③ 杨红萍. 国内外数学阅读研究概览 ［J］. 数学教育学报，2013（10）：14-15.
④ 杨红萍，喻平. 数学语言对数学阅读的影响研究 ［J］. 数学通报，2010（9）：19-23.
⑤ 李兴贵，幸世强，冯国卫，等. 新课程数学阅读教学新论 ［M］. 成都：四川大学出版社，2006：152-153.

（三）数学阅读教学研究

数学阅读教学是指在教师引导下，有意识、有目的、有计划地开展数学阅读活动的教学。李兴贵、幸世强在谈到数学阅读教学的目的时指出，数学阅读教学要让学生主动建构数学知识、数学方法、数学思想，巩固课堂教学成果，加深其知识内容，掌握相应数学知识的基本阅读方法，了解相关领域的前沿学术动态，培养思索兴趣，启迪创新能力。[1]

邵光华教授根据数学阅读特点，提出了具体的指导策略：根据教学内容确定阅读时机；设置阅读问题，把握阅读重点，顺利通过难点；合理安排时间，留有分析思考余地；教授阅读技能，提高阅读质量；重视复读，提高阅读概括能力；及时反馈，阅读讲解结合；明确阅读意义，提高学生阅读教材的自觉性；巧妙设疑引入，激发阅读兴趣。[2]

实践层面，著名特级教师华应龙和他的团队，在数学阅读方面也做了专题研究，其微信公众号"华应龙化错化人"辟有专题栏目"数学阅读推荐"。华应龙和他的团队共发表近百篇与数学阅读有关的文章和教学课例。

广西师范大学附属小学陈燕虹老师的数学阅读研究团队，探索出"四阶数学阅读"法。其"四阶"包括：初级阅读（要点：关注数学语言的成分，读通读懂）；检视阅读（要点：联系性地标注、用自己的语言进行解释）；分析阅读（要点：提出数学问题并尝试解答）；主题阅读（要点：由一个问题发展成一组问题并尝试解答）。

2008年始，四川省成都市泡桐树小学开展了数学阅读"三看两问一反思范式"研究："一看"书，明白学习内容；"二看"书，找出关键问题；"三看"书，回顾方法策略；"一问"，提出自己不明白的问题；"二问"，解决问题的过程中提出新的生成性问题；"一反思"，学习完一个知识点或一个板块的新知识后，对当堂课所学习的知识内容和学习方法进行反思和提升，形成结构化知识体系。[3]

郑州市金水区实验小学在宋君老师的带领下，以数学社团的形式在学生中开展数学阅读活动，提出"阅读，与生命同行；阅读奠基学生的终身发展；让阅读浸润学生的生命世界；不会阅读的学生是潜在的学困生；把数学阅读落实在每一天；在数学阅读中促进学生思维的发展；多元评价，引领学

---

① 李兴贵，幸世强. 中小学数学阅读教学概论 [M]. 成都：四川大学出版社，2013：70-71.
② 杨红萍. 国内外数学阅读研究概览 [J]. 数学教育学报，2013 (5)：14-17.
③ 彭冰，魏仕贵. 三看两问一反思范式研究 [M]. 成都：四川大学出版社，2013：5.

生爱上阅读"① 等数学阅读主张，并在实践中取得了较好的成果。

此外，四川德阳教科所研究得出初中数学阅读教学的"四步"教学法，其中"四步"指粗读、细读、精读、拓展四个步骤。成都七中嘉祥外国语学校课题组探索出"由厚到薄"四步阅读法：粗读；重点读；理解、领会、应用、记忆读；归纳概括读。广元羊木中学课题组总结出数学阅读训练的方法，如：画线法、旁注法、设问与回忆法、猜测法、示范性法、语文互译法等。②

综上所述，数学阅读既有一般阅读的共性，又有不同于一般阅读的特性。本书中的数学阅读特指通过阅读数学材料来建构数学意义和方法的学习活动，是学生主动获取信息、汲取知识、发展数学思维的重要途径，是数学学习的重要组成部分，是传播数学文化的重要手段和媒介。

三、数学阅读的价值

让学生进行数学阅读，开展数学阅读研究，探索数学阅读教学，其价值主要体现在以下几个方面：

（一）提高学生对数学语言的理解和表达能力

《义务教育数学课程标准（2022 年版）》指出：数学为人们提供了一种描述与交流现实世界的表达方式。在义务教育阶段，数学语言主要表现为数据意识或数据观念、模型意识或模型观念、应用意识。③ 但是在平时的阅读活动中，鲜有学生阅读数学类材料，包括数学教科书，因此学生普遍对数学语言感到陌生，在此情况下，又如何能够"用数学的语言表达现实世界"呢？

数学语言是一种特有的科学语言，有自己的专属词汇和语法规则，是表达数学内容和数学思维的工具，具有科学、精确、简洁等基本特征。数学语言除一般性描述文字外，还包括概念、术语、符号、公式、图形、表格等，一般可分为文字语言、符号语言、图形语言三类。各种形态的数学语言各有其优越性，如：文字语言严谨、精确；符号语言简洁、抽象；图形语言直观、形象。值得注意的是，上述三种语言还可以在特定条件下相互转换。如

---

① 宋君. 数学阅读的教与学 ［M］. 郑州：大象出版社，2019：25-32.

② 李兴贵，幸世强. 中小学数学阅读教学概论 ［M］. 成都：四川大学出版社，2013：232-238.

③ 中华人民共和国教育部. 义务教育数学课程标准（2022 年版）［S］. 北京：北京师范大学出版社，2022：6.

用数学语言表示正比例的量，用文字语言可描述为"路程和时间是两种相关联的量，时间变化路程也随着变化。当路程和相对应的时间的比值总是一定（也就是速度一定）时，行驶的路程和时间成正比例关系，行驶的路程和时间是成正比例的量"；用符号语言表达为"如果用 x 和 y 表示两种相关联的量，x 轴表示行驶时间，y 轴表示行驶路程，用 k 表示它们的比值，正比例关系可用这样的式子表示：$\dfrac{y}{x} = k$（一定）"；还可以用图形语言表示，如图 1-1-1 所示。

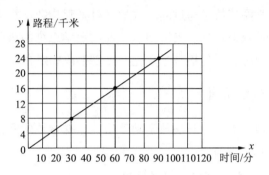

图 1-1-1　路程和时间正比例关系图

以上文字语言、符号语言和图形语言可以根据不同的语境予以呈现，且三种语言之间可以转化。数学教师在组织学生开展数学阅读活动时，让学生有更多机会接触数学语言，有意识地对学生进行数学阅读方面的指导，有助于学生数学语言水平的提高和数学交流能力的培养，有利于培养学生独立获取知识的能力，符合现代教育思想。

（二）提升学生的数学阅读理解水平

当前的数学教育评价正从过去的以练习和考试为手段（重点考查学生的数学计算能力）逐步转向多元化考查学生的阅读思考理解能力和解决数学问题的综合应用实践能力。越来越多的国内外大规模学力测评显示，数学阅读与数学学习水平正相关，经常进行数学阅读的学生普遍学习水平较高。近年来，数学阅读理解已经成为考试中的新题型，具有很强的选拔功能。有些数学题的设置很复杂，这是因为命题人想要创设一个合理的情景，让人觉得问题确实来源于生活，学习数学是为了解决生活中的各种问题。因此，题目中难免有一些无效信息，这些无效信息增加了学生解决问题的难度。为了使学生从容应对这类题型，教师应该加强数学阅读教学。例如：

一个学习小组的四名同学观察并测量一个长方体后，进行了以下交流：

A 说："如果高再增加 2 分米，它恰好是一个正方体。"

B 说："长方体的前后左右四个面的面积之和是 96 平方分米。"

C 说："它的底面周长是 24 分米。"

D 说："这个长方体的棱长总和是 64 分米。"

四人得到的数据都是正确的，请你筛选出必要数据作为条件，求出这个长方体的体积。

这个问题考查学生通过阅读遴选关键信息、解决问题的能力。学生如有平时数学阅读的积累和训练，就可以在阅读题目后迅速筛选出关键信息，进而解决问题。

（三）发挥数学教科书的教育功能

美国数学教育家贝尔对数学教科书的作用及如何有效地使用数学教科书做过较为全面的论述，其中重要的一条就是要把教科书作为学生学习材料的来源，而不能仅作为教师自己讲课材料的来源，必须重视数学教科书的阅读①。审视当下的数学课堂，普遍是课堂上教师细致讲解、学生听讲做习题，课堂外学生通过大量的训练达到巩固的目的。数学教科书的阅读价值未能被充分挖掘，学生的数学阅读能力自然也难以得到提升。数学教科书是数学教育专家精心编写的权威的数学学习材料，是集体智慧的结晶。数学教科书的语言科学、规范、简洁。学生阅读教科书可以受到数学规范语言的熏陶，从而丰富和完善自己的数学语言表达方式。学习的形式有预习、课堂学习、复习、自习等。其中，课堂学习是核心，预习、复习、自习等是课堂学习的补充和延伸，且是以阅读为主体的学习形式。教师通过数学阅读教学，可以更好地引导学生预习、复习和自习，充分发挥数学教科书的教育功能，提高学生的学习效率。

（四）促进学生的个性化学习

课堂学习是在教师主导下的集体学习，有统一的教学目的和任务，需要照顾大多数学生的学习能力和需求。《义务教育数学课程标准（2022 年版）》指出："人人都能获得良好的数学教育，不同的人在数学上得到不同的发展，逐

---

① 贝尔. 中学数学的教与学［M］. 许振声，管承仲，译. 北京：教育科学出版社，1990：448-449.

步形成适应终身发展需要的核心素养。"① 阅读是学生自主获取知识的学习过程，是一种个性化的学习行为，能促进学生的个性化学习和发展。相比于传统的课堂教学，数学阅读的内容、形式、任务等都相对开放，学生可以根据自己的兴趣、爱好、精力等选择阅读，为个性化学习提供可能。例如，学生在阅读中选择的内容不同，阅读后的收获就不一样。即使学生选择阅读同一内容，也会因为各自的知识经验和认知水平，获得不同的阅读体验。因此，数学阅读有助于提升学生的个性化表达能力，使数学学习变得丰富多彩。

（五）激发学生学习数学的兴趣

兴趣是最好的老师，是学生学习最大的内驱力。数学课内外阅读可以使学生在理性、枯燥的数学学习过程中，发现数学生动、神奇和美丽的一面。数学阅读可以使学生在有趣的数学故事中汲取知识，在充满想象力的数学童话中学到方法，从浩瀚的史料中了解数学的起源，在生活应用中探索数学的发展未来。数学阅读可以激发学生学习的积极性，唤起学生的求知欲。教师应开展趣味性强的数学课外阅读活动，鼓励学生广泛阅读数学书籍，从而让学生真正体会到数学阅读的快乐。

（六）传承数学文化

《义务教育数学课程标准（2022年版）》指出："数学不仅是运算和推理的工具，还是表达和交流的语言。数学承载着思想和文化，是人类文明的重要组成部分。"② 特级教师蔡宏圣认为："（读数学史）对数学产生发展的本质有感悟，确立强烈的过程维度，相信现行数学中的每一个概念、每一个名称、每一个符号都是人类认识不断完善递进的结晶，换言之即相信现代数学中的每个点滴都有一段历史，都兼具过程和结果两个维度的属性。"③ 数学阅读能让学生有机会了解数学知识产生与发展的过程，体会数学对人类文明发展的重要作用，感受数学的力量，确立自觉的历史意识。数学阅读，还能让学生了解中国悠久灿烂的数学文化，学习古今中外数学家锲而不舍地探索数学奥秘的精神。

总之，数学阅读能够启迪学生的智慧，数学阅读能够使学生同数学进行心灵的对话，数学阅读能够引领学生智慧成长。数学阅读，开卷有益。

---

① 中华人民共和国教育部．义务教育数学课程标准（2022年版）[S]．北京：北京师范大学出版社，2022：2．

② 中华人民共和国教育部．义务教育数学课程标准（2022年版）[S]．北京：北京师范大学出版社，2022：1．

③ 蔡宏圣．数学史走进小学数学课堂：案例与剖析 [M]．北京：教育科学出版社，2016：75．

第二节 数学阅读的现状调查及分析

我们都知道阅读对于学习的重要性，在实践层面，阅读尤其是数学阅读究竟是怎样的状况？笔者对数学阅读的现状进行了调查和分析，这对后续开展数学阅读活动起着至关重要的基础性作用。

一、调查设计

（一）调查目的

通过对学生的问卷调查和师生访谈，了解当前数学课内外阅读的现状和存在的问题，针对这些问题进行分析并提出改进建议和对策，指导教师更好地开展数学阅读活动，有效提高学生的数学阅读意识和能力水平。

（二）调查对象

本次调查对象为苏州市某区十余所学校的一至六年级学生和部分教师，从第一、第二和第三学段中分别随机抽取部分班级的学生共计700人作为问卷调查的对象。从第一、第二和第三学段中共抽取10名学生作为本次调查研究的学生访谈对象。同时，随机从第一、第二和第三学段共抽取10名数学教师作为本次调查研究的教师访谈对象，涵盖有丰富教学经验的资深教师、骨干教师和新入职教师，以保证调查结果的全面性、广泛性和代表性。

（三）调查方法

本次调查的主要方法是问卷调查法和访谈法。根据调查目的，编制了"关于'数学阅读'现状的调查问卷"（附录一）、"师生访谈提纲"（附录二）。通过问卷和访谈得到的数据和情况能够真实有效、更加清楚地反映出数学阅读的现状，从而为全面分析研究，并最终给出合理化建议提供了可能。

二、调查实施

根据调查目的和调查对象的实际情况，在苏州市某区的十余所学校，从第一、第二和第三学段中各随机抽取1个班级的整班学生，发放了共700份调查问卷（部分学校班级为电子问卷），回收了700份问卷，回收率达到了100%。在回收的问卷中，有效问卷为690份，调查的有效率为98.6%。在问卷调查的过程中，学生均不记名独立填写问卷。

问卷信度分析：问卷的有效填写人次为690人次，数量相对较多，表明样本规模较大，具备一定的代表性。在各个问题中，有效填写人次数相对一致，说明参与者对于不同问题的回答情况相对均衡，数据的稳定性较强。在问题 9 和问题 10 中，存在一定数量的无效填写人次，可能是由填写错误或误操作导致的。每个问题的选项小计和比例都提供了详细的数据，能够对每个问题的回答情况进行分析。综合来看，问卷的信度在填写人次、有效填写人次和选项数据方面表现良好。

问卷效度分析：问卷设计中包含了与数学阅读相关的多个方面，涵盖了对数学阅读的看法、数学阅读的实践情况、教师的指导及学生对数学阅读的态度等内容。内容一致性方面：在问题 4 和问题 8 中，包括学生经常阅读的内容以及数学教师指导的内容，两者的选项相似并且结果相对吻合，说明问题之间的内容一致性较高。逻辑合理性方面：整个问卷问题之间的逻辑关系合理，从了解学生对数学阅读的知晓程度到数学教师的指导情况等，形成了一个相对完整的调查流程。

综合来看，该问卷具有一定的信度和效度。在信度方面，样本规模较大且填写人次均衡，数据相对稳定；在效度方面，问卷内容涵盖了多个与数学阅读相关的问题，并且问题之间存在一致性和逻辑合理性。

对学生的访谈，先深入班级听课，在对学生有了一定的了解后，随机选取 10 名学生进行访谈，访谈对象兼顾学生年龄分布、学业水平分布（如合理选取优等生、中等生、学困生等）。

对教师的访谈，随机选取参加问卷调查班级的 10 名数学任课教师，并兼顾教师的年龄、教龄等分布情况。请教师客观地分享他们对数学阅读的看法和建议，结合教师访谈提纲，获取调查结果。

三、调查结果与数据分析

（一）对数学阅读的认识

依据第 1~12 问的调查结果，绘制了图 1-2-1 至图 1-2-12。如图 1-2-1 所示，"经常听到"和"有时候听到"数学阅读的学生正好占 50%。30%的学生从没听过数学阅读，20%的学生不记得自己听过数学阅读，这说明教师平时并没有广泛地开展过数学阅读活动。如图 1-2-2 所示，接近 80%的学生认为数学阅读对数学学习很重要，这可能是源于学生的一种直觉。也就是说，学生即使没有听过数学阅读，也都知晓数学阅读的重要性。这和调查原本预估的学生会认为"阅读是语文和英语学科的事，数学只要会做题就行"的设想大相径庭，说明学生对数学阅读的认识程度也在不断提高。在多选题"你认为数学阅读的主要作用是什么"中也有体现，图 1-2-3 显示各个选项均有超过 50% 的学生选择，其中阅读能"帮助理解数学知识"和"拓展数学知识面"两个选项有超过 80% 的学生选择。在访谈中也了解到，有超过一半的学生阅读过数学课外书籍或相关报纸杂志，这说明学生平时有良好的阅读习惯，也有一定的阅读量，在广泛的阅读材料中也接触到了一些数学阅读材料。

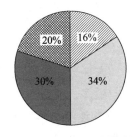

▨ 经常听到 ▫ 有时候听到 ▪ 从没听过 ▨ 不记得了

图 1-2-1　你听到过"数学阅读"这个词吗?

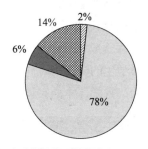

▫ 阅读对数学学习很重要

▪ 阅读是语文和英语学科的事,数学只要会做题就行

▨ 老师会讲数学课本上的知识,没必要自己再去阅读

▨ 数学太难,不知道怎么阅读,也不知道读什么

图 1-2-2　你对数学阅读的看法是什么?

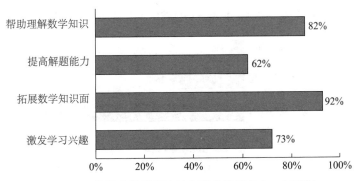

图 1-2-3　你认为数学阅读的主要作用是什么?（多选）

从数据中可以看出，无论是学生，还是教师，整体上对数学阅读的认知程度呈现一个较低的水平。学生在心理层面上还没有形成完整的关于数学阅读的观念。教师对于数学阅读都很赞成，但是在数学课堂上则几乎没有给予学生具体明确的指导。

（二）关于数学阅读的内容

由图1-2-4和图1-2-5可知，在阅读数学课本的时候，学生选择阅读"重要的概念和公式"最多，"数学拓展知识"和"数学例题"次之，"练习题"最少，说明学生自发的数学阅读以实用性为主，主要阅读重要的知识性内容，如概念、公式和例题等。在课外，大部分的学生或多或少也看过一些数学读物，其中选择"数学教辅材料"的最多，说明学生的学习压力还是客观存在的。约有三分之一的学生看过"数学趣味故事"或"数学名家和名题"等，这在一定程度上反映了学生数学课外阅读的兴趣。有意思的是，对比第4问和第5问：课堂上学生阅读的内容中"练习题"最少，而课外阅读中"阅读教辅材料"却最多。可以看出我们在课堂教学中对阅读分析的指导不多，但是学生在课外却有这方面的巨大需求，这间接说明了课堂上加强阅读指导的必要性。在访谈中还得知，超过90%的学生喜欢或比较喜欢阅读数学课本，特别是图文并茂的阅读材料，更能吸引低年级学生的注意力。同时随着年级的升高，学习内容难度不断提高，高年级学生阅读数学课本的兴趣逐渐下降。

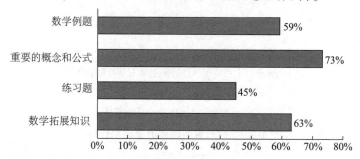

图1-2-4　在数学课上，你经常阅读数学课本中的哪些内容？（多选）

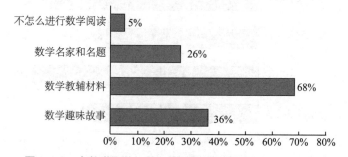

图1-2-5　在数学课外，你经常阅读哪些数学内容？（多选）

（三）关于数学阅读的时间

由图 1-2-6 和图 1-2-7 可知，学生能在课堂上进行数学阅读的时间比较少，经常阅读的只占三分之一左右，而在课外由老师带领开展数学阅读的，则更少。还有三分之一的学生表示，无论是在课内还是课外，几乎不阅读数学类材料。在与学生的访谈中了解到，课堂上教师让学生自己阅读题目时没有明确的时间限制。例如，在上练习课的时候，教师让学生读一道题目，并且要求多读几遍。学生得到指令后快速阅读题目，甚至读了两三遍，读好后就坐端正。当教师发现大部分学生都坐端正的时候，就开始讲解题目。从这个过程我们可以发现，教师发出阅读的指令后，并没有规定时间，学生急于完成任务，没有真正进行有效阅读，甚至没有理解题目的含义。访谈中还有教师谈到，随着教学任务的不断加重，教师同时还承担着学生的学业压力，课堂教学显得尤为紧迫。但与此同时，有些有经验的教师为了让学生更好地理解知识点，会让学生在课堂上阅读、思考，但也受时间等其他因素的制约。

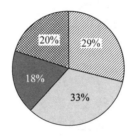

☒经常阅读 ☐有时阅读 ■很少阅读 ▨几乎不阅读

图 1-2-6　你的数学老师会在课堂上让你阅读数学课本吗？

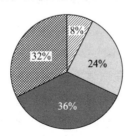

☒经常阅读 ☐有时阅读 ■很少阅读 ▨不阅读

图 1-2-7　你的数学老师会要求你们课外开展数学阅读吗？

（四）关于数学阅读指导

教师对学生的有效阅读指导是开展数学阅读的关键，见图 1-2-8 和图 1-2-9。调查发现，有部分教师现在已经比较关注这方面的教学，其中主要的阅读方法有圈出关键词、反复阅读、提炼问题情境等。访谈中有学生谈到，这些都是在教师要求下进行的，有时候即使圈出了关键词，也还是解不出题目。数学是一门研究数量关系的科学，学生还缺乏具有学科特质的阅读方法的有效指导。但是95%的学生都认为教师的指导对他们的数学阅读非常或比较有帮助，这也是我们开展数学阅读必要性的基础。

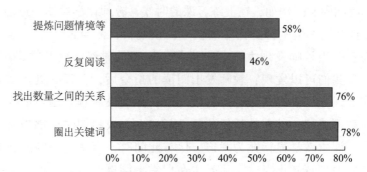

图1-2-8　当你不理解题意时，你的数学老师会怎样指导你？（多选）

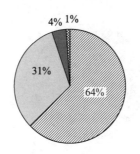

▨ 非常有帮助　▨ 比较有帮助　▨ 很少有帮助　▨ 没有帮助

图1-2-9　你认为老师的阅读指导对你进行数学阅读有帮助吗？

（五）关于数学阅读习惯

由图1-2-10、图1-2-11、图1-2-12可知，多数学生运用数学阅读的方法单一或者方法运用得不合理。学生的数学阅读整体上还是以"了解大概内容"的阅读居多。学生主要阅读自己感兴趣的内容，阅读方法中，阅读分析时标注关键词的方法占比最高。而数学阅读语义转换频繁、手脑并用的特征并没有得到充分体现。在教师访谈中也了解到，教师往往会让学生阅读题目，但是忽略了阅读分析的过程；学生会读概念、公式，但是没有深入了解这些内容的本质和来源。还有一些数学图形、符号表格，教师往往会直接告诉学生它们的特点，却没有让学生自己去观察这些数学图形、符号、图表，并从中筛选出有用的信息。

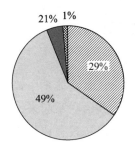

☑ 逐字逐句地阅读并思考　　□ 重点阅读感兴趣的内容

■ 掌握阅读内容的概要　　▨ 大致浏览,不懂的地方跳过

图 1-2-10　你通常采用哪种方法进行数学阅读?

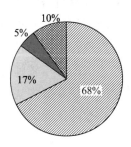

☑ 标注出认为重要的知识　　□ 标注出不理解的地方

■ 标注概念和公式　　▨ 不标注

图 1-2-11　你在数学阅读过程中进行标注吗?

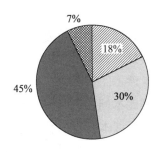

☑ 经常,这有助于形成知识的体系　　□ 有时,在不理解新问题的情况下

■ 很少,需要老师指导才能转换　　▨ 没有,我找不到它们之间的联系

图 1-2-12　你会在数学阅读的过程中把新问题转换成熟悉的问题吗?

　　调查结果表明,数学阅读在当今小学数学教学中有一定程度的体现,但是还没有得到应有的重视。特别是课内的数学阅读指导和课外的数学阅读拓展两个方面,严重缺失。实施有效的数学阅读教学,需要师生共同的努力。

四、当前数学阅读存在的问题

（一）数学阅读不受重视

调查发现，数学阅读在目前学校教育体系中普遍被忽视。受传统教育观念影响，人们总是将阅读与语文、英语联系起来，很少将阅读与数学联系起来。学生平时的课外读物也大多由语文教师和英语教师推荐的名著等作品组成，很少有关于数学的课外书籍。访谈中，仅有少数高年级学生谈到曾读过华罗庚、陈景润等数学家的故事。长期以来教师觉得数学阅读并不是课堂需要关注的重点。一些教师认为，尽管数学阅读对学生学习数学确实有帮助，但是短期内并没有多大的作用；教师有自身的教学任务要完成，学生只要掌握好关键的概念、公式和定理，能运用这些知识解决问题就已经合格了。在与多名教师访谈的内容和结果中发现，不同的教师对数学阅读的态度也不尽相同。在受访的教师中一名入职不久的青年教师对于学生数学阅读有着自己的想法，她认为，学生学会数学阅读，掌握方法，学习数学才会轻松，开展数学阅读教学是很有必要的。也有教师认为关键问题是当前的学生还不具备数学阅读的能力，课堂上教师也无法指导。教师的资历与所受教育的程度也影响着他们的教学态度与看法。部分学生在教师的指导下会了解一些数学家的故事，但也仅限于课本中介绍的祖冲之、刘徽、杨辉、韦达、笛卡儿、欧拉等几位数学家，主动进行数学阅读的学生不多。

（二）数学阅读缺乏指导

调查发现，学生在数学阅读方面尚处于自发状态，诸如阅读内容、阅读时间、阅读方法等基本凭个人喜好。教师对数学阅读缺乏明确的指导，对学生的影响有限。以最普遍的数学课本阅读为例，学生在上课时是什么时候打开课本的呢？有的教师让学生看课本例题怎么解答时打开课本，有的教师讲完新课后让学生在看书回顾时打开课本，有的教师让学生在阅读书上的补充知识时打开课本，还有的教师在布置作业的时候才让学生打开课本。学生阅读的时候，教师很少有针对性地进行阅读指导。首先，阅读时间没有保障，学生的阅读多靠教师见缝插针地随机安排，阅读与其他教学手段相比处于从属地位。其次，阅读方法没有指导，学生的数学阅读一般以语文阅读为基础，语文怎么读，数学也怎么读，没有体现数学阅读的特征。最后，数学教师较为关注解题的阅读指导，但是对于例题和概念等的阅读，还没有引起教师的重视。

（三）数学阅读未成体系

虽然从问卷调查和访谈中发现，有的学生对数学阅读有浓厚的兴趣，平时也看一些有关数学的课外书刊，但是多为散发的个案。大部分学生没有自觉的数学阅读意识，教师也没有实施系统的数学阅读教学。李兴贵和幸世强认为："在学校开展的数学阅读教学，是在教师的引导下进行的数学阅读活动的教学，是师生之间、学生之间在数学阅读活动中相互表达、互动合作与共同发展的过程。"① 因此，教师应把数学阅读有计划地纳入课堂教学的主要环节，把课堂上的数学阅读与讲授、练习等有机结合起来，让学生体验到数学阅读的乐趣与自主学习的益处。

五、对存在问题的原因剖析

（一）教师对数学阅读缺乏正确的理念

在有些数学教师的认识中，阅读指导是语文、英语等学科教师的事，数学要研究的是逻辑和推理。因此，这些教师在数学课堂上主要讲解算式的演算步骤，并不考虑学生对数学语言的理解。他们认为在课堂上让学生读题目、公式、概念，就是进行了数学阅读。在访谈中，有教师表示："数学阅读，课外读读就够了。在课堂教学中安排阅读，时间过长，担心影响教学任务的完成；时间太短，学生又来不及思考，阅读流于形式，还不如老师自己讲来得干脆。"因此，学生数学阅读的时间和权利就被剥夺了。在数学教学中，教师往往比较重视学生解决问题的能力，而忽略了阅读能力对培养学生数学思维的重要性。解题能力是以若干技巧和能力为基础的，解题能力中审题能力、阅读能力尤为重要。只有拥有良好的数学阅读能力，学生才能更好地解决数学问题。教师如果一味通过题海战术锻炼学生的解题能力，不注重培养学生的技巧和阅读能力，那么就不但不能有效提升学生的解题能力，反而会使学生对数学产生厌倦心理。

（二）学生对数学阅读缺乏应有的认识

学生在低年级接触到的数学学习内容十分有趣，这一阶段的孩子十分喜爱阅读教材中的内容。调查发现，低年级的学生比高年级的学生更喜欢数学阅读。但随着年级的升高，学习难度加大，学生阅读的内容也有所变化，且越来越不喜欢阅读。这也许是因为题目的难度变大、字数增多，学生读完一遍之后可能仍不能理解题目的意思，从而产生消极的态度。同时，教师的教

---

① 李兴贵，幸世强. 中小学数学阅读教学概论［M］. 成都：四川大学出版社，2013：70.

学方式也影响着学生对数学阅读的态度。学生只顾完成教师布置的作业，按照教师的规定学习数学知识，这种"紧跟式"的学习方法让他们没有机会独立思考，自主探究，运用适合自己的学习方式。访谈发现，学生普遍忽视数学阅读，存在"老师让我读我才读""数学读起来没有语文有趣""数学难，读不懂"等观点。因此，学生忽视数学阅读，是由年龄特征、学习内容、学习压力等诸多因素造成的。

（三）学校对数学阅读缺少系统的规划

学校没有针对数学阅读的规划要求，师生对是否进行数学阅读，自然持比较随意的态度。虽然很多学校举办数学节、数学周等数学活动，但很少有数学阅读活动。良好的教育氛围对学生的学习有巨大的促进作用。例如大部分学校经常开展语文阅读、诵读经典等活动，这些活动丰富了学生的语文知识，提高了文学素养，让学生感受了语文的魅力。而从学校层面设计的关于数学阅读教学的课程、活动、评价等系统性的规划基本没有，这极大地影响了数学阅读活动的开展。只有学校先重视起来，积极宣传，营造氛围，研究方案，大力推动数学阅读教学，教师才会将数学阅读落实在课堂教学中，学生才能真正感受到数学阅读的乐趣。

第三节　数学阅读的内涵探索

"阅读"加上了"数学"二字，成为"数学阅读"。作为整体概念的数学阅读，与作为单一概念的阅读，或者与文学阅读，含义自然有所不同。

一、数学阅读的理论基础

（一）建构主义学习理论

皮亚杰提出的建构主义理论是一种关于知识和学习的理论，强调学习者的主动性，认为学习是学习者基于原有的知识经验生成意义、建构理解的过程，而这一过程常常是在学习者和社会文化互动中完成的。建构主义理论的提出有着深刻的思想渊源，它具有异于传统的学习理论和教学思想，对教学设计具有重要指导价值。建构主义理论强调数学学习过程的主动性和建构性，这对于数学阅读教学具有重要的指导意义。根据这一理论，数学阅读首先应当树立以生为本的理念。建构主义理论的基本观点如下：首先，学习活动不是由教师向学生传递知识的过程，而是学生自己建构知识的过程。学习者不是被动接收信息，而是主动建构信息。同时把社会性的互动作用看作促进学习的源泉。其次，创造良好的数学阅读氛围。建构主义理论认为，学习与一定的社会文化背景、知识背景相关，而数学阅读恰好是创设真实问题情境的有效手段。再其次，开展丰富多样的数学阅读活动。建构主义理论强调学习过程中的合作，在相对自由的数学阅读活动中，学生可以按照自己的学习基础、兴趣、爱好选择阅读的内容、方式，与伙伴交流，达到合作学习的目的。最后，教师充分发挥学习中的引导作用，帮助学生在数学阅读中对阅读材料进行主动理解和建构。

例如，有这样一段数学阅读材料：

在我国，人民币作为流通货币是人们最熟悉不过的东西了，人们每天都要和它打交道，用它购买自己所需要的东西。但许多人在使用它时，却很少想一想人民币为什么只有几种面额，现在的人民币面额只有1角、5角、1元、5元、10元、20元、50元、100元。为什么人民币的面额只有这几种呢？为什么没有从1到9全部面额的人民币呢？过去人民币有2角、2元这两种面额，但是现在为什么没有了呢？

这里有一个有趣的数学道理。人民币是一种流通货币，银行在发行时就希望货币的面额品种尽量少，又能容易地组成1~9这九个数，这样既可以减少流通中的麻烦，又可顺利完成货币的使命。而1，2，5是可以符合以上两个要求的最佳选择之一。因为用1，2，5组成10以内的数，除了1，2，5本身以外，其他数目最多只用3个，如：1+2=3，2+2=4，5+1=6，5+2=7，5+2+1=8，5+2+2=9。这就表示用于表示货币面额的数字有1，2，5三种就够用了，不需要再有面额是3，4，6，7，8，9等的货币了。……我们国家后来取消了2角和2元，是因为这两种面额的钱币应用范围小，同时也有1角和1元来替换它们。

世界上较多国家的货币面额也是由1，2，5三种数字组成的。但也有国家的货币面额是由1，3，5三种数字组成的。你觉得这符合货币组成的两个要求吗？小朋友们，不妨动脑和动笔来试试吧！[①]（注：有删改）

上述阅读材料以人民币这一常见的物品，巧妙地引发学生进行数学思考，将日常的生活应用、简单的一位数加法、数字组合等内容重新建构，从

---

① 纸上魔方. 我与数学形影不离［M］. 济南：山东人民出版社，2014：42-43.

而解决看起来似乎很"深奥"的设定面额问题。学生在边读边思中打开思路，将问题同化到已有的认知结构中，同时在解决问题的过程中又不断丰富和形成新的认知结构。

（二）信息加工学习理论

信息加工论是指用计算机处理信息的过程比拟并说明人类学习和人脑加工外界刺激的过程的理论。[①] 美国心理学家加涅认为学习是一个有始有终的过程。这一过程可分成八个阶段：动机、领会、获得、保持、回忆、概括、操作和反馈。每一阶段需进行不同的信息加工。在各个信息加工阶段发生的事件，称为学习事件。学习事件是学生内部加工的过程，它形成学习的信息加工理论的基本结构。教学过程既要遵循学生的内部加工过程，又要影响这一过程。因而，教学阶段与学习阶段是完全对应的。在每一个教学阶段发生的事情，即教学事件，是学习的外部条件。教学就是由教师安排和控制这些外部条件构成的，教学的艺术就在于学习阶段与教学阶段完全吻合。当数学课外阅读发生的时候，感受器接受数学语言的刺激，学生的大脑开始对接收到的信息进行加工、编码，然后形成自己独特的数学理解，并进行表征，最后学生反馈信息。[②]

例如，有这样一段阅读材料：

红红家里的烤面包机一次只能放两片面包，而且每次只能烤一面；要烤另一面，需要等到取出面包，把它们翻个面，然后再放回去继续烤；每次需要一分钟才能烤完一面。

一天早晨，妈妈要烤三片面包，两面都烤，结果花了 4 分钟。

爱思考的红红决定在妈妈面前表现一下，于是对妈妈说："我可以用 3 分钟烤完这三片面包。这样不仅节省时间，还省电。"

你觉得红红说的有可能吗？

学生在阅读上述材料的过程中，需要经历信息识别、提取、梳理、转换等一系列活动，统筹规划，进行信息的加工和处理，在头脑中形成如下的数学思考过程：

把三片面包分别叫作 A、B、C，每片面包的两面分别用数字 1 和 2 表

---

① 顾明远．教育大辞典（简编本）［M］．上海：上海教育出版社，1999：520.

② 宋君．数学阅读的教与学［M］．郑州：大象出版社，2019：22.

示，例如 A1 就表示烤第一片面包的第一面，B2 表示烤第二片面包的第二面，具体方法见表 1-3-1：

表 1-3-1　烤面包时间计算表

时间	妈妈	红红
第一分钟	A1+B1	A1+B1
第二分钟	A2+B2	A2+C1
第三分钟	C1	B2+C2
第四分钟	C2	
合计	4 分钟	3 分钟

在实际生活中，人们会从纷繁的信息中选取有用的信息，科学地运用统筹规划的方法解决问题，从而大大节省时间、人力和资源，提高做事的效率，学习其实也是如此。

（三）元认知理论

元认知是由美国心理学家弗拉维尔提出的。简单来说，元认知是对"认知"的认知。就数学阅读来说，认知领域包括两个方面：一是对阅读内容的认知，二是对阅读过程的认知。其中对阅读过程的认知，即阅读过程中的元认知。有学者认为，阅读是一项复杂的任务，包括知觉、认知和语言加工。在某种程度上，阅读可以被看成一种策略，包括建立目标、选择策略、监控过程，即阅读是一种元认知活动。按照这一理论，阅读过程中的元认知可称为元阅读，包括元阅读知识、元阅读体验、元阅读监控。不同阅读者具有不同的元阅读能力。

例如，下面的这段阅读材料：

有两个人一起给别人干活，赚到了一桶油，这桶油重 10 斤。两人想平分这桶 10 斤重的油，但他们没有秤，不能称重，只有一个可以装 7 斤油的罐和一个可以装 3 斤油的葫芦。

这可怎么办呢？两个人犯难了。这时一个路人帮他们解决了这个难题。可以先把桶里的油倒进葫芦里，这样葫芦里就装满了 3 斤油，桶里还剩 7 斤油。再把葫芦里的 3 斤油倒进罐里，然后把桶里的油倒进葫芦里，这样，桶里还剩 4 斤油，葫芦和罐里各有 3 斤油。接下来，再把葫芦里的油倒进罐里，桶中的油倒进葫芦里，这时桶里还剩 1 斤油，罐有 6 斤油，葫芦里有

3斤油。再用葫芦里的油把罐装满，这样葫芦里还剩2斤油。把罐里的油全部倒进桶里，把葫芦里剩的2斤油倒进罐里，这样桶里有8斤油，罐里有2斤油。我们用桶里的8斤油把葫芦装满，桶里就还剩下5斤油。最后把葫芦里的3斤油倒进罐，罐里也有5斤油。这样就平分了10斤油。① （注：有改动）

上述阅读材料中关于分油过程的叙述，大多数读者起初都比较模糊。这就涉及对数学阅读材料本身的认知，如果在阅读材料的过程中能边读边思、读思结合，既动脑又动笔（图1-3-1），就可以有效地理解具体的分油过程和每次分油后数量之间的逻辑关系。

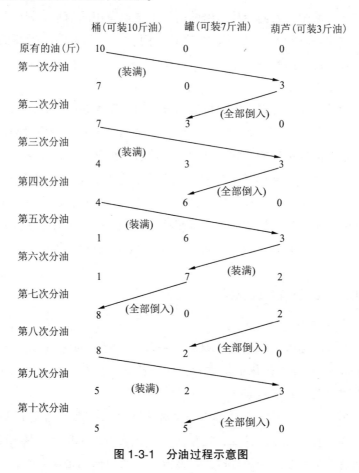

图1-3-1 分油过程示意图

① 纸上魔方. 我与数学形影不离 [M]. 济南：山东人民出版社，2014：48-49.

二、数学阅读的特征

《义务教育数学课程标准（2022 年版）》指出："数学不仅是运算和推理的工具，还是表达和交流的语言。"[①] 数学课程要培养的学生核心素养之一是会用数学的语言表达现实世界。[②] 数学是一种语言，语言的学习离不开阅读，数学语言的学习离不开数学阅读。数学语言与日常语言不同，数学语言更精确、更严谨、更抽象、更简洁，更具有逻辑性。因此，数学阅读也有区别于其他阅读的特征。

（一）材料呈现的方式多样化

与语文阅读材料、英语阅读材料不同，数学阅读材料呈现的方式更多样。除了能用文字呈现外，数学阅读材料还可用大量的图表、数字、符号、公式、术语等进行呈现。这些图表、符号、公式、术语等同文字一起组成了数学语言。一般的文学作品，大多为纯文字作品，所有的信息都通过文字传递，偶有插图，也主要是为了提升作品的美观度，对作品本身主题表达基本没有影响。而数学阅读材料里面的图表等的作用和文字同样重要，有时其重要性甚至超越文字。

例如，下面一段关于反比例关系表示方法的阅读材料，就包含了文字、符号、数字、公式、表格、图形等多种呈现方式。

反比例关系的表示方法

反比例关系常用的表示方法主要有解析法、列表法和图像法三种。

解析法，就是用一个等式来表示两个相关联的量之间的变化关系，这个等式也可以叫作解析表达式（或者函数表达式）。教材中定义反比例关系用的就是解析法。例如，一艘船航行的路程（100 千米）一定时，航行的速度 v 和时间 t 就成反比例关系，所以我们可以用 "$vt = 100$ 千米（一定）" 这个等式来表示这种反比例关系。

列表法，就是用列表格的方式来表示两个相关联的量之间的变化关系。还是以上面的这艘船为例，航行的路程是一定的（100 千米），它航行的速

[①] 中华人民共和国教育部. 义务教育数学课程标准（2022 年版）［S］. 北京：北京师范大学出版社，2022：1.

[②] 中华人民共和国教育部. 义务教育数学课程标准（2022 年版）［S］. 北京：北京师范大学出版社，2022：5-6.

度 v 和时间 t 就成反比例关系。我们可以用列表法列举出几组相对应的时间和速度来表示这种关系（如表 1-3-2 所示）：

表 1-3-2　航行过程的反比例关系

t/时	2	5	10	20	50	……
v/（千米/时）	50	20	10	5	2	……

图像法，就是用图像来表示两个相关联的量之间的变化关系。比如要把上面这张表格中体现出来的反比例关系用图像表示，我们可以分两步来做：

第一步，在横坐标和纵坐标上分别找到几组相对应的数据，然后描上点（如图 1-3-2 所示）。

第二步，把所有点用一条平滑的曲线连接起来，就是这个反比例关系的图像（如图 1-3-3 所示）。

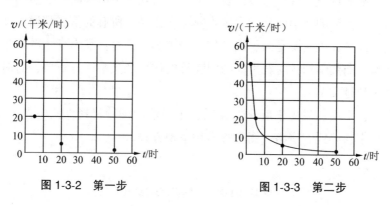

图 1-3-2　第一步　　　　　　　　图 1-3-3　第二步

通过比较解析法、列表法和图像法，我们不难发现，图像法能够形象直观地表示"当路程一定时，若速度增加则时间减少，若速度减少则时间增加"的反比例关系。

数学语言的特点，决定了数学阅读是一个精读的过程。上述每一个概念、符号、图形等都有精确的含义，绝不可以含糊。学生在阅读一段数学材料时，必须精准理解材料中出现的每个数学术语和符号，不然就很容易出现差错。因此，一目十行的快速阅读，并不适用于数学阅读。

（二）阅读感官的互动多元化

阅读材料呈现方式多样，使得学生在数学阅读的过程中，需要调动多种感官同时参与，除了用眼睛看，还需要运转大脑积极思考，有时还需要动笔推演。例如上面的阅读材料，就不只是光用眼睛看那么简单，其中的解析表达式需要理解，表格数据需要验证，反比例关系的图像更需要积极思考，运用解析法、列表法相互参照，数形结合，更好地理解反比例关系。在数学阅读的过程中，还需要根据内容变化随时切换感官，实现多元互动。因此，阅读一篇简短的数学材料所花费的时间和精力，往往是文学阅读的数倍。

（三）内部语言的转换频繁化

从某种意义上来说，数学语言是一种特殊的语言，文字语言、符号语言、图形语言都是数学材料的表达方式。同一数学内容也可以用不同的数学语言表达，并且这三种语言可以相互转化。因此，数学阅读常常需要进行内部语言的转换，把阅读材料的内容转换为易于接受的语言形式（图 1-3-4）。

图 1-3-4　数学阅读内部语言转换示意图

（四）阅读过程中需思维缜密

数学语言具有抽象性、简洁性、精确性、严密性等特点，学生在阅读数学材料的时候，对每个句子、每个图表、每个符号都要认真分析，领会其中的含义。阅读过程中学生思想要保持高度集中，大脑快速运转。同时，数学知识的科学性很强，数学的表达要求有理有据，这就要求学生在阅读的过程中，要通过文字看到背后完整的逻辑推理过程。可以说，数学阅读比其他阅读在思维活跃度方面的要求更高。

例如，下面的阅读材料，就需要学生在阅读的时候开动脑筋，理解"借"马巧在哪里；理解了"巧"在哪里，也就读懂了文本。因此，数学阅读的过程也是数学思维的过程。

"借"马巧解题

一位老人有三个儿子。老人生前立下遗嘱：将家里的 11 匹马分给三个儿子，老大得总数的 $\frac{1}{2}$，老二得总数的 $\frac{1}{4}$，老三得总数的 $\frac{1}{6}$，分马时不许杀马。那该怎么分呢？兄弟们急得团团转。这时邻居来了，他说："我把自己的 1 匹马借给你们，你们再分吧。"

邻居将自己的 1 匹马借给三兄弟，使 11 匹马变成 12 匹马，然后按总数的 $\frac{1}{2}$、$\frac{1}{4}$、$\frac{1}{6}$ 的比例分配，兄弟三人分别得到 6 匹、3 匹和 2 匹马，余下的 1 匹马仍由那个邻居牵回。这里就巧用了"借"的学问。

三、数学阅读的任务

数学阅读是数学教育的重要组成部分，开展和推动数学课内外阅读的主要任务是落实立德树人根本任务、发展学生数学思维、培养学生核心素养。

（一）提高学生对数学语言的感知、理解和应用能力

目前，学生日常能接触到的数学语言，一是靠"听"，二是靠"看"。"听"主要指听教师的授课内容，这是学生学习数学语言的主要渠道。但是"听"是一种被动的学习方式，因为学生"听什么"，完全取决于教师"讲什么"，学生在时间上也不能自主决定。"看"，就是阅读。目前学生自主阅读的意识和可供学生阅读的材料都不足。教师应该大力开展数学阅读，让学生自主选择阅读的内容和时间，通过阅读获得更多的知识。俗话说："书读百遍，其义自见。"大量的数学阅读可以让学生在不知不觉中提高对数学语言的感知、理解和应用能力。

（二）帮助学生掌握基本的数学阅读技能和方法，培养数学阅读习惯

数学语言由文字、符号和图形等组成，数学语言又具有精确、简洁、抽象的基本特点。因此，数学阅读有区别于其他学科阅读的特殊属性。教师通过数学阅读教学，帮助学生获得一些数学阅读的基本技能和方法，提高学生数学阅读的有效性，从小养成良好的数学阅读习惯。

（三）促进学生积极主动学习数学，拓展数学视野

在以往的数学教学过程中，老师教得累，学生学得被动，造成这个问题的一个重要原因就在于，大多数情况下数学教学中教师的主导性过强，他们把教材中的精髓挖掘出来，经过理解传达给学生，而学生只是被动地接受和理解。开展数学阅读，就是要让学生有机会根据自己的能力、兴趣和爱好选择阅读内容，探索古今中外数学领域的各种奥秘，开阔视野，激发学习数学的兴趣。

（四）引导学生传承数学文化，体悟数学价值

著名数学家华罗庚在《大哉数学之为用》一书中说道："宇宙之大，粒子之微，火箭之速，化工之巧，地球之变，生物之谜，日用之繁，无处不用

数学。"可见,数学在人类生活中无处不在,是人类文化的重要组成部分。南京大学郑毓信教授认为,数学是"看不见的文化"①。当人们将数学作为一种文化来理解时,它就不再仅仅局限于课堂,而应该有更广阔的空间。从文化的角度学习数学,是当代数学教育的发展趋势之一。这种基于文化的数学学习仅靠课堂教学是不够的,还需要通过大量的数学阅读来补充。通过数学阅读,学生不仅能巩固数学基础知识和基本技能,更能学习数学的基本思想和活动经验,探索数学的"本来面目",了解数学知识的来源和发展历程,学习前人在数学领域的探索精神和创新精神,体悟数学的理性价值、逻辑价值、美学价值、教育价值和人文价值。因此,引导学生欣赏数学文化、研究数学文化、传承数学文化、创新数学文化,是数学阅读教学的重要任务。

第四节 核心素养视域下的数学阅读

2016 年 9 月 13 日,中国学生发展核心素养研究成果发布会在北京师范大学举行。学生发展核心素养,主要指学生应具备的、能够适应终身发展和社会发展需要的必备品格和关键能力。中国学生发展核心素养以培养"全面发展的人"为核心,分为文化基础、自主发展、社会参与 3 个方面,综合表现为人文底蕴、科学精神、学会学习、健康生活、责任担当、实践创新等六大素养,具体细化为国家认同等 18 个基本要点(如图 1-4-1 所示)。其中在

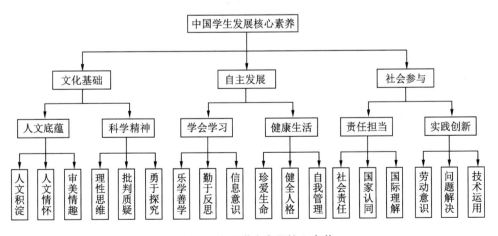

图 1-4-1 中国学生发展核心素养

---

① 郑毓信. 数学:看不见的文化:论数学的文化价值 [J]. 南京大学学报(哲学社会科学版), 1994(1): 54.

人文底蕴、科学精神、学会学习等基本要点的主要表现描述中，如"具有古今中外人文领域基本知识和成果的积累""理解和掌握基本的科学原理和方法""具有好奇心和想象力""具有终身学习的意识和能力"，等等，这些都与阅读息息相关。

2018 年，北京师范大学中国教育创新研究院对外发布《21 世纪核心素养 5C 模型研究报告（中文版）》，提出了"21 世纪核心素养 5C 模型"，包括文化理解与传承、审辩思维、创新、沟通、合作共 5 个方面。其中素养要素中的"深度理解"指：学生要能够正确理解沟通对象以语言、文字及多种形式传递的信息，隐含的意图、情绪情感、态度和价值观等，以及对内容进行反思与评价的能力。5C 模型还在子要素中提到了"深度阅读"，认为深度阅读是"对文本和话语进行审辩式的分析、监控理解、作出推论、质疑和反思"，其行为表现是"确定重要信息；审辩地分析观点；对没有明确表达的信息进行推理；认识到自己感到困惑的地方。"①

2022 年 4 月 21 日，教育部举行新闻发布会，介绍新修订的义务教育课程方案和语文等 16 门学科的课程标准，《义务教育数学课程标准（2022 年版）》正式发布。本次修订的内容突出了核心素养，在"课程理念"部分指出要确立核心素养导向的课程目标②，并强调数学课程要培养的学生核心素养，主要包括以下 3 个方面：（1）会用数学的眼光观察现实世界；（2）会用数学的思维思考现实世界；（3）会用数学的语言表达现实世界。③数学课程所培养的学生核心素养具有阶段性，在不同的阶段具有不同的表现。小学阶段的数学核心素养侧重对经验的感悟，主要表现为：数感、量感、符号意识、运算能力、几何直观、空间观念、推理意识、数据意识、模型意识、应用意识、创新意识。

如何引导学生在现实世界中拥有数学的眼光，进行理性的思考，进而尝试数学的表达，需要合适的实施路径，而数学阅读恰好提供了这样的一个契机。

---

① 康翠萍，徐冠兴，魏锐，等．沟通素养：21 世纪核心素养 5C 模型之四［J］华东师范大学学学报（教育科学版），2020，38（2）：71-82.

② 中华人民共和国教育部．义务教育数学课程标准（2022 年版）［S］．北京：北京师范大学出版社，2022：2.

③ 中华人民共和国教育部．义务教育数学课程标准（2022 年版）［S］．北京：北京师范大学出版社，2022：5-6.

一、数学阅读为"数学的眼光"打开了一扇窗户

"眼光"似乎是一个偏生活化的词语，《现代汉语词典》对其有 3 个释义：第一，视线。例如：大家的眼光都集中到他身上。第二，观察鉴别事物的能力；眼力。例如：这辆车挑得好，你真有眼光。第三，指观点。例如：老眼光。[①]

数学的眼光是什么呢？数学的眼光就是对现实世界中数量关系和空间形式的抽象。例如笛卡儿从蛛网想到了直角坐标系，巧妙地实现了数形结合，这就是数学的眼光。张景中院士《数学家的眼光》中的案例，阅读之后让人叹为观止。数学家的眼光和他们自身渊博的知识基础、高超的数学能力、丰富的研究经历有关。如果用"四能"（发现、提出、分析和解决问题）来解释数学眼光的话，数学眼光主要对应发现和提出数学问题两个阶段。对于数学活动来说，数学眼光最为重要，主要体现在：从相关的问题中发现数学内涵，以及有了数学内涵之后怎样去联想到现实案例。《义务教育数学课程标准（2022 年版）》指出，在义务教育阶段，数学眼光主要表现为：抽象能力（包括数感、量感、符号意识）、几何直观、空间观念与创新意识。[②]

数学的眼光是如何形成的呢？我们生活在真实的世界里，数学就隐藏在世间万物之中。人们根据解决问题的需要，在观察真实情境时，仅聚焦于数量关系与空间形式有关的要素，在大脑里展开思维活动，数学眼光就是通过这样的思维活动逐渐形成的。[③] 由上述数学眼光的产生机制可知，数学眼光不是先天的，真实世界中的数量关系和空间形式都是人脑抽象出来的。数学眼光需要通过后天的数学教育才能养成。

数学阅读能为数学的眼光打开一扇窗户。首先，虽说生活处处有数学，但是学生的活动范围有限，所能接触到的真实情境具有一定的局限性。阅读则能大大拓展学生的生活时空，让他们在书中描写的情境中自由探索数学本质。其次，阅读能为学生打开数学视角，了解别人是怎样用数学眼光来观察现实世界的，并从中得到启发。最后，阅读能帮助学生打通数学和生活的联

---

① 中国社会科学院语言研究所词典编辑室. 现代汉语词典 ［M］. 6 版. 北京：商务印书馆，2012：1500.

② 中华人民共和国教育部. 义务教育数学课程标准（2022 年版）［S］. 北京：北京师范大学出版社，2022：5.

③ 孙晓天，张丹. 义务教育课程标准（2022 年版）课例式解读：小学数学 ［M］. 北京：教育科学出版社，2022：6.

系，因为阅读是一种个性化的学习行为，学生通过独立思考，逐步建立数学与生活的联系，从而自觉地在现实生活中捕捉数学信息，凝练出自己的数学眼光。

二、数学阅读为"数学的思维"提供了一把钥匙

人们常戏称某人有理科思维，或有文科思维；某人是"工科男"，或是"艺术男"。说明思维方式是有学科特质的。数学是思维的体操，数学的思维具体指什么呢？比起一般意义上几乎包罗万象的数学思维，在共为一体的"三会"结构中，数学思维事实上相对侧重推理①。例如下面的阅读材料：

为了庆祝新年，商场举行促销活动：消费每满100元送10元优惠，只计整百，零头不计；而对于购买商品总价超过1000元的顾客，给予总价打八五折的优惠，但是不再享受每满100元送10元的优惠。小斌一家买了很多东西，最后一算，这些东西一共值950元，爸爸就又买了一个价格为60元的皮包。小斌觉得奇怪：妈妈不是说有皮包吗？不应该再买了。爸爸笑着说，反正是商场白送的，为什么不要呢？小斌不明白爸爸的话是什么意思，明明花了60元，怎么会是白送的呢？小朋友，你知道这是为什么吗？

其实，只要我们用数学知识计算一下，就知道爸爸所说的"白送"是什么意思了。先算一下如果不买皮包，他们一共要花多少钱。根据商场的优惠政策，每满100元送10元，只计整百，零头不计，那么他们可以得到$900 \div 100 \times 10 = 90$（元），所以他们需要付给商场$950 - 90 = 860$（元）。如果买了皮包的话，总价格就是$950 + 60 = 1010$（元），根据商场的优惠政策，总价超过1000（元），可以打八五折，他们只需要付给商场$1010 \times 0.85 = 858.5$（元）。进行比较之后我们可以看出，买了皮包以后，不但没有多付钱，反而少出了$860 - 858.5 = 1.5$（元）。现在小朋友明白为什么小斌的爸爸说皮包是白送的了吧。所以，把数学运用于生活中是很有"好处"的。

三、数学阅读为"数学的语言"搭建了一座桥梁

史宁中先生认为数学模型构建了数学与现实世界的桥梁，借助数学模型

---

① 孙晓天，张丹. 义务教育课程标准（2022年版）课例式解读：小学数学［M］. 北京：教育科学出版社，2022：14.

可使数学回归于现实世界①。从此意义上讲，数学阅读也为学生用数学的语言表达现实世界搭建了一座桥梁。为了更好地说明数学阅读与"三会"之间的联系，试以一则阅读材料为例做简要分析：

四色猜想②

地图是人类非常重要的出行工具，人们可以根据地图的指示寻找自己的目的地和路线。有了地图，人们的出行变得更加方便、顺利。

你一定见过地图，可是你不一定知道，在数学领域还有一个和地图有关的世界难题！它就是著名的"四色猜想问题"。

四色猜想是世界三大数学难题之一，很多数学家都乐于钻研四色猜想。四色猜想包含了很多数学规律，使得这个数学难题拥有无与伦比的魅力。

四色猜想的内容是：任何一张地图只用四种颜色就能使具有共同边界的国家互相区分。转化为数学术语就是，将平面上任意地细分为不相重叠的区域，每一个区域可以用 1，2，3，4 这四个数字之一来标记，而不会使相邻的两个区域得到相同的数字。

有关地图的四色猜想最先是由一位叫弗朗西斯·格斯里的英国大学生提出来的。1852 年，毕业于伦敦大学的格斯里来到一家科研单位负责地图着色工作时，发现了这种有趣的现象。格斯里认为每张地图都可以用四种颜色着色，使得有共同边界的国家都能被有效地区分开。

喜欢探索问题的格里斯，心血来潮决定用数学方法证明一下自己的观点。为此他特意找来了正在读大学的弟弟，两人抱着极大的热情验证这个猜想。然而草稿纸用了一大堆，也没有得到一个确切的结论。

但是格斯里和他的弟弟仍然不死心，为了找到答案，1852 年 10 月 23 日，格斯里的弟弟请教了他的老师，著名数学家德·摩尔根。摩尔根的数学造诣非常高，格斯里兄弟以为四色猜想根本难不倒这位数学大家。可是数天过去了，摩尔根也没有找到解决这个问题的办法。

直到 1976 年，在计算机的帮助下，四色问题才终于被解决。数学家希奇在伊利诺斯大学的两台不同的电子计算机上分 482 种情况检查，历时 1200 个小时，做了 100 亿个判断，结果没有一张地图是需要五色的，最终证明了

---

① 史宁中. 数学基本思想 18 讲 ［M］. 北京：北京师范大学出版社，2016：216.

② 纸上魔方. 数学王国奇遇记：广博的数学"趣闻"［M］. 济南：山东人民出版社，2014：93-97.

四色定理。就这样，这个困扰数学家多年的难题被攻克了。

在这段阅读材料的实际教学中，教师首先出示一幅地图，让学生说说地图为生活带来了哪些便利。接着让学生观察地图有什么特点。学生的回答五花八门，但是基本都不会关注到地图的颜色。这时，教师设置悬念：数学家的眼光和你们不一样，他们能从地图中发现数学问题。学生疑惑了，纷纷猜测是什么数学问题，但大都局限在行程、比例等问题。教师继续讲述：有一个叫格斯里的英国学生，就曾经从地图上发现了一个有趣的现象，并提出了著名的"四色猜想问题"。现在老师也请你们猜一下：你认为"四色猜想问题"到底讲的是什么问题呢？学生从字面上得到启发，开始关注到地图上各区域的颜色，但显然还是没有头绪。

接着教师出示阅读材料："让我们一起来读一读，看看究竟什么是'四色猜想问题'吧。"学生在阅读的过程中，教师给每个学生发了一张黑白打印的模拟地图。学生边读，边迫不及待地拿出彩色蜡笔开始在模拟地图上涂涂画画。不断有学生发现确实有"四色猜想"这一有趣的现象，而且不管怎么涂色，这一现象都存在。教师继续引导沉浸在涂色过程中的学生：这个叫格斯里的学生发现了地图中这一有趣的现象，但是他并没有仅仅觉得好玩和有趣，他开始思考，这是偶然现象还是普遍现象呢？并就此提出了"四色猜想问题"。故事的后半部分，讲述了他带着这个问题不断寻求证明的过程，这也是人们研究数学问题时应有的孜孜以求、锲而不舍的态度。

地图是我们常见的物品，特别是到高年级学习了比例尺后，地图更是高频次地出现在学生眼前。看地图，当然在于使用地图的应用价值，我们在地图上看到祖国的幅员辽阔，通过地图解决出行难题，我们可能还会偶尔留意一下地图上的各种颜色，但是大多数人不会如格斯里一样，能从地图中发现并提出"四色猜想问题"。这就值得我们思考：为什么是格斯里提出了这个问题？我们来看格斯里从事的是"为地图着色的工作"，这就是我们所说的"真实情境"。如果格斯里从事的是别的工作，比如建筑师、医生、法官等，他可能会提出疑问，但大概率不会是"四色猜想"。我们还可以思考，为地图着色的，肯定不止格斯里一人，为什么别人就没有提出"四色猜想"呢？因为格斯里"剥离"了地图具体的形状、颜色等非数学属性，仅留下空白的区域和代表四种颜色的数字 1，2，3，4。这就是数学的眼光，一种从数学本身出发观察问题的视角。

格斯里还将"不规则图形"和"不同颜色的数量"这两个元素联系起来思考。我们可以大胆地还原一下当时的场景：格斯里发现地图上的边界都是不规则图形，犬牙交错，排列毫无规律，但是他竟然用四种颜色就能完全区分。于是他产生了大胆的推理：任何一张地图只用四种颜色就能使具有共同边界的国家相互区分，这就是数学的思维。格斯里想用数学知识证明自己的观点，其间更有许多著名的数学家先后参与进来，最后依靠现代计算机才解决了这个问题。在阅读时随着故事情节的推动，一些学生可能也会拿出蜡笔在纸上涂涂画画，进行思考。

阅读材料以学生能看得懂的数学语言描述了"四色猜想问题"："将平面上任意地细分为不相重叠的区域，每一个区域可以用1，2，3，4这四个数字之一来标记，而不会使相邻的两个区域得到相同的数字。"学生可以看到，生活中的现象如何用数学语言来表达，并深刻地体会到数学语言的精确和简洁。

史宁中先生认为，数学眼光主要表现为数学基本思想中的数学抽象，数学思维主要表现为推理，数学语言主要表现为模型。① 它们三者分别呼应数学的高度抽象、逻辑严谨和应用广泛的特点。上述这则阅读材料，包含了充足的核心素养培养理念，可以给学生提供很多有益的启发。

第五节　基于深度学习的数学阅读策略

深度学习的概念源于人工智能，本意指机器学习领域中对模式（文字、声音、图像等）进行建模、识别的一种方法。尤其在人工智能领域，经常提到深度学习。随着人们对脑科学和学习科学研究的深化，深度学习的概念逐渐进入教育科学和教育实践的视野，成为目前教育研究领域的一个热词。刘月霞和郭华老师在其主编的《深度学习：走向核心素养（理论普及读本）》一书中指出："所谓深度学习，就是指在教师引领下，学生围绕着具有挑战性的学习主题，全身心积极参与、体验成功、获得发展的有意义的学习过程。在这个过程中，学生掌握学科的核心知识，理解学习的过程，把握学科的本质及思想方法，形成积极的内在学习动机、高级的社会性情感、积极的态度、正确的价值观，成为既具独立性、批判性、创造性，又有合作精神、

① 史宁中. 数学基本思想18讲［M］. 北京：北京师范大学出版社，2016：2.

基础扎实的优秀的学习者，成为未来社会历史实践的主人。"① 深度学习定义中的几个关键词"在教师引领下""挑战性的学习主题""有意义的学习"等，同样也是数学阅读的核心要义。首先，我们开展的数学阅读，是在教师引领下的数学阅读教学双边活动，教师是主导，学生是主体，并不是单向式的阅读。其次，深度学习中的"挑战性的学习主题"，对应数学阅读中的阅读材料，当然阅读材料要精心选择，这又离不开教师的引导。最后，数学阅读不是机械重复的，而是有意义的学习过程，需要读者在理解文本基础上将新旧知识联系起来，调整认知结构。

那么，处于深度学习状态下的儿童，会表现出哪些区别于一般学习的优秀学习品质呢？解决了这个问题，就能寻找到基于深度学习的数学阅读的有效策略。

一、基于深度学习的学习品质探析

学习品质是学生在学习过程中形成并逐渐展现出来的比较稳定的特性和特征。一个学生的学习品质有个性因素，但受后天培养的影响，在不同的教学方式下，学生形成的学习品质也会产生差异。

（一）引发内驱，促进自觉学习

自觉学习是学习情感态度方面表现出的一种学习品质。具有自觉学习品质的儿童，保持着对事物的好奇心，有强烈的求知欲，能积极主动地投身到学习中，不满足于已有的答案或方法，在学习中思维是活跃的，体验是愉悦的。

深度学习引发学习者的内驱力，唤醒深层次的学习自觉。当今是一个特别需要自觉学习的时代，教育工作者在积极探索如何提高线上教育的有效性。除课程内容本身之外，教育工作者普遍比较焦虑的是学生的学习自觉性不足，学生的学习自觉性会直接影响到教学的效果。从儿童心理学上说，深度学习所设计的教学主题和内容，不单是引起学习兴趣，更是促使学生进入一种思维上跃跃欲试的状态。学生在"任务驱动"下，带着问题和思考全身心地投入，成为学习的主体。对于深度学习的评价注重"人的成长的隐性要素"，不仅仅关注知识的形成过程，更关注知识形成过程中隐含的那些策略性方法和思想等，它让学习的层次更丰富，学生在学习中更有获得感和成功

---

① 刘月霞，郭华. 深度学习：走向核心素养（理论普及读本）[M]. 北京：教育科学出版社，2018：32.

感，因此也更能在学习的全过程中始终保持着较高的专注和投入度。最后，深度学习课堂中具有"挑战性"的学习内容，这不仅考验学生的知识能力，也是对其意志的锻炼。

（二）以学定教，促进主动建构

主动建构是知识生成和理解层面展现出的一种学习品质。知识是有生长点的，只有不断将新知识融入已有的知识体系，头脑里的"知识树"才会不断萌芽生长、枝繁叶茂。深度学习较之于一般学习，更关注知识的生成与建构，强调教学设计要从"最近发展区"出发，基于知识的"生长点"，实现三种把握：把握学生的"已知""未知"和"需知"，从而构建充满活力的知识体系。

心理学表明，知识是分块分时段动态存储记忆的，加上"记忆与遗忘"交互作用的特点，决定了学生单一时段的知识是相对有序的；而一个时期内积累的知识却是相对繁杂和零乱的。无序化的知识状态，致使学生处于似懂非懂的半入门阶段。知识有序化是大脑思维对知识进行深度加工的结果。受年龄特征的限制，小学生还不具备自主梳理知识的意识和能力，要让小学生在头脑中形成有序和充满"活力"的知识结构，建构知识体系，教学中就需有意识地加强这方面的渗透和训练。以学定教，构建"有序"的知识结构，让思维更具活力，这是深度学习的重要特征。

（三）深度加工，促进把握本质

深度学习是对数学概念和规律本质上的主动理解，是能举一反三和融会贯通的一种学习，它探索的是表面化、情境化和生活化背后能凸显出的数学核心的东西。[①] 浅层式的学习，是对知识的机械记忆，浮于表面，不能应用。而深度学习，是对数学知识和概念的深刻理解，看是否能"举一反三"，能从解决一个问题联想到多个问题；看是否能"触类旁通"，能从解决多个问题中总结规律；看是否能"融会贯通"，能从解决一类问题联想到新的问题。开展深度学习的孩子，能够在表象中迅速抓住知识的本质属性，通过比较、分析、操作、体验等手段，沟通知识的内在联系，这是进行知识深加工的一个过程。

例如题组是我们常用的训练方式之一。在复习数的运算时，出示如下题组：

---

① 马云鹏. 深度学习：走向核心素养（学科教学指南·小学数学）［M］. 北京：教育科学出版社，2019：9-10.

① $345+2955=3300$ ② $18.6+7.88=26.48$ ③ $\dfrac{3}{4}-\dfrac{1}{6}=\dfrac{9}{12}-\dfrac{2}{12}=\dfrac{7}{12}$

学生在计算题组得到正确结果方面显然不存在困难。重点是如何引导学生通过这三个题目，分别复习整数、小数、分数加（减）法的计算法则。这三种运算有比较大的差异：整数加（减）法要求相同数位对齐；小数加（减）法则要求做到小数点对齐；而分数加（减）法则强调分数单位要统一。继续引导学生从表面走向深入：实质上三种计算法则的核心都是相同计数单位方可直接相加减，异分母分数之所以不能直接相加减是因为它们的分数单位不统一，需要转异为同。如此训练学生思考整数、小数、分数加（减）法之间的内在联系，突出本质，更有利于其理解这些知识。在学生初步认识到"数的加减运算，就是'基本单位'相同情况下，'基本单位'的个数加减运算"的基础上顺势拓展，如：$4a+5a$，"基本单位"是 a，就是 4 个 a 加 5 个 a 等于 9 个 a，即 $9a$；$6ab-2ab$，"基本单位"是 ab，就是 6 个 ab 减 2 个 ab 等于 4 个 ab，即 $4ab$；$\dfrac{3}{m}+\dfrac{2}{m}$，"基本单位"是 $\dfrac{1}{m}$，就是 3 个 $\dfrac{1}{m}$ 加 2 个 $\dfrac{1}{m}$ 等于 5 个 $\dfrac{1}{m}$，即 $\dfrac{5}{m}$。如此反复练习，将"基本单位"的方法延伸到含有字母的式子的加减运算中，学生便能更快地掌握和理解数的运算。

（四）活动体验，促进独立思考

当下许多学生都缺乏独立思考的能力，解决问题时左顾右盼，习惯性的从众心理和依赖心理严重。独立思考是基于学生丰富的体验、个体的经验、渊博的知识基础而逐渐形成的，见多识广才能促使学生对问题有新的看法，才能使他们不满足于已有的解题方法而另辟蹊径。深度学习是一种学生多感官共同参与的学习，会让学生有更丰富的活动体验。如数学概念的建立，长度单位（毫米、分米、千米）、时间单位（时、分、秒），还有质量单位的认识等，这些概念都较为抽象，尤其是"千米""吨"等较大的单位，需要让学生在具体情境中获得体验，进而以少想多、以小想大，才能达到较好的效果。

深度学习主张为学生提供丰富的学习素材，如尝试画一个圆，可提供硬币、瓶盖、铅笔和线、圆规、直尺等各种工具。学生面对丰富的素材，就有了多种选择。有的借助生活中的圆形实物"描"出一个圆，有的用线和笔模仿圆规"画"出一个圆，有的用线和橡皮在空中"甩"出一个圆。"选择"实质上就是独立思考的过程，经常让学生在多样的学习素材中做出选择，或提供多种解决方案和思路让学生进行优化，均有利于培养学生独立思考的品质。深度学习围绕某个学习主题展开，学生充分体验探究，获得知识，体现的是"先学后教"的理念。"先学"就是让学生先独立思考，例如"异分母分数的比较"，方法就有很多，学生提出可以化成小数比较，可以画示意图直观比较，可以通过比分子比较，还可以化成同分母分数比较，等等，这些都源于学生的独立思考。接着教师让学生通过对比优化，再次思考，得到异分母分数比较的基本方法。预习也是"先学"的一种方式，教师适当加强预习的引导，如列出预习提纲、提出一些预习问题、发放"学习单"等，均有利于学生独立思考品质的形成。

（五）迁移应用，促进大胆质疑

大胆质疑是高阶思维的一种学习品质。学习中不但能理解知识，还能通过分析提出疑问，其思维必然是有深度的。"大胆质疑"，即要敢于思考，敢于提问，善于提问。当下的学生，习惯于被动面对问题，普遍缺乏发现问题和提出问题的能力。

质疑能力和独立思考密不可分，独立思考是质疑的前提，更是基础，没有经历独立思考的过程是提不出有深度的问题的。其实孩童本质上都是爱问的，这是他们的天性。深度学习的课堂设计特别强调基于学生的"最近发展区"，让学生"跳一跳摘得到果子"。

鼓励学生质疑，也可合理运用"以师问促生问"的方式，如"对于这个问题，你有不同的想法吗？""这样的解法，你觉得有什么问题？""你同意伙伴的看法吗？""你还有什么疑问？"等等。诸如此类的引导，一是可以激发学生的问题意识；二是培养学生的质疑能力；三是以学生之口提出的问题更能引起课堂共鸣。深度学习提倡开放的教学时空，学生有更多的自主探索的空间，可以充分展现不同的思路和想法，其中不可避免地会产生错误。学生的错误正是质疑的最佳"激发点"，教师可以引导学生充分辨析和交流。同时可在课堂评价上树立"学生问得有理为好"的导向，让大胆质疑真正成为学生学习的一种特殊品质。

二、数学阅读：走向深度学习

深度学习不是开创一种新的教学模式，而是指提出一种理念并用这种理念指导教学实施过程。深度学习有利于学生形成积极优秀的学习品质，并伴随学习终身。在人们传统的观念中，数学阅读属于兴趣阅读和拓展阅读，旨在激发学生学习数学的兴趣，了解一些课外的数学知识，一般不需要读者深度思考。其实，这是我们对数学阅读的误解。数学阅读不同于一般阅读，它是一个精读的过程，也是一种深度学习。数学阅读和深度学习理论指导下的教学实践一样，在促进学生学习品质的提升方面有着诸多"链接"。

刘月霞和郭华老师主编的《深度学习：走向核心素养（理论普及读本）》一书中指出深度学习的5个基本特征：1. 联想与结构：经验与知识的相互转化；2. 活动与体验：学生的学习机制；3. 本质与变式：对学习对象进行深度加工；4. 迁移与运用：在教学活动中模拟社会实践；5. 价值与评价："人"的成长的隐性要素。① 下面试以一段阅读材料的分析，说明数学阅读与深度学习的基本特征的联系。

著名数学家、中国科学院张景中院士的数学科普作品《数学家的眼光》一书，在第一讲"三角形的内角和"中记录了一则关于数学家陈省身教授的故事。

美籍华人陈省身教授是当代著名的数学家，他十分关心祖国数学科学的发展。人们称赞他是"中国青年数学学子的总教练"。1980年，陈教授在北京大学的一次讲学中语惊四座：

"人们常说，三角形内角和等于180°。但是，这是不对的！"

大家愕然。怎么回事？三角形内角和是180°，这不是数学常识吗？

接着，这位老教授对大家的疑问做了精辟的解答：

"三角形内角和为180°不对，不是说这个事实不对，而是说这种看问题的方法不对，应当说"三角形外角和是360°！"

把眼光盯住内角，只能看到：

三角形内角和是180°；

四边形内角和是360°；

五边形内角和是540°；

…………

n边形内角和是$(n-2)\times180°$。

这就找到了一个计算内角和的公式，公式里出现了边数n。

如果看外角呢？

三角形的外角和是360°；

四边形的外角和是360°；

五边形的外角和是 360°；

…………

任意 n 边形的外角和都是 360°。

这就把多种情形用一个十分简单的结论概括起来了。用一个与 n 无关的常数代替了与 n 有关的公式，找到了更一般的规律。①

（以下略）

--------------------------------------▪

首先，有效的阅读材料能唤醒学生已有的认知，快速激活以往的经验。上述材料中陈教授的一句："人们常说，三角形内角和等于 180°。但是，这是不对的!"一石激起千层浪，学生们会好奇数学家怎么会说这样违反常识的话呢？这时候，大多数学生会在头脑中展开联想并回忆"三角形的内角和为 180°"，头脑中会产生剪、拼、量等操作过程，以确认"三角形的内角和为 180°"的推理过程和结论准确无误，这一过程是开展新知之前的基础。随着阅读材料的展开，学生的思维层层深入，头脑中新的知识结构不断形成和丰富。其次，这段材料的原文中有详细的图示和说明，学生根据阅读材料的提示，边阅读边动手，循序渐进，会有较好的阅读过程和体验。最后，本段阅读材料对学生最大的启示，就是对学习对象进行了深度加工，提供"内角和"与"外角和"两个思考的维度，让学生感悟和发现"变与不变"的规律，揭示事物的本质（如表 1-5-1 所示）。

表 1-5-1　多边形的内角和及外角和记录表

图形边数	内角和	内外角之和	外角和
3	180°	180°×3	360°
4	180°×2	180°×4	360°
5	180°×3	180°×5	360°
6	180°×4	180°×6	360°
n	180°×$(n-2)$	180°×n	360°

学生通过对本段材料的阅读和分析，会受到较多的启发，并通过迁移和运用，学会从不同的角度来思考问题，主动探寻事物的本质规律。而这些，则正是对"人"的成长至关重要的隐性要素。

———————————

① 张景中. 数学家的眼光［M］. 北京：中国少年儿童出版社，2007：1.

关于上述阅读材料的教学，著名特级教师唐彩斌在《小学数学教师》杂志 2016 年第 2 期上发表的《数学阅读，拓展数学课程新领域——"三角形内角和"数学阅读教学实践与思考》的文章中有详细介绍，感兴趣的读者可以找来一读。

三、基于深度学习的数学阅读实施策略

基于深度学习理论，结合学生数学阅读的实际情况，秉持"得法于课内，得益于课外"的理念，可实施如下数学阅读策略：

（一）转变观念，提高数学阅读的意识

当前，无论是学生本人，还是学校、教师和家庭等各个层面，对数学阅读的重视程度均不够。主要表现在两个方面：一是相对于语文和英语阅读，学生很少花时间进行数学阅读；二是即使进行数学阅读，也是浮于表面，未能真正认识到数学阅读对数学学习的重要作用。因此，开展数学阅读首先要转变观念，提高数学阅读的意识。这方面教师的数学阅读观起着十分关键的作用。和深度学习是在教师的引领下一样，我们倡导的数学阅读，也同样是在教师的指导下进行的，并且这种指导贯穿、陪伴于数学阅读的全过程。通过教师大力提倡数学阅读，既能直接作用于学生，又能通过学生有效影响到家庭和社会。转变观念，一方面要扭转学生"数学就是做题"的陈旧学习观；另一方面要让学生感受到数学阅读是一种有效的学习方法。当学生真正意识到数学阅读对自身学习的重要作用时，他们的观念自然会发生转变，从而爱上数学阅读。

（二）激发兴趣，养成数学阅读的习惯

兴趣是学生最好的老师。大多数学生都非常喜欢阅读，但因为平时接触的数学材料比较少，所以对数学阅读比较陌生，因此教师要为学生打造自由、宽松的数学阅读空间，给他们提供数学阅读的机会，帮助他们养成良好的数学阅读习惯。对于学生数学阅读习惯的培养，可以从课内和课外两个方面入手。课内，教师可以通过布置预习任务，促进学生对数学教材中的例题进行阅读，并鼓励学生通过说思路和想法，提高阅读理解和语言表达能力；教材中所涉及的重要的公式和定理，更要指导学生"精读"。课外，推荐阅读，开展阅读漂流活动，坚持"经读"，就是要经常阅读，每天阅读，通过阅读整合大脑中已有的数学知识，不断丰富知识结构。从数学阅读的心理机制上来说，在让学生"精读"的同时，还要注意让学生养成"静读"的良好习惯，不焦不躁，在阅读中解决思维困惑。"经读""精读"和"静读"，

是学生进行数学阅读时必须养成的良好习惯。

（三）指导方法，培养数学阅读的能力

数学语言的特殊性决定了数学阅读有不同于一般阅读的特性。因此，要有针对性地指导学生数学阅读的方法和技巧，培养学生数学阅读的能力。例如对于数学概念的教学，初读了解大意，使学生对概念形成整体印象；二读找出关键词，以关键词为突破口加深学生对概念的理解；三读深度分析，让学生对概念语言的表述进行逻辑分析和深刻理解；四读反思应用，举例验证，促进学生思维品质的发展。通过数学阅读的方式，改变学生死记硬背的学习模式，实现其对概念的深度学习和把握。例如对于例题或者习题的学习，指导学生一读知晓大意，二读找出关键，三读明晰题意，四读检验反思，引导学生的思维不断走向深入。如课外阅读，教师也不能让学生一读了之，要指导学生运用圈、点、勾、画等基本阅读批注方法，摘取阅读材料中的信息，边阅读边思考。阅读前，要有导读；读中和读后，要有分享。总之，要充分发挥数学课堂的主阵地作用和教师的主导作用，不断提高学生的数学阅读能力。

（四）精选内容，体现读思结合

开展数学阅读，精心选择阅读材料是非常重要的。数学阅读的内容来源，大致可以分为 3 类：一是数学教材，这是最重要的阅读材料；二是数学课外读物，包括各种数学科普读物、数学报刊等；三是教师整理自编的阅读材料。其中面广量大的数学课外读物，是数学阅读的主体。精心选择合适的数学读物，是教师开展数学阅读活动中非常重要的一项工作。当前是知识爆炸的时代，海量的信息充斥着社会生活的各个方面，不良读物危害学生的身心健康，无效读物又浪费学生宝贵的阅读时间。学生的甄别能力有限，这就需要教师帮助学生筛选出合适的阅读材料。阅读材料的选择，首先要坚持健康向上，要有利于落实立德树人根本任务，其次要体现"读思结合"。数学阅读是一个边读边思、边读边写的过程，也是一个深度学习的过程。提供的阅读材料既要符合学生的年龄特征，又要具有挑战性，能促进学生思维和认知的发展，只有这样的材料才能达到开展数学阅读的目的。

（五）分层递进，构建阅读体系

阅读对于个体来说，是一项主要以阅读者为主体、自主完成的活动。但阅读对于学习整体来说，却是一项系统工程。教师要根据学生的年龄特征设计不同的阅读任务，分层递进，系统培养学生的数学阅读能力。例如：从阅读材料的体裁考虑，对第一学段的学生可以开展数学绘本阅读、童话阅读；

对第二学段的学生可以开展故事阅读、游戏阅读；对第三学段的学生可以开展数学史阅读、整本书阅读。再如从阅读材料的内容考虑，可以设计如"数学符号（单位）的由来""小马虎的故事""数学家的思维""生活中的数学"等阅读系列主题。还有从阅读课的课型来说，可以开发不同的阅读课模式，如阅读分享课、阅读导读课、阅读指导课等。总之，以学生的年龄特征为基础，从阅读的不同维度出发，科学规划，构建体系，能更有效地开展数学阅读活动。

（六）激励评价，关注阅读质量

对于数学阅读质量的测量与评价，一直是个难题，因为阅读质量很难精准量化。我们将阅读素养融入学生核心素养的整体评价中，在数学阅读的"质"与"量"这两个维度中，我们更偏重于考量"质"，不求量大，但求质高，坚持激励原则。具体可以从如下几个方面进行观测：一看学生在不同情境下提炼和应用数学的能力。《义务教育数学课程标准（2022 年版）》强调真实情境下的数学学习，学生往往需要从"原点"出发经历搜集、提取、整理、分析、加工，最终解决问题的过程。表现在考查试题中，题干中的数学阅读量也大幅增加，参照经济合作与发展组织进行的国际学生评估项目（PISA 测试）对数学和科学素养的考查，学生的数学阅读能力是考查指标之一。二看学生对数学阅读在非智力因素方面的表现，比如兴趣、持久度等。三看学生对数学阅读成果的外化表现，比如是否学会了阅读材料中蕴含的数学知识，是否能传播和推广阅读成果。

（七）阅读与实践相结合

数学阅读不是"机械"式的阅读，必须与实践紧密结合起来，这也是深度学习的一个特征。首先，数学阅读是基于数学语言的阅读，语言是用来交流的。数学阅读需要同语言交流相融合。学生通过阅读，能复述阅读内容，与伙伴交流信息，相互启迪思维。其次，数学阅读与生活实践结合，进行跨学科学习。比如在新的课程内容体系下，"欢乐购物街"这一主题活动的设计，可以与语文、艺术、劳动等课程相结合，以"义卖活动"的形式展开。美术课与劳动课在活动前安排与义卖相关的教学内容。美术课可以让学生根据义卖品的种类和成本确定价格专区，再用多种形式对不同专区的海报进行设计征集；劳动课可以指导学生做一些创意手工作品，确定合理价格后参加义卖。语文课在活动后可以举行一次义卖收获分享会。数学课，活动前可以安排 1 课时，让学生回顾生活经验，阅读教材，认识人民币；第 2 课时开展课外阅读，了解人民币的课外知识，还有世界各国的货币；第 3 课时让学生在义卖活动这一购物情境中充分体现使用人民币的过程，积累使用人民币的经验；活动后再安排 1 课时，统计爱心基金，交流购物活动的收获，创作关于人民币的数学小报等。数学阅读可以与丰富的数学实践活动结合，组织阅读书评会、好书推介会、数学视频讲题会等读书活动，还可以开展创作数学阅读海报、数学小书签、数学四格动漫、数学连环画、数学小报、数学思维导图、数学日记、小论文、数学小实验和小制作等各种实践活动。

第二章

数学阅读内容的选择和创编

第一节　数学阅读内容的选择

选择合适的数学阅读内容是开展数学阅读的首要和关键环节。数学阅读内容的来源主要有两个渠道，一是选用现成的数学阅读素材，二是根据阅读教学需要进行改编或创编数学阅读材料。现成的数学阅读素材数量众多，各种体裁篇目林林总总，有的适合小学生阅读，有的并不适合；有的可以引入课堂阅读，有的可以推荐课外阅读；有的可以全本全篇阅读，有的则需要进行恰当的改编才适合儿童阅读。应用于教学的数学阅读材料，教师必须坚持立德树人根本任务，有策略地做出最佳选择。

一、数学阅读内容选择的原则

青少年阶段正是形成正确的世界观、人生观和价值观的重要时期。青少年精力旺盛，求知欲强，有很强的好奇心，但是他们还比较缺乏辨别是非的能力。因此，作为教学素材的阅读材料，凡是推荐给学生阅读的，教师必须自己先通读一遍，这是数学阅读内容选择的前提和根本。数学阅读内容选择要遵循以下原则：

（一）思想性原则

《义务教育数学课程标准（2022 年版）》指出：课程教材要发挥培根铸魂、启智增慧的作用，必须坚持马克思主义的指导地位，体现马克思主义中国化最新成果，体现中国和中华民族风格，体现党和国家对教育的基本要求，体现国家和民族基本价值观，体现人类文化知识积累和创新成果。①

优秀的数学阅读素材，不单承载着数学知识，更具有浓厚的人文情怀；不仅能使学生收获数学知识和方法，更能受到情感、态度和价值观的教育。例如欧阳维诚先生所著的《唐诗与数学》一书，精选 80 余首脍炙人口的唐诗，将唐诗与数学的联系以散文式的讲述方式娓娓道来。我们在选择数学阅读内容的时候，必须要坚持正确的方向，让学生受到德育和智育的双重教育。除了阅读材料思想的正确性之外，还要注意传递健康的审美情趣，阅读材料要符合大众的一般审美标准，坚决摒弃个别语言粗俗、画风怪异、品位低下的阅读材料。

（二）需求性原则

数学阅读是数学课堂教学的重要补充，为数学教学服务，为培养学生核心素养服务。数学阅读内容的选择，要根据数学教学的需求和学生学习的需求选择。如果随意推荐阅读材料，不但不会起到启智增慧的作用，甚至还会加重学生的学习负担。例如江苏教育出版社出版的小学数学教材中，有"你知道吗？"小栏目，一般配套于相应的知识点之后，介绍与数学有关的拓展知识或数学史、生活应用等。教学中发现，学生对阅读此内容很感兴趣，但是碍于教材篇幅的关系，内容都较为简短，学生读来意犹未尽。这时教师就可以补充阅读材料，满足学生的阅读需求。

（三）趣味性原则

皮亚杰的论断指出，儿童的思维处于从具体形象思维向抽象逻辑思维发展的阶段。小学生特别是低年级小学生，基于年龄特征，其心理、生理等发育还处于快速生长期，在学习注意力方面，无意注意占主导，易受外界环境因素影响，而且注意力的持续时间不长。为了达到预期的阅读效果，提供给学生的阅读材料，要有一定的趣味性。可以是形式上的趣味性，例如富有童趣的语言和图画图表，将理性的数学变得感性；可以是内容上的趣味性，例如有趣的数学绘本、数学故事和童话等；还可以是教师将数学阅读演绎出趣味性。趣味性是数学阅读有别于传统数学课堂教学内容的重要特征。

二、数学阅读内容的来源

根据数学阅读内容的来源，我们可以将阅读内容分为课内读物、课外读

---

① 中华人民共和国教育部. 义务教育数学课程标准（2022 年版）[S]. 北京：北京师范大学出版社，2022：前言 1.

物和补充读物等。

（一）课内读物

课内读物主要是数学课本，这是最重要的数学阅读材料。

一直以来，提起数学阅读，人们往往认为数学阅读就是数学课之外的阅读，阅读的内容是数学课本之外的书籍。这其实是一种很大的误解，直接就把最重要的数学阅读内容——课本给排除了。因此在数学课堂上，我们很少见到教师让学生有效地阅读课本，能进行课本阅读指导的就更是少之又少。有些课堂上学生甚至整堂课都几乎不怎么看数学课本，直到课尾教师布置作业时，才会见到学生齐刷刷地打开课本。

造成学生在数学课堂不看或甚少看数学书现象的原因，主体在教师。一是教师觉得课本上的内容自己都会讲解，学生就没必要自己看书。老师讲的总比学生自己看得要清楚吧！二是课堂教学时间宝贵，教师不愿意将宝贵的时间"浪费"在学生自己看书上。三是教师觉得数学书上的内容过于简单，也没什么可看的。课本于教师而言，是最主要的教材；而于学生而言，是数学书，书的属性，就是用来阅读的。因此我们进行数学阅读，首先就需从阅读数学课本开始。

从阅读内容上来说，数学课本主要有：概念（包括公式、定理、规律等）、例题、练习题和拓展阅读（如苏教版数学教材的"你知道吗?"栏目）。

（二）课外读物

对于小学生而言，日常数学阅读内容主要是面广量大的课外读物。国内有部分专家学者很早就关注了青少年儿童的数学科普阅读。如我国著名的数学科普作家谈祥柏先生，从事数学科普创作已逾半个世纪，创作了大量脍炙人口的数学科普作品，仅著作就有 50 多部。他与张景中院士、李毓佩教授并称为"中国数学科普三驾马车"。以他们为代表的一批作家致力于数学科普读物创作，他们的优秀作品是推荐阅读材料的重要来源。根据阅读材料的体裁和表达形式的不同，数学课外阅读材料大致有以下几种：

1. 数学绘本（图画）

当今，许多年轻的家长都愿意选择绘本作为儿童的启蒙读物。美国公共图书馆最早使用"picture book"作为儿童图书分类词，指儿童图书中的图画书。"绘本"一词则来自日本，距今 400 多年的日本江户时代，出现了名为《奈良绘本》的作品。绘本，顾名思义就是图画书，但绘本又不是普通的图画书，它利用图画和简洁的文字向读者传递信息，图画丰富文字的表达，文字为图画释义，图画和文字相互融合，共同讲述情节简单且富有趣味的故事，为读者提供丰富的阅读体验，尤其受到低幼龄儿童的喜爱。当前，绘本阅读被越来越多的教育工作者关注，成为研究热点之一。

相比于语文绘本、英语绘本，图书市场上的数学绘本相对较少，这给教师选择合适的绘本阅读材料带来了不便。教师要根据学生的年龄特征和不同阶段的心理特征选择绘本阅读材料。比如低年级阅读的材料画面要丰富鲜艳，内容生动有趣；到了中高年级，随着学生抽象思维的发展，就可以选择"数学味"更浓一些的绘本素材。

值得一提的是，由于低年级学生识字量有限，目前大部分教师所使用的数学教材，特别是第一学段的教科书，在形式上非常注重图文并茂，内容上也是图文结合，很好地体现了儿童阅读的特征。从局部来看，似乎也具有绘本的某些特点。数学学习强调抽象性和逻辑性，数学概念也比较抽象，学生需要借助丰富的实例来理解数学概念的含义。例如苏教版数学一年级上册的期末复习课"解决简单的实际问题"。本节课在减法问题的复习环节共设计了两道题（如图 2-1-1 和图 2-1-2 所示）。

	🌴	⚽	🪢
原　有	17 个	16 个	10 根
借　出	7 个	10 个	8 根
还　剩	（　）个	（　）个	（　）根

$\square\bigcirc\square=\square$（人）

图 2-1-1　运用减法计算出体育用品现有数量　　图 2-1-2　用减法算出最后一人前面有几人

针对两个情境下的减法问题，教师设置的教学目标各有侧重，第①题偏向于引导学生感知数量关系，用原有的个（根）数，去掉借出的，就得到剩下的个（根）数；第②题重点指导学生看懂图，让学生独立解决问题并交流思考过程。在解决第二个问题的过程中，有一个小朋友是这样说的："我把这个队伍一共的人数看成一个整体，戴帽子的小朋友看成其中的一部分，他前面的小朋友看成另一个部分，求这个部分有几个人，用 8−1＝7（人）。"语言是思维的外壳！借由学生的发言，教师发现学生的模型意识逐步形成，"部分量＝整体量（总量）−其余部分量"这一数量关系自然生成。教师此时及时捕捉到这一契机，联系第一个问题，让学生说一说，同样都是用减法解决问题，"原有的""借出的""剩下的"也可以看成一个整体或部分吗？让学生发现求其中的一个部分都用减法解决。趁热打铁！回顾本学期所涉及的减法问题，是不是都可以这样思考呢？罗列出不同呈现形式的减法问题（如图 2-1-3—图 2-1-7 所示），让学生说一说每个情境里可以把谁看成一个整体，谁看成一个部分，求的是什么。再由减法迁移到加法，培养学生的模型意识、推理意识、应用意识。

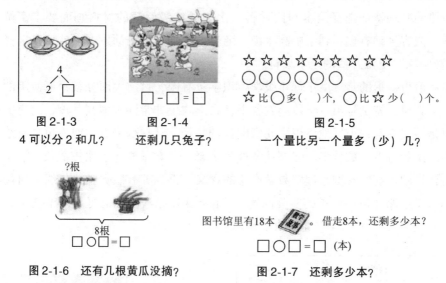

图 2-1-3
4 可以分 2 和几？

图 2-1-4
还剩几只兔子？

图 2-1-5
一个量比另一个量多（少）几？

图 2-1-6　还有几根黄瓜没摘？

图 2-1-7　还剩多少本？

上述每个例子都可以看作图文结合的小"绘本"，教师以"内容结构化"的视角为学生提供串联知识的线索，帮助学生在零散的知识间建立关联，唤起学生搭建知识结构的好奇心和探索欲，形成适应学生理解和迁移的知识结构，并使其积极参与建立知识结构的过程，逐步掌握迁移知识的能力，进而将知识结构转化为学生头脑里的认知结构。

2. 数学故事（童话）

数学故事是将数学知识以故事的形式呈现出来，使原本枯燥的数学知识变得生动有趣。为了吸引小读者，激发儿童数学阅读的兴趣，有时作家也以童话故事的形式进行创作。数学故事（童话）是目前市场上比较多见的数学阅读材料之一。

早在中国古代，就记录了许多非常有意思的有关数学的故事。例如唐代大诗人李白喜好饮酒做诗，民间有"李白饮酒诗百篇"之说。后人就以此为题记载有不少趣事。中国古代数学名著《算法统宗》中就记载了这么一个故事：今携一壶酒，游春郊外走。逢朋添一倍，入店饮斗九。相逢三处店，饮尽壶中酒。试问能算士，如何知原有？① 大意是：在郊外春游的时候，如果遇见朋友就先到酒店将壶中酒加一倍，再喝掉其中 19 升（注：古代一斗是 10 升）的酒。按这样的约定，在第三个店里遇到朋友正好喝光壶中酒。问壶中原有多少酒？

当代不少专家学者也早就关注到数学阅读这一领域，例如被称为"中国数学科普三驾马车"的谈祥柏先生、张景中院士和李毓佩教授。谈祥柏先生的《故事中的数学》《数学营养菜》《登上智力快车》，张景中院士的《帮你学数学》《数学家的眼光》，李毓佩教授的《数学西游记》《数学司令》《奇妙的数王国》《爱克斯探长》《荒岛历险》等著作，深入浅出，贴近学生生活，是不可多得的数学阅读精品读物。例如李毓佩教授创作的数学故事中，一些数学领域的专有名词都可作为故事里的主人公。如《有理数和无理数之战》，一看到这个标题，首先让人觉得很奇怪："有理数"和"无理数"不是两个专有名词吗？它俩为何打起架来？谁是有理数的代表，谁又是无理数的代表？一读作品，原来是有理数不服气，"凭什么说我们是无理数呀"，于是和有理数发生了矛盾。它们的统帅分别是 1 司令和 π 司令。通过一篇简短的科学童话，将有理数和无理数的概念、来历，以及科学家调停它们之间矛盾的设想，都表现出来了。故事既惊险有趣又生动活泼，不但吸引学生，就是成人读来，也颇受启发。

3. 数学史和数学文化

如果数学阅读内容也有必读和选读之分的话，那数学史一定是必读内容。我们现在所用的数学教材，语言精炼，结构完整，有着严密的科学性和逻辑体系，凝聚了无数编写者的智慧结晶。但正因如此，编写者也舍弃了许多数学知识形成的实际背景、演化历程及不同的研究路径。因此仅凭对数学教材的学习，学生难以感受数学产生和发展的演化全过程，难以获得数学的原貌和全景，容易陷入思维桎梏，而弥补这方面不足的最好途径就是学习数学史。当然，小学阶段学习数学史，严格地说，是学习数学史的片段，并不是学习数学通史。

华东师范大学数学系汪晓勤教授在蔡宏圣先生著的《数学史走进小学数学课堂：案例与剖析》一书的序言中认为，数学史对学生有多方面的教育价值：一是体现知识之谐，任何数学概念、公式、定理、思想都不是天上掉下

---

① 程大位. 算法统宗校释 ［M］. 梅荣照，李兆华，校释. 安徽：安徽教育出版社，1990：917.

来的，都有其自然发生发展的过程。二是获取探究之乐，数学史蕴含着丰富多彩的问题、思想及方法，可以利用数学史为学生提供探究机会，让他们经历知识的发生发展过程，积累数学活动经验，获得成功的体验。三是展示文化之魅，数学史融入数学教学的过程中，课堂上恢复了"人"的元素。四是彰显德育之效，在数学史融入数学教学的过程中，学生跨越时空的交流，让学生亲近数学，热爱数学，树立学习的信心，成为数学学习的主人。①

数学教材上的大多数知识点，大到"数的产生"，小至"+、-、×、÷"数学符号的由来，都有丰富的历史背景，这些史实能给学生带来启迪。中国有着悠久璀璨的数学文化。例如在中国数学史上占有重要地位的《算经十书》，集合了汉至唐近千年间的 10 部著名数学著作：《周髀算经》《九章算术》《海岛算经》《五曹算经》《孙子算经》《夏侯阳算经》《张丘建算经》《五经算术》《缉古算经》《缀术》。其中《周髀算经》是我国目前所知最早的数学书籍，距今已有 2000 年左右的历史，影响远及国外。对各个层面的数学史，学生应有所了解，以感受中国传统数学文化，激发民族自豪感。

4. 数学名题（趣题）

在古今中外数学发展的进程中，积累了很多数学名题和趣题。如 1500 年前，《孙子算经》中记载的"鸡兔同笼问题"（今有鸡兔同笼，上有三十五头，下有九十四足，问鸡兔各几何？）和"物不知数问题"（今有物不知其数，三三数之剩二，五五数之剩三，七七数之剩二，问物几何？），还有《九章算术》中记载的"老鼠打洞问题"（今有垣厚十尺，两鼠对穿，初日各一尺。大鼠日一尺，小鼠亦一尺。大鼠日自倍，小鼠日自半。问几何日相逢？），至今广为流传。

国外也记载有不少有趣的数学名题，如"丢番图的墓志铭"。丢番图是古希腊的数学家，在他的墓志铭上以诗歌的形式写着（大意）：

"过路的人！

这儿埋葬着丢番图。

请计算下列数目，

便可知他一生经过了多少寒暑。

他一生的六分之一是幸福的童年，

十二分之一是无忧无虑的少年。

---

① 蔡宏圣. 数学史走进小学数学课堂：案例与剖析［M］. 北京：教育科学出版社，2016：序 2.

再过去七分之一的年程，

他建立了幸福的家庭。

五年后儿子出生，

不料儿子竟先其父四年而终，

只活到父亲岁数的一半。

晚年丧子老人真可怜，

悲痛之中度过了风烛残年。

请你算一算，

丢番图到底活到多少岁？"

　　历史上的数学名题存在于浩如烟海的典籍中，是经过千锤百炼沉淀下来的宝贵财富，一定有其存在的理由和价值。通过阅读数学名题，学生不仅能学到解题方法，拓宽解题思路，还能了解到隐藏在"经典"背后的来龙去脉。

　　5. 数学家传记（数学家的故事）

　　在数学发展史上，涌现了许多著名的数学家。比如：中国古代的数学家祖冲之、刘徽、秦九韶、赵爽、杨辉、朱世杰、贾宪、王孝通、徐光启等；中国近现代著名的数学家华罗庚、陈景润、苏步青、熊庆来、陈省身、丘成桐等；国外的数学家毕达哥拉斯（古希腊）、阿基米德（古希腊）、欧几里得（古希腊）、牛顿（英国）、斐波那契（意大利）、笛卡儿（法国）、高斯（德国）、欧拉（瑞典）等。阅读这些数学家的传记或故事，了解他们在数学方面的主要成就，感受他们在研究数学的道路上不怕苦难和挫折，坚持不懈，勇于探索，献身科学事业的无畏精神，学生会在无形中受到精神力量的感召，激发自身探索数学奥秘的勇气和毅力。

　　6. 数学科普读物

　　数学来源于生活，又应用于生活。有一些数学读物专门介绍数学与生活各个方面的联系，暂且将这类作品归为数学科普读物。

　　（三）补充读物

　　除了数学书和正式出版的数学课外读物，有时教师为了教学和学生的需要，会自己整理和改编、甚至主动创作一些补充阅读材料，供学生有针对性地阅读，训练他们某方面的数学能力。

1. 数学实验报告

提供一份数学实验报告，训练学生在数学阅读中遴选关键信息的能力，如：

强强想知道一个土豆的体积大约是多少，于是他设计了一个实验，过程记录如下，请根据表 2-1-1 算出一个土豆的体积是多少。

表 2-1-1　实验记录表

第一步：找一个长方体的容器，测得长、宽、高分别是 20 厘米、10 厘米、15 厘米。（容器的厚度和误差不计）
第二步：在容器中加入一些水，测得水面高度是 8 厘米。
第三步：将土豆放入容器，但是有一部分土豆没有完全浸没在水中。这时测得水面高度是 10 厘米。
第四步：把土豆拿出，又加了一些水。现在测得水面高度是 11 厘米。
第五步：将土豆放入容器，土豆完全浸没在水中。这时测得水面高度是 14 厘米。

2. 数学游戏

数学游戏是学生非常喜爱的一项数学活动，教师可通过解读和分析游戏规则，训练学生的阅读理解能力，如图 2-1-8 所示。

抢数游戏的规则：两人从 1 开始轮流报数，每人每次可报一个数或两个连续的数，谁先报到 30，谁就为胜方。

图 2-1-8　抢数游戏的规则

学生从好胜心出发，为了赢得游戏的胜利，会逐字逐句地分析抢数的规则，并不断尝试，从一开始的随机报数到最后找到必胜的"法门"，需要反复阅读和思考，在这个过程中，学生的阅读理解能力能得到有效锻炼。

3. 数学生活片段

阅读生活中的情景片段，训练学生寻找关键词的能力，如：

王阿姨想网购一条裙子和一件上衣。她在购物网站上发现，三个店铺都有这两件相同的商品在出售，价格和优惠措施如下：

A 店铺：裙子 320 元，上衣 350 元（套）；每满 300 元减 30 元。

B 店铺：裙子 340 元，上衣 380 元（套）；每买 400 元全场通用购物券可当 500 元使用。

C 店铺：裙子 335 元，上衣 345 元（套）；购物满 500 元可在原价基础上打 9 折。

如果你是王阿姨，你会选择在哪个店铺购买这两件商品？请通过计算说明理由。

购物是生活中的日常活动。购物问题也是数学题目中经常会出现的"老面孔"。本段阅读材料从网购情境中抽象出数学问题，旨在考查学生灵活运用所学知识解决实际问题的能力。本段材料的训练点：学生能读懂题意，正确理解三个店铺的优惠措施，特别是正确理解一些关键词，如"每满 300 元减 30 元""每买 400 元购物券可当 500 元使用""打 9 折"等的含义。

4. 物品使用说明书

生活中许多物品的说明书，也可以是数学阅读的素材。如图 2-1-9 所示。

××制药厂

感冒清片

每片重 0.22 克

口服，一次 3~4 片，一日 3 次。饭后服用。

生产日期：2021 年 1 月 1 日

有效期至：2023 年 12 月 31 日

图 2-1-9　药品说明书

只要做个有心人，就会发现数学阅读的材料随处可见。如何利用现有的资源，为学生量身打造适合的阅读材料，需要教师具备对阅读内容进行创编的能力，我们放在下一节介绍。

第二节　数学阅读内容的创编

虽然市场上有海量的中小学阅读图书，但是数学阅读的图书数量相对较少，特别是缺少既符合学生的年龄特征，又适合作为课内外阅读的数学读物。除了合适的图书数量少以外，现有的数学阅读图书质量远弱于教材，不像教材具有严谨的逻辑和清晰的知识目标。但数学阅读材料的编写者参差不齐，大多不是一线的教师，在编写中也未考虑到内容可能会应用于数学阅读教学。这些阅读材料虽然可以作为一种课程资源引入数学阅读教学，但它毕竟不是为教学量身定制的，有些地方可能与实际的教学并不契合，其中大多需要教师根据实际进行二次"创编"。这里所指的"创编"，特指教育学意义上的创编，即结合教学目标、学生的特点等因素，对数学材料进行合理的加工，使之更好地融入课堂，为教学服务。对数学阅读资源的创编有很多策略，这里介绍 3 种创编方式：删减式创编、增补式创编和改写式创编。

一、删减式创编策略

有的数学阅读资源整体符合教学需求，但是受限于课时容量及学生接受能力而显得篇幅过长，或者有些内容与教学目标关系不大，这就需要教师根据学情在保持原有文本基调的基础上，删繁就简，使得阅读材料更符合教学活动的需要。例如有这样一份阅读材料：

富者乞羊①

王见楚富者，牧羊九十九而愿百。尝访邑里故人，其邻人贫，有一羊者，富拜之曰："吾羊九十九，今君之一，盈我成百，则牧数足矣。"

（节选自：梁·萧绎《金楼子·杂记》）

这则材料大意是富翁有 99 只羊，贫穷的邻人只有 1 只，贫富的悬殊不可谓不大！但富人仍然不满足，还厚颜无耻地要求贫者把仅有的一只羊给他，凑成一百之数，满足自己的欲望。这位富者算得上是一个贪得无厌、为富不仁的家伙。

"凑一百"似乎是人们所喜闻乐见的一种文化现象，一些趣味数学书中常常谈到凑百的故事。

我们回到富者乞羊的寓言，富者不是千方百计地要凑足 100 只羊吗？不妨给他开一个玩笑，在原寓言的后面加一段话，把它改写成一篇新的寓言，使他永远也得不到 100 只羊。

---

① 陈志平，熊清元. 金楼子疏证校注 ［M］. 上海：上海古籍出版社，2014：1133.

富者乞羊新编

楚国有个富翁，养了99只羊，很想凑足100只羊。一次他去乡里拜访一位老朋友，朋友的穷邻居只有一只羊。富翁对穷邻居说："我有99只羊，现在你把你的这一只羊给我，凑成一百，我希望拥有的羊数就达到了。"

穷人说："好呀！我可以把羊给你，但是有一个条件，你不是要凑足100只羊吗？现在有0，1，2，…9这10个数字，请用你的智慧把它们任意组成几个正整数，每个数字都用一次，而且也只准用一次，然后把这些数加起来。如果它们的和能恰好等于100，我就把我的这只羊白送给你。如果你做不到，那么就请你死了这条心吧！"

富翁听了大喜，觉得条件实在太简单了，便向朋友要来了纸笔，专心致志地又凑又算，可是他算来算去，最多只能凑到和数为99，始终凑不出100来。他折腾了好一阵子，累得满头大汗，但仍不死心，还挣扎着继续算下去。

富翁的朋友实在看不下去了，便劝他说："算了吧！什么事情总是有定数的呀！你算过来算过去，都只能算到99，而得不到100，这就说明，你命中注定只有99只羊啊！数由前定，勉强不得的呀！"

富翁长叹一声，无可奈何地走了，但他始终弄不明白的是：为什么就凑不成100呢？难道真是所谓数由前定吗？

事实上，把10个数字组成一些数，使它们的和为99，很容易。例如，可以把这10个数字组成19，28，30，7，6，5，4这些数，它们的和为：$19+28+30+7+6+5+4=99$。但是不能用这10个数字组成一些数，使它们的和等于100。

换一个思路：假定已经按照规则组成了一些正整数，使它们的和恰为100，那么这些数必定是一位数或两位数。由于10个数字0，1，2，…每个数字都正好出现一次，所以这些数的各个数字之和为：$0+1+2+3+4+5+6+7+8+9=45$。如果这些数字中，用来表示十位的数字之和t，那么用于表示个位的数字之和就是$45-t$，便得到方程$10t+(45-t)=100$。解这个一元一次方程，可求得$t=\dfrac{55}{9}$，与t为整数相矛盾。由此证明0，1，2，…9这10个数字且每个数字只用一次，组成一些数，使它们的和等于100是永远办不到的。

上述阅读材料，教师可以根据需要选取部分供学生阅读，如果要体现思考性，可以选读《富者乞羊新编》，这样阅读主题会更为突出，阅读效果更好一些。

二、增补式创编策略

有的数学阅读材料内容非常不错，但并不能和教材上的知识点完全同步，如果要用作数学阅读，教师就需要补充相关的知识点，扫除学生理解上的障碍。有的阅读材料是面向成人的，文本叙述深奥晦涩，需要教师做一些补充说明，减少阅读障碍。还有的阅读材料可读性很强，但是在引入课堂的时候会出现文本和学生互动不够的情形，需要教师补充思考和操作层面的内容，进一步增强阅读材料的可读性和趣味性。

例如介绍哥德巴赫猜想的阅读材料有很多。如果直接拿来给学生阅读，可能会有阅读障碍。如描述哥德巴赫猜想的数学语言非常专业，超出了学生的知识基础，理解上存在困难；还有在介绍攻克哥德巴赫猜想的过程中，会介绍许多科学家为之付出的努力，如 1956 年，中国的王元证明了"3+4"……学生可能会误以为就是计算上的"3+4"，其实这是一种有特殊含义的特定表达方式。由此，教师就有必要对阅读素材做一些知识上的补充，并作适当说明。为了让学生能顺利阅读关于哥德巴赫猜想的材料，我们进行了如下儿童化的改编。

哥德巴赫猜想——数学皇冠上的明珠

数学家在对整数的研究中逐渐产生了一个新的数学分支——数论。数论被数学家高斯誉为"数学中的皇冠"，哥德巴赫猜想是世界近代三大数学难题之一，被比喻为"数学皇冠上的明珠"。

公元 1742 年 6 月 7 日，德国的数学家哥德巴赫写信给当时的著名数学家欧拉，提出了他的猜想：是否任何一个大于或等于 6 的偶数，都可以表示成两个奇质数（既是奇数又是质数的数）之和？比如：$6 = 3+3$，$8 = 3+5$，$10 = 3+7$，$12 = 5+7$。

这个猜想对不对呢？同学们可以举例验证一下：

14 = （   ）+（   ）

16 = （   ）+（   ）

18 = （   ）+（   ）

（ ） ＝ （ ） ＋ （ ）

欧拉在回信中说："这一猜想我虽然不能证明它，但我确信这是完全正确的。"欧拉还提出：任何一个大于 2 的偶数都可以写成两个奇质数之和。简写成：N＝1＋1，"N"表示一个大偶数，"1＋1"表示一个奇质数加一个奇质数。这就是现在广为流传的哥德巴赫猜想。

1920 年，挪威数学家布朗证明了每一个充分大的偶数都可以表示成两个数的和，而这两个数又分别可以表示为不超过 9 个奇质数的乘积。我们把这个命题简称为"9＋9"。就这样，中外很多数学家开始投入到对哥德巴赫猜想的研究之中。

一直到 1956 年，中国的王元证明了"3＋4"；

1957 年，中国的王元先后证明了"3＋3"和"2＋3"；

1962 年，中国的潘承洞和苏联的巴尔巴恩证明了"1＋5"，中国的王元证明了"1＋4"；

1965 年，苏联的布赫夕太勃和维诺格拉多夫及意大利的邦贝利证明了"1＋3"；

目前最佳的结果是由中国数学家陈景润于 1966 年证明的，称为"陈氏定理"——任何充分大的偶数都可以表示成两个数的和，一个是奇质数，另一个是奇质数或者两个奇质数的乘积，写成"N＝1＋2"的形式。例如：28＝5＋23，32＝11＋3×7。

同学们，你也试着来写几组试试吧：

30＝（ ） ＋ （ ）

50＝（ ） ＋ （ ）

100＝（ ） ＋ （ ） ＋ （ ）

（ ） ＝ （ ） ＋ （ ）

（ ） ＝ （ ） ＋ （ ） ＋ （ ）

三、改写式创编策略

对于一线教师来说，开展数学阅读教学更多的是直接使用现成的阅读材料，原创或改编一份数学阅读材料虽然存在难度，但也并非完全不可能。我们设想一下：一线教师手里最多的资源是什么呢？我们不是每节课都有教案吗？如果把教案改成学案，不就是一份很好的阅读材料吗？

特级教师徐斌在他的公众号"徐斌无痕研究"中有一辑系列文章，名为"跟着名师学数学"。他将精彩的教学片段改写为给学生看的文字，读来非常有意思。现选取一篇改编于二年级"认识乘法"的作品刊录于下，供读者参考，兴许会给读者带来启发。

▪ ·································

有趣的"几个几"

美美老师今天带领大家一起参观动物学校，大伙儿别提有多开心啦！大虎同学兴高采烈地领着队伍，迈着大步走在最前面。不一会工夫，同学们来到向往已久的动物学校，可是动物学校的大门紧闭。大虎同学一个箭步上前按响门铃，这时动物学校的大门上出现了6道加法算式，门铃声提示同学们：先口算出这些加法算式的结果，再把它们分成两类，答案正确了，大门就会自动打开。

同学们争先恐后地报出这些加法算式的结果：2+3+6=11；5+5+5=15；3+7+8=18；4+4+4+4=16；9+1+6=16；2+2+2+2+2=10。小阳很快把早已想好的分类方法报出来："这些算式分成两类，一类是'5+5+5，4+4+4+4，2+2+2+2+2'，每道算式中的加数都是一样的；另一类是'2+3+6，3+7+8，9+1+6'，每道算式的加数都不一样的。"

"吱呀"一声，动物学校的大门打开了，同学们排着队进入动物学校。首先映入眼帘的是一片草地，草地上兔和鸡一组一组地正在草地上玩耍呢！兔子两只两只在一起，鸡三只三只在一起，它们的小组分得很有规律。

看到这个情景，美美老师问大伙："兔和鸡各有多少只？你们打算怎样数呢？"

大虎早已按捺不住了，一只一只地数了起来：1，2，3，4…还没等大虎数完，小芳就报出了答案："兔子一共有6只，鸡一共有12只。"

美美老师让小芳与大伙儿分享数得快的方法。小芳说：因为这里的兔和鸡都是有规律在一起活动的，所以我是两只两只数兔的，即2，4，6；三只三只数鸡的，即3，6，9，12。大虎这才恍然大悟，原来兔子有3个2只；鸡有4个3只。于是，小阳列出了加法算式：

$$\underbrace{2+2+2=6}_{3\text{个}2} \qquad \underbrace{3+3+3+3=12}_{4\text{个}3}$$

看着算式，大虎很快说出："兔子总数是3个2相加，鸡的总数是4个3相加。"

穿过草地，同学们来到动物学校的手工室，看到小动物们正在制作小花片。它们把制作好的精美花片横竖对齐摆在桌面上（见图 2-2-1），讨论怎样列式算得花片的总数。

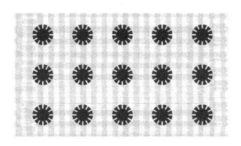

图 2-2-1　精美花片

有了刚才草地上数兔和鸡的经验，一旁的大虎很快想出了办法，他大声地告诉大家："每排有 5 个花片，所以求花片总数列式：5+5+5＝15，是 3 个 5 相加。"美美老师表扬了大虎学会运用"几个几"来列出加法算式，又提问大家，还可以列出不同的加法算式来求总数吗？小阳马上说出另一种加法算式：刚才大虎是横着看（见图 2-2-2），有 3 个 5，我们还可以竖着看（见图 2-2-3），有 5 个 3，算式列为：3+3+3+3+3＝15。

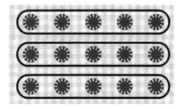

图 2-2-2　行列求和

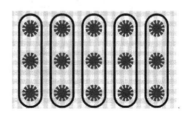

图 2-2-3　竖列求和

接下来，同学们参观的是动物学校的电脑教室。这间小小的电脑教室里，放着 4 张电脑桌，每张桌子放置两台电脑（见图 2-2-4）。

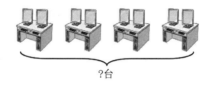

?台

图 2-2-4　求电脑总数

美美老师问大家，可以怎样列式计算出电脑的总数呢？这次大家异口同声地说："2+2+2+2=8。"美美老师点头称赞，接着问："你们想不想知道，在数学中其他的列式运算方法呢？"大家都表示很想学会。于是，美美老师给大家介绍"求4个2是多少"的一种新的运算方法——乘法，乘法就像我们以前学过的加法和减法一样，也有表示乘法运算的符号，乘法算式各部分也有自己的名称，乘号前后的数叫乘数，乘法运算的结果叫积。如图2-2-5所示算式4×2读作：4乘2；2×4读作：2乘4。

$$4 \quad \times \quad 2 \quad = \quad 8$$
$$或\ 2 \quad \times \quad 4 \quad = \quad 8$$

$$\vdots \qquad \vdots \qquad \vdots \qquad \vdots$$

乘数　　乘号　乘数　　　积

图 2-2-5　求 4×2

走到下一间稍大一点的电脑教室，同学们看到，里面有8张电脑桌，每张电脑桌上还是摆放着两台电脑（见图2-2-6）。这时，美美老师让同学们来列式算出这间教室里电脑的总数。同学们运用了不同的方法：2+2+2+2+2+2+2+2=16；2×8=16；8×2=16。

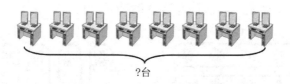

?台

图 2-2-6　求 8 张电脑桌上电脑总数

说着走到了一间很大的电脑教室，同学们不约而同地发出："哇！"的惊讶声。原来这间很大的电脑教室里有100张电脑桌，每张电脑桌上摆了两台电脑（见图2-2-7）。

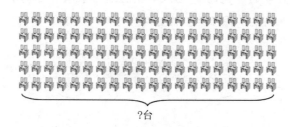

?台

图 2-2-7　求 100 张电脑桌上电脑总数

美美老师问大家："要求这100个2是多少，我们怎样列算式呢？"这次大家表示电脑总数都用乘法算式：100×2 或 2×100。美美老师问："为什么不选择用加法算式呢？"大虎马上回答："把 100 个 2 写成 2+2+2+…+2 的加法算式，也可以算出结果的，但这样要写出 100 个 2 相加，算式太长了，很麻烦！"

参观即将结束，大伙儿又来到动物学校的门口，看到刚才分类的算式，美美老师问大伙："运用今天学习的新知识，你能把进来时分类的算式中的哪一类算式变一变，改写成乘法算式呢？"

小慧答道："可以把'5+5+5，4+4+4+4，2+2+2+2+2'这类加法算式改写成乘法算式。"小慧看看一同前来参观的同学："这样吧，我们每人改写一道怎样？谁先来？"大虎首先回答："5+5+5 可以改写成 3×5 或 5×3。"然后，小阳回答："4+4+4+4 可以改写成 4×4。"最后，小芳不慌不忙地答道："2+2+2+2+2 可以改写成 2×5 或 5×2。"

美美老师问大家，为什么这一类加法算式可以改写成乘法算式，而另一类加法算式不能改写呢？这次大家异口同声地答道：可以写成乘法的这类加法算式中，每个加数都相同，而另一类不存在每个加数都相同的情况。

参观结束了，同学们走出动物学校的大门，大家对求相同加数和的"几个几"，可以写成乘法算式有了更深刻的认识。同学们纷纷表示，参观动物学校，见到有趣的"几个几"现象，学会了新的一种运算方法——乘法运算，收获满满，不虚此行。

（课程设计：徐斌；改编：皋岭）

第三章

数学阅读的方式

第一节　课堂融合阅读

目前，部分师生对数学阅读还存在一些认识误区，比如认为数学阅读就是数学课之外的阅读，多看一些数学课外读物就行了。这种认识误区是本末倒置的，将数学阅读融合在课堂教学之中，才是根本。课堂内的数学阅读主要有课本阅读和解题阅读，针对不同的阅读内容，可以采取灵活多样的阅读方式。

一、"一体两翼"式阅读

"一体两翼"式阅读是根据数学阅读"读思结合、边读边做"的基本特征开展阅读的一种方式，是常见的阅读方式。"一体两翼"中的"一体"，指的是阅读，具体又分为"三读"：初读、精读和研读。初读是浏览阅读内容大意，感知整体；精读是对重点部分逐词逐句阅读，条分缕析；研读是对难点部分追根溯源，探究本质。"思"和"做"是数学阅读的"两翼"。"一体两翼"式阅读，还要注意三个结合：读思结合、手脑结合和知情结合，三者融为一体，数学阅读将事半功倍。

"一体两翼"式阅读的基本操作流程如图 3-1-1 所示。

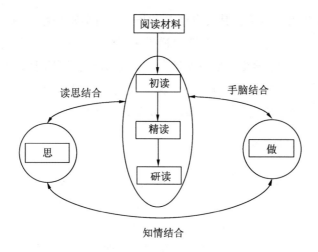

图 3-1-1 "一体两翼"式阅读示意图

例如：苏教版数学五年级（上册）"求小数的近似数"① ……

教材内容大致如下：

例题：地球和太阳之间的平均距离大约是 1.496 亿千米。

（1）精确到十分位大约是多少亿千米？

提示：精确到十分位就是保留一位小数。应该怎样确定近似数？

    1.496 亿千米≈1.5 亿千米

       ↑

    大于 5，向十分位进 1

（2）精确到百分位大约是多少亿千米？

提示：精确到百分位，要保留几位小数？应该看小数部分的哪一位？

    1.496 亿千米≈1.50 亿千米

说明：在这里，1.5 是精确到十分位的近似数，1.50 是精确到百分位的近似数，1.50 比 1.5 更精确。

想一想：近似数 1.50 末尾的"0"能去掉吗？为什么？

初读：请同学们快速浏览课本，看看今天我们要学习什么内容。

精读：细读课本。思：怎样求一个小数的近似数？做：完成书上的填空。

研读：为什么说 1.50 比 1.5 更精确？1.50 末尾的"0"能去掉吗？

---

① 孙丽谷，王林. 义务教育教科书：数学：五年级上册［M］. 南京：江苏凤凰教育出版社，2014：43.

俗话说："书读三遍，其义自见"。对于数学阅读来说，"书读三遍"不是简单地重复读三遍，而是有着明显递进关系的三次阅读，层层深入，读中有思，思中有读。数学阅读是一项复杂的脑力劳动，既需要智力因素参与，还需要非智力因素参与，因此，除了读思结合、手脑结合，也要情智结合。如此，学生自然能在阅读中学到知识，锻炼思维能力，发展数学素养。

二、提纲引领式阅读

提纲引领式阅读是教师根据阅读内容列出阅读提纲，让学生根据所列提纲进行阅读的一种方式。我们在布置学生预习任务或动手操作活动的时候，常会给学生一些提示或告知注意点，让学习活动更为高效和有针对性。阅读提纲的作用也类似于此，它能使学生在阅读之前，通过简要的阅读提纲，了解要读什么和怎么读，还有读的重点是什么。如此，学生既能对阅读的内容、目的有基本的了解，又能在情感上产生期待，引发阅读的欲望。

提纲引领式阅读的基本操作流程如图 3-1-2 所示：

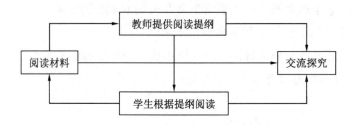

图 3-1-2　提纲引领式阅读示意图

例如：苏教版数学四年级（下册）的"乘法分配律"[1] 是计算教学中非常重要的一条运算律，对训练学生计算思维，提高灵活计算的能力有很大作用。学生在正式学习乘法分配律之前，其实已有经验积累，如：口算 12×3，先算 10×3＝30，接着算 2×3＝6，最后算 30+6＝36，只是学生当时还不知道这就是乘法分配律的应用。乘法分配律在后续的小数、分数的计算中会用到，甚至在方程、合并同类项等计算中依然发挥重要作用。乘法分配律对于学生来说是学习的一个难点，因此，乘法分配律教学的关键是要让学生达到生活情境和算理上的双重理解。教师在充分研究教材的基础上，提供如下阅读提纲，引导学生解读"乘法分配律"。

---

① 孙丽谷，王林．义务教育教科书：数学：四年级下册［M］．南京：江苏凤凰教育出版社，2014：62.

> **"乘法分配律" 阅读提纲**
>
> 1. 为什么两个算式的结果是一样的？请你结合主题图说说理由。
> 2. 等号两边的算式有什么联系？请你结合算理说一说。
> 3. 你能再举几个例子说明吗？能举出一个反例吗？
> 4. 你觉得这个规律中的关键词是哪几个？
> 5. 用自己的话说一说 "乘法分配律" 的意思。
> 6. 如果把这个规律中的加法换成减法，是否还同样成立？

上述阅读提纲中，第 1 个问题从语言形成的机制上来说，是引导学生沟通符号语言和图画语言的联系，经过思考加工后，转化成口头语言表达出来。这是在生活情境中解释乘法分配律的现象。第 2 个问题则是引导学生从算理层面来解释乘法分配律，重点是让学生用规范的数学语言来表达 $(6+4) \times 24 = 6 \times 24 + 4 \times 24$，如："等号左边先算 6 加 4 的和，再算 10 个 24 是多少""等号右边先算 6 个 24 与 4 个 24 各是多少，再求和"。第 3 个问题引导学生举正反例子，特别是让学生思考能否举出反例，体现了数学阅读"读思结合、边读边做"的特征，同时也渗透归纳演绎的思维方法。第 4 个问题回到数学阅读本身，找一找乘法分配律叙述中的关键词。第 5 个问题让学生用自己的话来表述乘法分配律，深化学生对乘法分配律的理解，同时训练数学语言的表达。第 6 个问题引导学生结合阅读进行迁移和联想，促进深度学习，在解决问题的过程中产生新的问题，不断丰富和完善学生对乘法分配律内涵和外延的理解。

在苏教版数学教材中，"乘法分配律"的知识内容从导入到结论，有主题图 1 幅，数字或符号语言表示的算式 4 组，所有文字加起来不足 200 字，篇幅只有区区 1 页。如果学生浏览式阅读，仅花费数分钟即可完成，但对乘法分配律的理解大概率是浮于表面的，只能靠后期的重复训练弥补。提纲引领式阅读，可能要花费数倍的时间，但学生探索规律层次分明，思维层层深入，数学语言得到有效训练，从整体学习效果上说，是非常有益的。

三、问题导向式阅读

问题导向式阅读是在阅读材料的过程中，适当地添加问题，以问题为导向，边读边议的一种阅读方式。和提纲引领式阅读不同的是，问题导向式阅读是将阅读材料分成若干片段，读一个片段讨论 1~2 个问题；再读一个片段，继续讨论问题；直至读完阅读材料。提纲引领式阅读，则是通过提纲的形式将所有问题呈现出来。问题导向式阅读与提纲引领式阅读两相比较来说，问题导向式阅读适合篇幅较长的阅读材料，提纲引领式阅读适合篇幅较短的阅读材料，当然还要根据教学的实际需要进行调整。

问题导向式阅读的基本操作流程如图 3-1-3 所示。

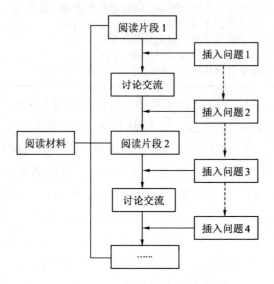

图 3-1-3　问题导向式阅读示意图

例如：苏教版数学六年级（下册）"制订旅游计划"①，本课属于综合与实践领域。学生都喜欢旅游，但很少有学生会参与旅游计划的制订，对于旅游过程中可能产生的交通费用、住宿费用、门票费用、伙食费用等可能听过，但没有具体的操作经验。本课的难点是：制订旅游计划的过程中学生需要考虑的问题较多，导致制订的旅游计划不全面。同时教材内容篇幅长，学生独立阅读思维跳跃较大，因此采用问题导向式阅读，重点帮助学生梳理计划的条理性。

■ --

阅读片段 1：小芳和爸爸、妈妈准备利用暑假外出旅游，计划 8 月 5 日从南京乘火车去北京，8 月 9 日从北京乘飞机返回。下面是小芳收集的部分信息。你能依据这些信息，帮助小芳制订旅游计划并做旅游费用的预算吗？

插入问题 1：小芳为了这次旅游，可能收集了哪些信息？

讨论交流：根据学生的生活经验，小芳可能会收集交通费用、住宿费用、门票费用、伙食费用和旅游纪念品价格等信息。

---

① 孙丽谷，王林. 义务教育教科书：数学：六年级下册［M］. 南京：江苏凤凰教育出版社，2014：107.

插入问题 2：旅游出行，首先要考虑往返交通方式。小芳在这方面收集了哪些信息？

阅读片段 2：南京到北京的部分列车时间及票价见表 3-1-1（身高 1.20~1.50 米的儿童享受半价票）。

表 3-1-1　南京到北京部分列车时间及票价

类型	出发时间	到达时间	票价/(元/张)
空调快车	21：29	次日 09：25	硬座 150 硬卧 265
动车组列车	15：37	22：30	二等座 315
高铁列车	8~19 时，每小时至少有一车次，全程约 4 小时 30 分钟		二等座 445

北京到南京的部分航班时间及票价见表 3-1-2（已满 2 周岁未满 12 周岁的儿童享受半价票，但半价票不再打折）。

表 3-1-2　北京到南京部分航班时间及票价

航班	出发时间	到达时间	票价/(元/张)	折扣
A	08：10	10：10	1010	七五折
B	14：15	16：20	1010	九折
C	21：50	23：50	1010	六折

插入问题 3：根据上面两张表，小芳还需收集哪些信息，才能完成这次旅游的行程安排？

讨论交流：比如小芳的身高和年龄，用来购买儿童半价票。从票价、时间、折扣等方面综合考虑，安排行程。费用最少是多少？最多是多少？

阅读片段 3：表 3-1-3 是某旅行社推出的"北京一日游"线路及价格（含交通费、景点门票）。根据小芳一家预定的出发和返回时间，结合往返交通安排，设计一个游览方案。

表 3-1-3　××旅行社"北京一日游"线路及价格

线路名称	游览景点	价格
长城之旅	八达岭长城	180 元/人
古都之旅	故宫　颐和园　天坛　雍和宫	200 元/人
文化之旅	北京大学　清华大学　圆明园　香山	120 元/人

续表

线路名称	游览景点	价格
民俗之旅	恭亲王府　老北京四合院　民俗博物馆	150 元/人
奥运之旅	鸟巢　水立方　奥林匹克公园　国家大剧院	100 元/人
红色之旅	升旗仪式　毛主席纪念堂　中国国家博物馆　人民大会堂	60 元/人
休闲之旅	大观园　海底世界　电影城　中央电视塔	170 元/人

插入问题 4：根据你设计的游览方案，结合预定的往返日期和时间，小芳一家在北京游览景点一共需要花费多少元？

讨论交流：……

在现实生活中制订一份旅游计划并做出经费预算并不是一件容易的事，需要考虑很多因素，人们往往将旅游计划分解成若干"子计划"，比如交通计划、游览计划、住宿计划等，最后再将这些"子计划"合起来。因此，要注意计划的条理性，尤其要注意培养学生缜密的思维能力。如上述阅读片段2 中关于往返交通费的信息，提供 2 种交通方式，每种交通方式各有 3 项选择，这样就有 6 种不同的组合；还要考虑性价比（票价、折扣、儿童票等因素）；现实生活中可能还有时间和健康因素（是否能夜间出行，是否能长时间坐车，等等）。再如阅读片段 3 中提供了 7 条旅游线路，结合 8 月 5 日出发、8 月 9 日返回的日程安排，有 3 整天在北京的旅游时间，可以安排 3 条线路，再乘人数就可以得到游览景点的费用。但是如果考虑选择航班 C 夜间返回，那 8 月 9 日白天是否还可以继续游览？这也是假设方案之一。这么多的信息，学生在阅读中很可能会漏掉重要内容，忽略关键要素。通过问题导读，让学生边读边思，感悟思维的条理性，有序解决复杂问题。

四、反思提问式阅读

反思提问式阅读是学生在阅读的过程中，一边阅读，一边思考，提出问题，并自我解决问题的一种阅读方式。这种方式有利于在阅读中训练学生的质疑思维，养成深度思考的习惯，反思提问式阅读也是学生自主阅读时常用的一种方式。

反思提问式阅读的基本操作流程如图 3-1-4 所示。

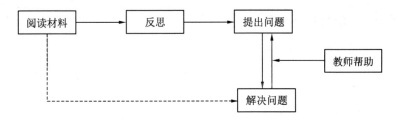

图 3-1-4 反思提问式阅读基本操作流程

例如：苏教版数学四年级（上册）"不含括号的三步混合运算"①，该知识点从难度上来说不大，学生凭借已有的经验再加上适度的推理，就能掌握不含括号的三步混合运算的运算顺序。但是学生对于"先乘除、后加减"这样的运算顺序，并不是从意义上来理解，更多的是凭直觉和运算规则。因此，教师在教学中要注意让学生从现实情境出发来理解运算顺序。

阅读下列材料：

商店里中国象棋每副卖 12 元，围棋每副卖 15 元。一个小朋友想买 3 副中国象棋和 4 副围棋，一共要付多少元？

思考 1：用 3 副中国象棋的价钱加上 4 副围棋的价钱。

$12×3=36$（元）

$15×4=60$（元）

$36+60=96$（元）

思考 2：用 4 副围棋的价钱加上 3 副中国象棋的价钱。

$15×4=60$（元）

$12×3=36$（元）

$60+36=96$（元）

提示：列出综合算式你会算吗？试一试。

$12×3+15×4$

= _____ + _____

= _____（元）

---

① 孙丽谷，王林. 义务教育教科书：数学：四年级上册［M］. 南京：江苏凤凰教育出版社，2014：70.

试一试：150+120÷6×5

$$= 150 + \underline{\hspace{3cm}}$$

$$= \underline{\hspace{3cm}}$$

$$= \underline{\hspace{3cm}}$$

提示：要先算什么呢？

归纳：在没有括号的算式里，有乘除法和加减法，要先算什么？

反思并提出问题：联系生活情境，可以说出 12×3+15×4 先算 12×3 和 15×4，接着再求和的理由。而 150+120÷6×5，虽然知道运算顺序是"除法→乘法→加法"，但是该怎么说道理呢？

其实，小学阶段的计算教学，大多会通过引入生活情境进行教学。如整数四则混合运算，通过模拟购物，先分步再综合，最后得出运算顺序。这样的编排，符合小学生的年龄特征，也利于学生通过现实情境来理解先乘除再加减的运算顺序。进入初中后，引入乘方和开方运算，由二级运算拓展到三级运算。教学中可结合情境向学生说明：从运算的发展来看，加减法是最基本的运算，乘法是相同加数连加的简便运算，除法则是递减相同减数的简便运算（也是乘法的逆运算），乘除法比加减法高一级。因此"先乘除再加减"既是根据解决实际问题的需要，也是遵循数学的发展而规定的。而乘方（开方）是第三级运算，乘方可以看作乘法的简便运算，要优先计算，这是由法则本身的形成及法则之间的关系而规定的。这样就便于学生循序渐进理解和掌握三级运算的运算顺序。

史宁中教授对数学运算有一个有趣的比喻：数学运算可以看作讲故事，一步运算就是讲述一个简单的故事；两步或三步运算就是讲述多个故事。按照故事发生的先后顺序，有的是大故事包含小故事，必须讲完一个故事才能开始讲下一个故事；有的是几个故事并列。这些故事用数学上的一个式子来表达，就形成了混合运算；要让运算结果和这些故事发生的先后顺序一致，就需要制订一些规则，即运算顺序。因此，要解决"先乘除、再加减"的疑问，应从现实情境出发解决问题，如："超市上午卖出 150 千克水果，下午计划卖出6箱共 120 千克水果，实际只卖出了 5 箱水果。这个超市一天共卖出多少千克水果？"

五、设置悬念式阅读

设置悬念式阅读是对教材阅读内容进行适当加工和改造，隐藏部分条件，或结论，或在关键处留白，或故意在数量间制造矛盾，设置悬念，让学生在阅读时集中注意力，调动思维，快速抓住重点。

设置悬念式阅读的基本操作流程如图 3-1-5 所示：

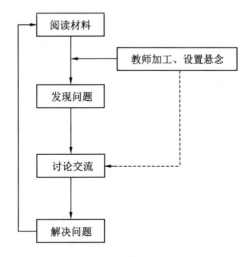

图 3-1-5　设置悬念式阅读基本操作流程

例如：苏教版数学三年级（下册）　"解决问题的策略（从问题想起）"①，例题后有一道配套练习题，根据问题说出数量关系式，并说说缺少什么条件。题目是学校买了 18 袋乒乓球和 9 个篮球。乒乓球的个数是篮球的几倍？按常规解题方法，学生可以从问题出发："乒乓球的个数÷篮球的个数=乒乓球的个数是篮球的几倍"，现题目里已知"篮球的个数"，而"乒乓球的个数"没有直接告诉我们，但是根据题干可知有"18 袋乒乓球"，需要补充的条件是"乒乓球每袋有几个"。再读题目，可以发现如单位"袋"和"个"的差别，数字"18"和"9"之间的倍数巧合，都极富思考价值，值得教师进行再次开发。

从设置认知冲突的角度出发，本书对此题进行了改编，辑录教学片段如下：

学生阅读改造后的题目。

师：（出示问题：乒乓球的个数是篮球的几倍？）要解决这个问题需要知道哪 2 个条件？

① 孙丽谷，王林. 义务教育教科书：数学：三年级下册［M］. 南京：江苏凤凰教育出版社，2014：28.

生：需要知道"乒乓球的个数"和"篮球的个数"。

师：接下来我们玩个游戏"比比谁的反应快"。老师提供一些条件，你们能从问题想起，很快地算出结果吗？（快速出示条件：学校买了18袋乒乓球和9个篮球）

生：（纷纷抢答）2倍……

师：（激趣）一开始老师也是这么想的。

生：（产生疑惑）好像不对……

师：（追问）哪儿不对？

生1：条件是"乒乓球有18袋"，问题是"乒乓球的个数……"，不能直接用18除以9。

生2：根据这2个条件，不能直接求出问题，因为"个数"和"袋数"之间没有直接关系。

师：从问题想起寻找条件，有的时候你找到的条件和问题之间没有关系，能不能直接做？如果允许同学们补充一个条件，使这个问题变得可以解答，你会吗？

生：我补充的条件是"每袋乒乓球有3个"……

（以下略）

如上改编，至少设置了3个知识冲突：一是解决问题所需要的条件和题目提供的条件不匹配的矛盾；二是"袋数"和"个数"的不同；三是数字"18"和"9"之间设置的"倍数"陷阱，教学中教师又通过"比比谁的反应快"强化了冲突效果。学生在悬念冲突中，进一步感悟了从问题想起寻找条件的思路，体验寻找条件过程应该注意的问题，同时培养了细致阅读、排除干扰的阅读习惯。

第二节　知识拓展阅读

数学教材的编者，其实很早就关注到数学拓展阅读的重要性。以江苏教育出版社出版的小学数学教材（以下简称苏教版小学数学教材）为例，这套教材在编写体例中特意设置了"你知道吗？"栏目。编者一般会结合教材的知识体系，精选有较高价值的阅读内容供学生阅读，带领学生发现生活中的数学密码，探求数学的来龙去脉，了解数学的古往今来，接受中国传统文化的熏陶，引导学生迈向数学的广阔天地。

一、基于课本的知识拓展阅读

据统计，现行的 12 册苏教版小学数学教材在"你知道吗?"栏目共安排了 65 篇拓展阅读内容（见表 3-2-1）。

表 3-2-1 苏教版小学数学教材"你知道吗?"栏目拓展阅读内容统计表

年级	册数	页码	单元	知识点
一	上册	16	五、认识 10 以内的数	竞赛中的名次
		25	五、认识 10 以内的数	用手势表示 1~9
	下册	39	三、认识 100 以内的数	"="">""<"符号的由来
		71	五、元、角、分	中国古代钱币
		85	六、100 以内的加法和减法（二）	"+""－"符号的由来
二	上册	19	二、平行四边形的初步认识	"七巧板"
		32	三、表内乘法（一）	"×"符号的由来
		50	四、表内除法（一）	"÷"符号的由来
		81	六、表内乘法和表内除法（二）	用手指辅助记忆 9 的乘法口诀
		89	六、表内乘法和表内除法（二）	"九九歌"
	下册	17	二、时、分、秒	古人如何计时
		22	三、认识方向	生活中如何辨别方向
		32	四、认识万以内的数	古人如何记数
		35	四、认识万以内的数	算盘记数
		54	五、分米和毫米	微米
		56	五、分米和毫米	毫米单位在绘图中的使用
三	上册	30	二、千克和克	生活中常见的秤
		33	二、千克和克	合理的饮食搭配
		35	二、千克和克	市制单位"斤"和"两"
		45	三、长方形和正方形	古人对简单几何图形的认识
		86	六、平移、旋转和轴对称	对称美
		92	七、分数的初步认识（一）	分数的产生

续表

年级	册数	页码	单元	知识点
三	下册	14	一、两位数乘两位数	"铺地锦"算法
		26	二、千米和吨	测量工具的演进
		39	四、混合运算	"算筹"
		48	五、年、月、日	闰年的规定
		50	五、年、月、日	四季的划分
		55	五、年、月、日	时区
		89	八、小数的初步认识	小数的表示方法
		101	九、数据的收集和整理（二）	"鞋内长"和码数
四	上册	48	四、统计表和条形统计图（一）	生活中的统计图
		53	四、统计表和条形统计图（一）	生活中平均数的应用
		66	六、可能性	抛硬币实验
		74	七、整数四则混合运算	小括号、中括号和大括号的由来
		83	八、垂线与平行线	放风筝与角度
		88	八、垂线与平行线	丹顶鹤的飞行角度
	下册	11	二、认识多位数	数的分节与分级
		16	二、认识多位数	二进制
		41	四、用计算器计算	介绍计算器
		45	四、用计算器计算	中国古代筹算和珠算
		64	六、运算律	欧洲的"双倍法"
		79	七、三角形、平行四边形和梯形	三角形的稳定性
		103	八、确定位置	用计算机制作表格
五	上册	4	一、负数的初步认识	负数的产生
		10	二、多边形的面积	中国古代的面积计算
		24	二、多边形的面积	土地单位"亩"和"分"
		72	五、小数乘法和除法	循环小数
		93	六、统计表和条形统计图（二）	计算机绘制统计图
		100	八、用字母表示数	法国数学家韦达

续表

年级	册数	页码	单元	知识点
五	下册	10	一、简易方程	中国古代"天元术"
		27	二、折线统计图	南半球和北半球的气温差异
		34	三、因数和倍数	完美数
		38	三、因数和倍数	短除法分解质因数
		40	三、因数和倍数	哥德巴赫猜想
		46	三、因数和倍数	最小公倍数和最大公因数的表示方法
		79	四、分数的意义和性质	球的弹性
		87	六、圆	生活中的圆
		95	六、圆	圆周率
六	上册	22	一、长方体和正方体	包装尺寸
		58	三、分数除法	黄金比
		101	六、百分数	成数
	下册	26	二、圆柱和圆锥	中国古代圆柱体积的算法
		32	三、解决问题的策略	鸡兔同笼
		47	四、比例	国家基本比例尺地图
		62	六、正比例和反比例	反比例图像

　　从学段分布来看，第一学段（一年级至二年级）有 16 篇，第二学段（三年级至四年级）有 27 篇，第三学段（五年级至六年级）有 22 篇。再从年级分布来看，一年级上册安排最少，只有 2 篇；五年级下册安排最多，有 9 篇。说明随着年龄的增长，中高年级的阅读量明显增加（见表 3-2-2）。

表 3-2-2　苏教版小学数学教材"你知道吗?"栏目阅读材料年级分布表

年级	篇目数量	年级占比	学段占比
一	5	7.7%	24.6%
二	11	16.9%	
三	14	21.5%	41.5%
四	13	20.0%	
五	15	23.1%	33.9%
六	7	10.8%	
合计	65	100%	100%

苏教版小学数学教材"你知道吗？"栏目拓展阅读内容主要涵盖以下三个方面：

一是弘扬中国传统数学文化，如"九九歌""七巧板""算盘""圆周率"等。《义务教育数学课程标准（2022年版）》指出："课程内容选择要体现数学学科特征，关注数学学科发展前沿与数学文化，继承和弘扬中华优秀传统文化。"① 中国古代有着灿烂丰富的数学文化和数学研究成果，让学生系统地了解中国古代在数学上的伟大成就，有利于增强学生民族自豪感，激发他们学习数学的兴趣。

二是体现数学与生活的紧密联系，如"生活中的圆形""合理的饮食搭配""多样的统计图"等，通过数学阅读这一媒介，引导学生关注现实生活，从小尝试"会用数学的眼光观察现实世界，会用数学的思维思考现实世界，会用数学的语言表达现实世界"。

三是数学知识的拓展。如在五年级下册"因数与倍数"单元，安排了"完美数""短除法分解质因数""哥德巴赫猜想""最小公倍数和最大公因数的表示方法"等4篇阅读材料，进一步拓展了学生的知识结构，丰富了学生对相关知识领域的了解。

还有一些内容是介绍数学符号、概念等的演变和由来。例如在第一学段中介绍了"+""−""×""÷"符号的由来，还有"小数""分数""负数"的产生等。应让学生简单地了解一些数学史，体会数学知识不是一成不变的，我们现在学的"数学"，并不是一开始就是这样的，而是前人经过艰辛探索后的结晶；同时，也让学生感悟，未来还可以继续在美妙的数学领域探索，进一步发展数学学科，以此激发学生的科学精神和创新精神（如表3-2-3所示）。需要指出的是，此表只是作者基于研究的需要和个人认知进行统计的，可能并不完全符合教材编者的意图。

表 3-2-3 苏教版小学数学教材"你知道吗？"栏目阅读材料内容分布表

年级	数学史料	拓展延伸	生活应用	其他
一	3	0	1	1
二	7	1	2	1
三	6	5	3	0
四	3	6	4	0

---

① 中华人民共和国教育部. 义务教育数学课程标准（2022年版）[S]. 北京：北京师范大学出版社，2022：2.

续表

年级	数学史料	拓展延伸	生活应用	其他
五	6	6	3	0
六	2	2	3	0
合计	27	20	16	2
占比	41.5%	30.8%	24.6%	3.1%

苏教版小学数学教材为数学阅读提供了丰富的内容，其他版本的教材也有类似的内容，这里不再一一介绍。教材配套安排的拓展阅读篇目，是我们最重要的数学阅读内容来源。

一方面，教材有严谨的科学性。《义务教育数学课程标准（2022年版）》指出："数学教材为学生的数学学习活动提供了学习主题、知识结构和基本线索，是实现数学课程目标、实施数学教学的重要资源。"① 教材经过编写组深思熟虑，审定组重重审核，具有最高的科学性和权威性。编入教材的阅读内容，广大教师基本可以拿来即用。另一方面，教材有完善的系统性。教材编排有严格的知识和逻辑体系，其配合知识点安排的阅读内容，丰富生动，由易到难，遵循儿童的认知和发展规律。依托教材，教师可开展系统的数学阅读活动。

二、课本阅读内容的二次开发

虽然教材提供的拓展阅读内容有显著的科学性、系统性等优势，但是受篇幅所限，内容极其简短，大多蜻蜓点水，浅尝辄止，教师在课堂上也只能是浮光掠影，一带而过。对于数学教师来说，如此重要的阅读内容，不好好利用实在可惜。因此，需要教师对书本所提供的阅读内容进行二次开发。以苏教版"你知道吗？"栏目拓展阅读为例，如何将原本较为简短的篇幅，拓展成丰富多样的阅读内容，以满足学生的阅读需要，不妨从以下几个步骤入手。

（一）知识引入：猜一猜

教材配套的拓展阅读内容是从教学中的知识点引出的，因此，要组织好这类内容的阅读，就要以知识为核心，而不能脱离于知识之外。例如：江苏教育出版社出版的义务教育课程标准实验教科书《数学（五年级上册）》

---

① 中华人民共和国教育部. 义务教育数学课程标准（2022年版）[S]. 北京：北京师范大学出版社，2022：92.

第4页"你知道吗?"，内容是负数的产生。文章第二段提到我国数学家刘徽首次明确地提出整数和负数的概念，还规定筹算时"正算赤，负算黑"，并附有图例。在组织学生阅读时，可以先将筹算的图例出示给学生，让学生猜猜古时候刘徽是怎么规定的筹算方法，接着组织学生阅读。学生带着疑问，阅读兴趣自然就提高了。

（二）课堂阅读：读一读

学生自主阅读课本上的拓展内容。可以让学生交流阅读感受，有什么感想，并补充自己了解的相关的课外知识。

（三）拓展阅读：解压缩

受课本篇幅所限和课堂教学时间的制约，课本上的阅读内容是经过高度浓缩的，言简意赅。教师可以在此基础上，将简短而内涵丰富的短文进行"解压缩"，拓展阅读内容。如江苏教育出版社出版的义务教育课程标准实验教科书《数学（四年级上册）》第53页的"你知道吗?"栏目。

"你知道吗?"——在演唱比赛中，每个评委都要为选手打分。计算选手的得分时，往往要去掉一个最高分和一个最低分。这是由于每个评委的欣赏角度不同，每人给同一位选手打出的分数也就不同。去掉一个最高分和一个最低分，可以剔除一些极端数据，使最后的得分更加公平合理，更能显示选手的真实水平。

学生阅读这段文字，对极端数据影响平均数的感受还不深刻。因此教师可以继续补充以下阅读内容：

一次演唱比赛中，1号选手演唱了一首民歌，8个评委在她演唱完毕后分别亮出了分数：1号评委88分、2号评委86分、3号评委87分、4号评委96分、5号评委87分、6号评委86分、7号评委88分、8号评委74分。这8个评委中，大部分评委打的分数都比较接近，在86分~88分之间。4号评委因为特别喜欢听民歌，所以打出了一个比其他评委高很多的分数：96分；而8号评委因为不太喜欢民歌，所以打了一个比其他评价低很多的分数：74分。

在8位评委打分的这一组数据中，4号评委打的96分，远远高于其他评委打的分数，数学上就称这个数据为这组数据中较大的"极端数据"，它会使 1 号选手的演唱平均分数偏高；8 号评委打的 74 分，远远低于其他评委打的分数，数学上就称这个数据为这组数据中较小的"极端数据"，它会使 1 号选手的演唱平均分数偏低。

因为有 96 分和 74 分这样两个"极端数据"的影响，如果把 8 个评委的打分全部相加再除以 8 算出的平均数，就不能很好地代表 1 号选手的真实演唱水平。

所以，歌唱比赛中常常采取"去掉一个最高分，去掉一个最低分"的办法来计算选手的得分。这样，即使评委打分的数据中出现一两个"极端数据"，也可以使得最后的得分更加公平合理，更能反映选手的实际水平。

通过上面这个例子的拓展阅读，学生就对原来课本上的文本有了直观的认识，体会到生活中有些事情受"极端数据"的影响，平均数不能完全真实地代表实际情况。

（四）兴趣阅读：再创造

有的阅读内容是向学生介绍数学技巧和方法，帮助学生打开新的思路。学生可以根据阅读内容，自行探索，实现再创造。例如江苏教育出版社出版的义务教育课程标准实验教科书《数学（四年级下册）》第 16 页"你知道吗？"介绍了二进制计数方法。

这是在学生初步掌握十进制数的基础上，介绍了在计算机技术中广泛采用的二进制计数方法。学生在阅读这段内容之后，可以尝试进行十进制和二进制数的相互转换，还可以启发学生课外阅读，寻找除了十进制和二进制外，还有没有其他进制的计数方法。对此感兴趣的学生，在掌握计数的原理之后，甚至可以自己创造比如六进制、八进制等计数方法。

三、知识拓展阅读实践案例

【课题】"九九歌"

【教学内容】江苏教育出版社出版的义务教育课程标准实验教科书《数学（二年级上册）》第 89 页"你知道吗？"

【教学目标】

1. 通过观察乘法口诀表，阅读"九九歌"及有关乘法口诀的知识材料，使学生进一步掌握乘法口诀。

2. 通过阅读文本，了解乘法口诀的来历，让学生感受中国古代悠久的数学文化，激发学生的民族自豪感。

【教学过程】

1. 知识引入：

（1）复习：我们学习了乘法口诀，你会背乘法口诀吗？（教师根据学生回答的内容，补充完整的乘法口诀表）

（2）观察：先横着看乘法口诀表，再竖着看乘法口诀表，你有什么发现？

2. 课本阅读：

（1）谈话：同学们已经能用乘法口诀熟练地计算了，你知道乘法口诀经历了怎样的发展过程吗？古时候的乘法口诀和现代的一样吗？国外有乘法口诀吗？今天这节数学阅读课，我们就来了解这些有趣的知识。

（2）学生自由阅读课本第89页"你知道吗？"。

你知道吗？

我国古代的乘法口诀，从"九九八十一"开始，到"二二得四"结束，只有36句。因为开头两个字是"九九"，所以又叫"九九歌"。

（3）通过阅读这篇短文，你知道了什么？

（4）小结：这篇短文至少告诉了我们这样几条信息。一是我国古代就有乘法口诀；二是古代的乘法口诀只有36句，而我们今天学的乘法口诀有45句；三是古代的乘法口诀有个名字，叫"九九歌"。

3. 拓展阅读：

（1）启发：36句的"九九歌"是怎样的呢？和现代乘法口诀相比，究竟少了哪9句呢？让我们一起来阅读《我国古代的"九九歌"》。

（2）学生自由阅读。

我国古代的"九九歌"

早在春秋战国时期，"九九歌"就已经被人们广泛使用。在当时许多著作中，都有关于"九九歌"的记载。最初的"九九歌"是从"九九八十一"开始，到"二二得四"结束，共36句。大约在5~10世纪，"九九歌"才扩充到"一一得一"，共45句。大约在13~14世纪，"九九歌"的顺序才变成和现在所用的一样，从"一一得一"开始，到"九九八十一"结束。

关于"九九歌"，西汉燕人韩婴的《韩诗外传》中记载了这样一段故事：春秋时期，齐桓公设立招贤馆，征集各方面的人才。等了很久，一直没有人来应征。过了一年后，才来了一个老百姓，他献上了"九九歌"。齐桓公觉得很可笑，就说："'九九歌'也能拿出来表示才学吗？"这个人回答说："'九九歌'确实够不上什么才学，但是您如果对我这个只懂得'九九歌'的老百姓都能重礼相待的话，那么还怕比我高明的人才不会接连而来吗？"齐桓公觉得这话很有道理，就把他接进了招贤馆。果然，不到一个月，四面八方的贤士都来应征。

现在我们学习使用的乘法口诀是 45 句，就是平常所说的"小九九"。它的特点是在每句口诀里表示相乘的两个数，第一个数总是小于或等于第二个数；遇到相乘的两个数相同时，该数的口诀就结束了。例如 5 的乘法口诀有一五得五，二五一十，三五十五，四五二十，五五二十五。而五六三十这句则在 6 的乘法口诀里。五七三十五呢，则在 7 的乘法口诀里。

还有一种乘法口诀是 81 句的，通常称为"大九九"。它的特点是，不管哪个数的乘法口诀，都是从 1 到 9。例如：5 的乘法口诀有一五得五，二五一十，三五十五，四五二十，五五二十五，六五三十，七五三十五，八五四十，九五四十五。

"小九九"便于记忆，而"大九九"便于试商。

（3）交流：通过阅读，你了解"九九歌""小九九""大九九"乘法口诀各有什么特点？又有什么联系？你喜欢背哪一种乘法口诀？

4. 兴趣阅读：

（1）谈话：我国的乘法口诀表具有单字发声、朗朗上口、好背易记等特点，而且早在两三千年前就已经发明并且流行了，这在战国秦汉时期的文献中多有记载。（老师讲述）2002 年，在湖南省龙山县里耶镇的一口秦代古井中，发现了书写在一枚简牍上的九九乘法口诀表。这枚简牍长 22 厘米，宽 4.5 厘米，上部虽有残损，但文字基本清晰，缺字部分也可以推断出来。口诀内容共 38 句，按古代竖写和阅读自上而下、自右至左的习惯分为六栏，依次排列，规律有序。这是目前我国发现的时代最早的记载乘法口诀的实物。

（2）交流：关于九九乘法口诀，古今中外流传着很多有趣的故事。哪位同学了解这些趣事，愿意和伙伴们分享呢？（学生交流）

百两银子

古时候，有个商人在外做生意。他的同乡要回家，商人便托同乡带一百两银子和一封家书给妻子。路上，同乡打开信一看，原来只是一幅画，上面画着一棵大树，树上有八只八哥、四只斑鸠。同乡大喜：这信上没写多少银子，我藏下五十两，她也不知。同乡回家后将银子和信交给了商人的妻子，并说道："你丈夫给你五十两银子和一封家书。"商人的妻子看完信说："我丈夫让你带一百两银子，怎么成了五十两？"同乡见谎话被识破，连忙解释道："我是想试试弟媳聪明不聪明。"说完，把那五十两银子递给了商人的妻子。

商人的妻子怎么知道丈夫捎回的是一百两银子的？原来，画里面藏着乘法口诀呢。八只八哥就是"八八六十四"，四只斑鸠则是"四九三十六"，六十四加三十六不就是一百吗？

(3) 小结：今天我们阅读了"九九歌"，了解了许多关于九九乘法口诀的知识和有趣的故事。乘法口诀在我们的生活中随处可见，比如我们常用的口头语"不管三七二十一"，意思是不顾一切，不问是非情由；在文学作品中也常见到，比如《西游记》中唐僧师徒经过了九九八十一难，孙悟空有八九七十二般变化，等等。那么，你还在哪些地方看过、听过乘法口诀呢？课后和小伙伴们交流一下吧。

第三节　数学主题阅读

《义务教育数学课程标准（2022 年版）》对课程内容综合与实践领域做了较大调整，根据不同学段学生的年龄特点，分为主题式学习和项目式学习，在小学阶段，以开展主题式学习为主。《义务教育数学课程标准（2022 年版）》在阐述课程内容时指出："综合与实践以培养学生综合运用所学知识和方法解决实际问题的能力为目标，根据不同学段学生特点，以跨学科主题学习为主，适当采用主题式学习和项目式学习的方式，设计情境真实、较为复杂的问题，引导学生综合运用数学学科和跨学科的知识与方法解决问题。"[①]

---

① 中华人民共和国教育部. 义务教育数学课程标准（2022 年版）[S]. 北京：北京师范大学出版社，2022：16.

《义务教育数学课程标准（2022 年版）》还指出："主题活动分为两类：第一类，融入数学知识学习的主题活动。在这类活动中，学生将学习和理解数学知识，感悟知识的意义，主要涉及量、方向与位置、负数等知识的学习。第二类，运用数学知识及其他学科知识的主题活动。在这类活动中，学生将综合运用数学知识解决问题，体会数学知识的价值，以及数学与其他学科的关联。"①《义务教育课程方案和课程标准（2022 年版）》指出："原则上，各门课程用不少于 10% 的课时设计跨学科主题学习。"② 新版课程标准突出了两个关键词："主题式学习""跨学科"，这为数学阅读创新了渠道，提供了很好的活动空间。

主题式学习为数学阅读融入课程提供了平台。在主题式学习中，有真实的问题情境，学生要深度参与，需要积累知识经验，仅靠学习书本上的知识是不够的，这背后就离不开数学阅读作为支撑。主题式学习促进学生的自主阅读。主题式学习有明确的活动任务，学生在任务驱动下自主开展阅读，经历信息的搜集、筛选、分析、重组等过程，有利于学生的主动思考，提升学生阅读能力。主题式学习为实现跨学科阅读提供了可能，让学生在思维上突破数学单一学科的范畴，尝试运用以"问题导向"为特征的综合式学习方式。

一、数学主题阅读的含义

数学主题阅读是指定一个内容或主题，在一段时间之内，学生自主选择相关的一些书籍、文章进行阅读，并达到一定的阅读目标的一种阅读方式。主题阅读的要素可以概括为"四个一"：有"一个"主题；在"一段"时间内，属于中长期的阅读任务；阅读"一些"书籍或文章，阅读对象不是单一的阅读材料，而是多份材料；达到"一定"的目标，主题阅读是带着目标和任务的阅读，由任务驱动。在开展主题阅读之前，教师往往会对学生进行专门的指导。

从国内外学者关于阅读的研究成果来看，主题阅读其实是一项要求很高的阅读活动。美国学者莫提默·J. 艾德勒和查尔斯·范多伦在所著的《如何阅读一本书》（郝明义、朱衣译，2004 年商务印书馆出版）中将阅读由低到

---

① 中华人民共和国教育部. 义务教育数学课程标准（2022 年版）[S]. 北京：北京师范大学出版社，2022：42.

② 中华人民共和国教育部. 义务教育课程方案和课程标准（2022 年版）[S]. 北京：北京师范大学出版社，2022：11.

高地分为四个层次：基础阅读、检视阅读、分析阅读和主题阅读。其中，主题阅读是最高层次。主题阅读关注知识的深度和广度，探索知识的本质，建构知识的体系，属于深度学习的范畴。从某种意义来说，主题阅读和学者做文献研究有异曲同工之处。

我们在小学生中开展的主题阅读，当然不可能如上述要求这般严格。取名为"主题阅读"，一是阅读中始终围绕"主题"；二是期望学生在阅读的过程中，能像学者做学问一样来阅读，像科学家搞研究一样来思考，启发和培养学生严谨的求学态度和科学精神。

二、数学主题阅读的实施

（一）主题阅读的基本结构

数学主题阅读的基本结构示意图如图 3-3-1 所示。

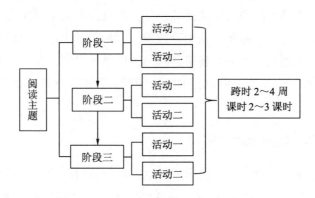

图 3-3-1　主题阅读的基本结构示意图

（二）主题阅读的实施策略

1. 选择合适的阅读主题。选择合适的主题是首要和关键。阅读主题的选择一定要符合学生的年龄特征，要有利于学生在"最近发展区"完成活动任务。主题的选择和确定，一般跟随教材知识体系的编排，根据实际需要，坚持以生为本原则。

2. 进行有效的阅读指导。小学生的主题阅读，需要经历一个由扶到放的过程。在确定主题之后，一般需要教师和学生共同制订一份阅读提纲，设计相关的活动。师生共同制订阅读提纲的过程，也是帮助学生理清思路，确定学习路线的过程。

3. 实施阅读过程的监控。小学生的自主阅读能力有限，因此对于主题阅读的广度和深度，教师要及时进行监控，随时予以指导。主题阅读一般在一个周期内，以多个课时、多个活动的形式逐步推进，这有利于教师在阅读活动中及时调整安排，帮助学生顺利完成阅读任务。

4. 创设良好的主题阅读环境。教师要为学生顺利完成主题阅读任务创设良好的环境。学生的家庭条件、成长氛围各不相同，教师要坚持因材施教原则，关注每个学生个体，开放学校图书馆、电子阅览室等场所，对开展课外阅读有一定困难的学生，还可以用"资源包"的形式为学生提供便利。

5. 采用灵活的主题阅读方式。根据不同的阅读需要，主题阅读可以采用灵活多变的方式。例如：将大主题细分为若干个小主题，以小组为单位各领一个小主题开展阅读，既降低了学习难度，又利于低中学段学生开展阅读活动，还可以很好地让学生进行合作学习。

6. 以任务驱动引导学生跨学科阅读。现代科学的发展趋势呈现出一个鲜明的特点：学科分支的划分越来越细，但解决现实复杂多变的问题又需要多门学科的综合参与。有学者认为：跨学科主题学习以某一研究问题为核心，以某一学科课程内容为主干，运用并整合其他课程的相关知识和方法，引导学生开展综合学习活动，具有综合性、实践性、探究性、开放性、可操作性等特点。[①] 跨学科阅读是真实情境里的阅读，因此我们的眼光和思维不能局限在本门学科，而要打破学科壁垒，实现跨学科教学。跨学科主题阅读，我们可以认为是围绕某一主题，以数学阅读为主干，整合多门其他学科相关领域的阅读材料，进行综合分析和解决现实问题的一种阅读方式。任务驱动是实现跨学科阅读的有效方式。跨学科阅读不是简单地将多门学科的知识累加，而是从不同角度实现相互融合，发挥各门学科优势，使阅读者获得全新的体验，形成并发展核心素养。

二、主题阅读实践案例

【阅读主题】时间的"秘密"

【实施年段】第二学段

【活动目标】

1. 在以时间为主题的系列阅读过程中，了解时、分、秒、年、月、日等常见时间单位的联系，体会时间单位的实际意义，发展量感。

2. 通过阅读，了解中国古代时间单位的演变过程，以及相关的简单历法知识，培养家国情怀。

---

① 孟璨. 跨学科主题学习的何为与可为［J］. 基础教育课程，2022（11）：4-9.

3. 感受数学与自然生活的紧密联系，发展应用意识，感悟跨学科学习的乐趣。

【活动时间】3~4 周

【活动计划】

时间的"秘密"活动计划见图 3-3-2。

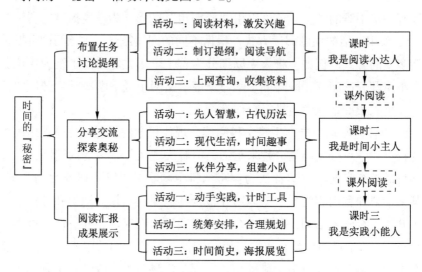

图 3-3-2 "时间的'秘密'"活动计划图

【活动过程】

第 1 课时：我是阅读小达人。

本课的主要任务是让学生对"时间"的相关知识产生阅读的兴趣，理解本次主题阅读的目的任务。师生共同讨论制订阅读计划和提纲。学生上网搜集资料并阅读整理。

活动一：阅读材料，激发兴趣。

1. 阅读数学材料（用 PPT 形式展示）。

■ ---

（大意）时间看不到，摸不着，但是你又能实实在在地感受到时间的存在。法国思想家伏尔泰曾出过一个意味深长的谜语："世界上哪样东西最长又是最短的，最快又是最慢的，最能分割又是最广大的，最不受重视又是最值得惋惜的。没有它，什么事情都做不成；它使一切渺小的东西归于消灭，使一切伟大的东西生命不绝。"这是什么？答案是时间。我们的日常生活常常会用到年、月、日、时、分、秒、季节、二十四节气、星期等时间单位；

自然界隐藏着时间，植物界、动物界、岩石土壤、人的身体里都有时间的规律；甚至宏大到广袤的宇宙万物，都有时间的痕迹。古人在长期的生产劳动中，发现某种事物或现象总是周而复始地发生，如白天黑夜的轮换，四季的交替。渐渐地，人们形成了时间的观念，于是在人类对世界的不断认识中一个个时间单位被创造出来了。

----

2. 分享阅读感受。

3. 你已经学过的时间单位有哪些？你能简单介绍对这些时间单位的认识吗？关于时间，你还想知道什么？

4. 揭示阅读主题。

时间是怎么产生的？古人是怎么计时的？全世界的时间都一样吗？时间隐藏着哪些秘密？接下来的数学阅读，以"时间的'秘密'"为主题，开启一段探索之旅。

活动二：制订提纲，阅读导航。

1. 师生讨论，制订阅读计划和提纲。

开展阅读之前，要做好规划。本次主题阅读的时间为 3~4 周，课时为 3 个课时。第 1 周是第 1 课时，第 2 周第 2 课时主要是阅读分享，第 3 周第 3 课时为阅读成果展示，其余时间为课外阅读。在做计划的同时，思考你最想阅读哪方面的内容？想通过阅读了解什么？解决什么问题？

2. 学生制订阅读计划和提纲。

3. 分享阅读计划和提纲。

活动三：上网查询，收集资料。

1. 启发学生查询的方法：通过关键词查找。

2. 对查询到的材料，首先进行略读，将材料中重复和价值不高的内容舍去，有价值的内容利用课件或学习单作记录。

3. 阅读一段时间后，要进行信息整理。

4. 此活动可以延续到课外，教师需要布置书面阅读任务。

第 2 课时：我是时间小主人。

本课时的主要任务是让学生进行阅读分享，重点在两个方面：一是古人对时间和历法的认识过程，二是时间在现代生活中的应用。还要根据学生的阅读兴趣进行分组，为下一课时阅读成果展示做准备。

活动一：先人智慧，古代历法。

1. 讨论：如果没有时间单位，我们的生活会怎样？

2. 古人是怎么计时的？（介绍立竿测日影、圭表、影钟、日晷、水钟、铜壶滴漏、沙漏等计时方法和计时工具）

3. 介绍古代的历法（农历中的年、月、日；农历中的闰年和平年；二十四节气；农历传统节日等）

4. 观看视频《中国传统文化：二十四节气》

活动二：现代生活，时间趣事。

1. 我们在广播里经常听到"北京时间几时"；到不同的国家旅行，经常会听到"时差""倒时差""时区"等。你知道原因吗？

2. 阅读数学材料（PPT 内容）：

地球自西向东不停地自转，东边比西边先看到太阳，东边的时间就比西边的时间早。东边时刻与西边时刻之间的时间差不仅要以小时来计算，而且还要以分和秒来计算，这给人们的生活和工作带来很大的不便。为了克服时间上的混乱，1884 年在华盛顿召开了一次国际会议。在这次会议上，人们将全球划分为 24 个时区，东、西半球各 12 个时区，英国伦敦格林尼治天文台原址为中时区，也叫零时区。中国的首都北京在东八区。

3. 你了解北京时间与其他国家地区的时差是多少吗？（学生交流）

4. 举例进行时差的测算。

活动三：伙伴分享，组建小队。

1. 在自己阅读的过程中，归纳出 1~2 个关键词，与同学分享。

2. 以相近或相同的关键词，将全班学生分成若干小组。

3. 小组内分享阅读情况。

4. 以小组为单位，布置下一课时的阅读成果展示活动。

第 3 课时：我是实践小能人。

本课时的主要任务是以小组为单位，分享主题阅读成果。根据课前布置，学生课余的准备，分为三部分：一是自制的计时工具；二是时间或日程表制作；三是关于时间知识的画报展览。

活动一：动手实践，计时工具。

1. 以小组为单位展示和介绍自制的计时工具。

（1）自制钟面。

（2）自制日晷。

（3）自制沙漏。

（4）简易"时区环"。

2. 验证自制计时工具的准确性。

活动二：统筹安排，合理规划。

1. 以小组为单位展示和介绍时间和日程表。

（1）周末时间安排。

（2）一周的学习安排。

（3）我的一月阅读安排表。

（4）我的纪念日。（重要节假日和纪念日）

2. 伙伴评价。

活动三：时间简史，海报展览。

1. 将学生制作的关于时间知识的作品展示在班级黑板上，给每名学生发
5 张小红花贴纸，让学生用小红花贴纸给喜欢的作品点赞。

2. 创作者分享自己的设计意图和想法。

3. 评价者分享喜欢的理由。

最后，师生共同回顾本次主题阅读活动的过程，总结经验，分享收获，
反思不足。

第四章

数学阅读的课型探索

目前常见的数学阅读教学类型有三种：第一种是教师将数学阅读融进日常课堂教学，在某个或多个环节中强化学生数学阅读能力。第二种是教师给出阅读材料，通过解读和分析，锻炼学生思维能力。第三种是教师开展专门的数学阅读课，用来指导学生数学阅读方法，开展数学阅读活动。本章所述的阅读课主要是第三种类型的阅读课，前两种类型的阅读课将在后续课例中介绍。当然从整体来说，数学学习包含数学阅读，数学阅读是数学学习的重要组成部分，两者是无法完全割裂的，是你中有我，我中有你，紧密联系的关系。

第一节　数学阅读指导课

一、阅读指导课的功能

数学阅读指导课是有目的、有计划地指导学生掌握数学阅读方法的一种课型。与文学阅读相比，数学阅读更重视通过指导学生阅读，培养学生的质疑能力和求证思维，更关注学生创新意识和科学态度的形成。例如文学阅读可以采取浏览式阅读，一目十行，这并不影响情节的发展。但是数学阅读不能采取浏览式阅读，如果漏读几个关键词，就可能影响到最后的结果。所以数学阅读的特征决定了数学阅读更需要教师的有效指导。

数学阅读指导课的作用主要体现在以下几个方面：

第一，让学生知道"读什么"。现实中，有的数学教师也开始重视数学阅读，要求学生课外阅读一些数学科普读物，但是没有指定具体的读物或阅读范围，布置阅读任务时也比较模糊，导致学生不知道读什么，导致学生无法顺利完成阅读任务。教师可通过数学阅读指导课帮助学生明确阅读目标，有效地解决学生不知道读什么的问题。

第二，让学生知道"怎么读"。现实教学中我们还发现，有的教师推荐了一本数学课外书，要求学生利用一段时间进行课外阅读，但是并没有和学生一起设计阅读计划。因为没有阅读方法的指导，所以学生完全处于自由散读的状态，阅读效果不佳。数学语言的特征决定了数学阅读有别于其他阅读的技巧，学生在阅读的过程中，需要在适当的地方停留下来，进行主动思考，并力求做出一些个人猜测，养成主动阅读的习惯。

第三，让学生知道"读了有什么用"。数学材料往往蕴含着重要的数学思想和方法，对学生学习数学有重要的指导意义，因此教师要引导学生边读边学边用。

综上所述，教师加强数学阅读的指导，有利于帮助学生减少阅读障碍，完成阅读任务，喜欢数学阅读。

二、阅读指导课的任务

数学阅读指导课的主要任务是指导学生阅读的方法和策略，提高学生数学阅读的能力，让学生掌握方法，养成习惯，能够自主阅读。数学阅读的方法因人而异，不尽相同，下面介绍几种常用的方法：

1. 三步阅读法

"三步"指的是"初读、细读和精读"。俗话说："书读三遍，其义自见。"在数学阅读上，这"三读"不是简单的重复，其中蕴含着递进的逻辑关系。初读是了解大意；细读是推敲重点的字、词、句；精读是分析数量关系，把握本质特征。对数学阅读来说，"初读、细读和精读"具有广泛的适用性。

2. 符号批注法

在阅读重要的概念、解答习题的时候，往往需要运用符号批注的方法来辅助理解。例如用线段把阅读材料中重要的信息画出来；用圆圈把重要的词语圈出来；用箭头把相关联的数量联系起来；等等。常用的批注符号有：

（1）波浪线"～～～"或直线"———"：用来画出重要的语句和信息。

（2）圆圈"○"：用来圈出重要的词语或术语。

（3）着重号"﹒﹒"：标注在重要的关键词下面，引起注意。

（4）序号"①②③"：依次给条件编上序号，使其看起来更加有序。

（5）问号"？"：有疑问的地方画上问号，往往和"———"直线符号结合使用。

（6）箭头"→"：把有关联的数量，或者将有关联的条件和问题连起来，便于找到数量之间的关系。

（7）分隔号"／"：用来划分段语意和层次。

3. 读思结合法

在阅读材料的过程中，学生随时写下自己的思考、疑问和收获。对阅读材料中涉及的数学题目，写下自己的思考和解答过程，与书中的方法相互验证。所谓"不动笔，不读书"，数学阅读，尤为如此。

4. 语言转化法

数学语言包含文字语言、符号语言和图表语言。阅读中学生要主动进行几种语言间的相互转化，提高对数学语言的敏感度。同时，还可以进行书面语言和口头语言的转化，把阅读中有趣的数学故事复述给家长听，将解题过程用自己的话和同学交流，都是非常好的数学阅读训练方式。

三、阅读指导课的基本结构

由阅读指导课的基本结构示意图（见图 4-1-1）可知，在给出阅读材料之后，首先由教师进行阅读指导，这里的指导可以是内容上的提示，可以是阅读方法上的点拨，还可以是给出阅读提纲等。学生在教师的指导下进入自主阅读，通过读、思、做、说等方式，开展阅读活动。在学生阅读的过程中，教师可以根据学生的需求继续介入指导，达到让学生理解阅读内容，表达个人观点的目的。

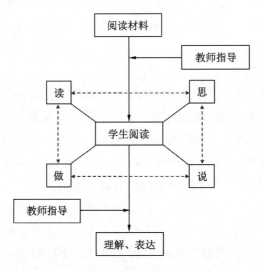

图 4-1-1　阅读指导课的基本结构示意图

四、阅读指导课实践案例

【课题】《唐诗与数学——试问新芽发几枝》指导课

【适用学段】第三学段

【设计意图】

本课选取《唐诗与数学》中的一篇"试问新芽发几枝",作为本次数学阅读的素材。"试问新芽发几枝"以唐代诗人王维的一首借咏物而寄相思的五言绝句《相思》为引,巧妙地和数学上著名的斐波那契数列相关联,文笔优美,思想深刻,颇具阅读价值。由于学生对斐波那契数列的研究还是初次接触,因此本课采用精读指导阅读。

【教学目标】

1. 通过阅读素材,使学生了解斐波那契数列的特征,以及其在社会生活中的有趣应用现象。

2. 通过阅读中的有效指导,使学生掌握批注、求证、读写结合等数学阅读方法。

3. 培养学生的阅读兴趣,引导学生主动关注生活,学会用数学的眼光观察现实世界。[①]

【教学片段】

(一)激趣导入

唐诗是中华民族的文化瑰宝。我们从小就学背唐诗,诗人王维的《相思》你会背吗?(师生一起背诵唐诗《相思》)这首五言唐诗朗朗上口,脍炙人口。同学们,你想过唐诗和数学会有联系吗?(请生举例)

有一位叫作欧阳维诚的老先生,他是一位数学教育家和科普作家,他也非常喜欢唐诗。他发现唐诗和数学这人类文明的两大瑰宝,有着非常紧密的联系。你想了解欧阳先生关于唐诗与数学的研究吗?让我们一起来阅读下面一份阅读材料。

(二)阅读材料(因教学需要,略作删节和改动):

试问新芽发几枝[②]

红豆生南国,春来发几枝?

---

① 中华人民共和国教育部. 义务教育数学课程标准(2022年版)[S]. 北京:北京师范大学出版社,2022:5.

② 欧阳维诚. 唐诗与数学[M]. 长沙:湖南教育出版社,2014:101.

愿君多采撷，此物最相思。

王维：《相思》

这首以《相思》为题的小诗借咏红豆而寄相思之意，写得清新隽永，读后使人浮想联翩。值得一提的是：这首诗对我们学习数学也是有启发的。

第一是促进学生对概念不断深入理解。

红豆状似豌豆，色泽鲜艳，光彩夺目，镶在首饰上可以和红宝石相媲美。但是你如果认为红豆的颜色都是红的，那就错了。进一步，如果你认为红豆的全身都像它的外表那样美丽，那又错了。红豆的红皮里面包含一种剧毒的白色粉状物，误食可能造成人的红细胞凝聚或导致组织细胞坏死。如果你因此而害怕红豆，也同样是错的。这种剧毒白色粉状物也是一味良药，它"能通九窍"，可以清痰顺气，止痛退热。

我们学习数学也应该这样，对每一个数学概念，都要像了解红豆的性质一样，不断深入，全面了解，以取得举一反三、触类旁通的效果。

第二是激发学生对问题努力探索的精神。

诗中的"春来发几枝"似乎难以回答。诗人也许只是信手拈来，涉笔成趣而已，并没有希望谁来回答。可是有数学家发现，数学中著名的斐波那契数列却可以为这个问题的答案提供一个数学模型。

斐波那契是中世纪意大利数学家，他写过一本《计算之书》，书中提出了一个有趣的兔子繁殖问题：

如果每对兔子每月能生一对小兔，每对小兔第一个月没有生殖能力，但从第二个月以后便能每月生一对小兔。假定这些兔子都不发生死亡现象，那么从一对刚出生的兔子开始，一年之后会有多少对兔子呢？

答案很容易算出来，从第一个月到第十二个月兔子的对数依次是：

1，1，2，3，5，8，13，21，34，55，89，144。

不难看出，上面这一串数中，除了前面两个都是1外，从第三个数起，每一个数都等于它前面两个数之和。后来人们根据这一规则，抛开兔子繁殖的具体意义，把上面的数无限延续下去，就会得到一个无穷数列：

1，1，2，3，5，8，13，21，34，55，89，144，233，…

我们把这个无穷数列叫作斐波那契数列。这个看似平凡的数列提出以后却产生了非凡的效应。它不仅与许多数学问题有关，形成了一个专门的数学分支，还与自然界里的许多现象，甚至与艺术都有密切的关系。

让我们回到刚才提出的"春来发几枝"的问题。如果一棵树在一年之后长出一条新枝，然后休息一年，在下一年又长出一条新枝，并且每一条新枝都是按照这一规律生长，那么这棵树第一年只有主干，第二年有2枝，第三年有3枝，以后各年依次是5枝、8枝、13枝……即按照斐波那契数列中的数分权发枝。非常奇妙而有趣的是，自然界中的许多现象，都与斐波那契数列有关。

斐波那契数列中，任何相邻两项的前项与后项之比都接近0.618，数列越到后面误差越小。著名的意大利画家达·芬奇把它称为"黄金比"，人体中许多部位的比例都与黄金比例有关。还有许多植物的枝叶和花瓣数恰好是斐波那契数列中的数，如百合花（3瓣）、黑玫瑰（5瓣）、翠雀花（8瓣）、金盏花（13瓣）、翠菊（21瓣）、雏菊（34，55或89瓣）。

（三）阅读指导

（1）作者阅读唐诗《相思》后，与什么数学问题产生了联想？（斐波那契数列）

（2）在上述阅读材料中，出现了好几个数学问题，你认为最关键的是哪个问题？用下划线画出来。

【设计意图】此类问题的关键是"兔子问题"模型。在学生通读素材之后，引导学生找出文中的关键问题重点分析，关键问题弄明白了，其他问题也就迎刃而解了。

（3）仔细再读"兔子问题"，把关键的词语用笔圈出来。

【设计意图】让学生在文章中圈出关键词句，如"每月""第一个月""从第二个月以后""一年后"等，理解前后的数量关系和逻辑顺序。

（4）"兔子问题"最后有一个疑问："一年之后会有多少对兔子呢？"你能想办法算一算吗？

【设计意图】数学阅读就是边读边思，边读边做。这里就要暂停下来，让学生解决问题。

（5）文中的"兔子问题"是用文字来叙述的，你能用符号或图表来表示这个规律吗？

【设计意图】让学生通过文字语言与符号或符号语言的转化，进一步体会数学语言，发展数学思维。

（6）回到唐诗《相思》，你能用自己的话来说说"春来发几枝"的数学意蕴吗？

【设计意图】回到唐诗与数学的主题，训练数学语言，帮助学生感悟数学思想，积累数学活动经验。

第二节　数学阅读导读课

一、阅读导读课的作用

导读课针对的是整本书阅读。数学导读课就是在课内进行范例式阅读，引导学生了解故事大意和背景，通过举例让学生掌握阅读方法，从而激发学生阅读的兴趣，产生继续阅读的想法，达到数学阅读的最大价值。打个比方，导读课就相当于一本书的"阅读广告"。

导读课在阅读中能起到"导向、导师和导引"的重要作用。古往今来的书籍浩如烟海，而小学生的识别和鉴别能力相对有限，这就需要教师坚持正确导向，选好数学阅读材料，向学生推荐真正优秀的课外读物给学生阅读。其次，小学生用于数学阅读的时间不多，因此要尽量提高阅读的有效性，发挥好教师的主导作用，在课内外施加积极影响。最后，在导读课上，教师往往会节选书中的部分内容供学生重点阅读，以点带面指导学生阅读方法，引导学生快速抓住基本脉络，使阅读更具有目的性。

总之，在教师领读、课堂导读、学生自读的过程中，导读课起到承上启下的关键作用。

二、阅读导读课的主要任务

阅读导读课的主要任务：一是向学生明确阅读整本书的意义和价值。二是让学生整体感知整本书的主要内容。三是指导学生阅读整本书的具体方法。四是激发学生阅读整本书的兴趣。五是帮助学生规划阅读整本书的任务和时间安排。

三、阅读导读课的基本结构

阅读导读课的基本结构（如图4-2-1所示）要求教师在上阅读导读课之前，要通读阅读材料，在整体把握阅读内容的基础上，结合学生的年龄和认知特点，精选某一段落先供学生阅读，在此过程中，教师通过设置悬念、互动交流等方式，介绍作品的相关背景，激发学生的阅读欲望。接着教师可以继续推荐阅读某些段落，进一步激发学生阅读的兴趣。最后教师再针对阅读内容对学生做重点提示，指导学生规划阅读任务，帮助学生在课内外开展阅读活动。

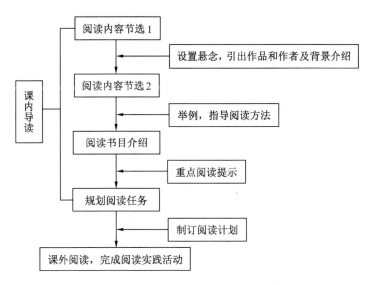

图 4-2-1　阅读导读课的基本结构示意图

四、阅读导读课实践案例

【课题】"数学王国历险记"导读课

【适用学段】第二学段

【设计意图】

本课是一节数学阅读导读课。首先引导学生精读"数学王国历险记"丛书中的一个故事"面粉里藏有钻石吗?"（选自分册《数学是个大侦探》），体会数学在生活中的巧妙运用。接着引导学生略读第二个故事"古代数学家"（选自分册《历史上的数学解疑》），让学生了解中国古代灿烂的数学成就，弘扬中华优秀传统文化。通过 2 个故事的阅读，激发学生阅读兴趣，为课后学生自主阅读"数学王国历险记"丛书打下基础。

【教学目标】

1. 通过"数学王国历险记"导读，使学生体会数学的应用性和趣味性，激发学生的阅读兴趣。

2. 通过数学阅读，感受中国古代悠久灿烂的数学史，激发学生喜爱数学之情。

【教学片段】

（一）激趣导入

同学们，数学在生活中的运用无处不在。你能举一些例子吗?你们知道吗，数学还是个大侦探，居然能帮助警察叔叔破案，你们想了解这个有趣的故事吗?

(二) 阅读故事一:"面粉里藏有钻石吗?" (因教学需要,有删节)

(1) 阅读故事第一部分:

面粉里藏有钻石吗?

小区里的杨爷爷以前是一名警察,在边境缉私。虽然他现在退休了,不过他以前精彩的经历简直可以出一本书了。他最喜欢给别人讲他以前当警察的经历,大家也喜欢听。

这天是星期天,小区的孩子们都跑到杨爷爷家里听他讲故事,杨爷爷就给他们讲了一个他是怎么查找出藏在面粉里的钻石的故事。

现代的高科技制造出了许多先进仪器,在检查走私钻石的时候可以用电子仪器扫描。可是,杨爷爷年轻的时候还处于比较落后的时代,那时候没有先进的电子仪器,边境所有来往的货物都要用磅秤来称。而且,那时候的磅秤还没有秤砣,不能称50千克到100千克之间的货物,有个别坏人就利用这个漏洞走私货物。

一天,8个年轻人背着5袋面粉要出边境。每袋面粉标注的重量是55千克,允许有4千克以内的误差。也就是说,每袋面粉的实际重量最少可能是51千克,最多可能是59千克。每袋面粉的重量都是在50千克到100千克之间,都不能直接称出来,也就没办法知道每袋面粉的实际重量了。

可是杨爷爷总觉得这8个扛着面粉的人很可疑,只有5袋面粉,他们却派8个人护送,而且每个人的表情都很紧张。杨爷爷怀疑这些面粉里有问题,有的面粉里面可能藏有钻石,可是每袋面粉的重量又不能直接称出来,就不知道钻石是藏在哪一袋里。如果要查找的话,只能把每袋面粉都打开,一袋袋地查看。

当时有很多人在后面排队,一袋袋地查看会耽误后面要过境的人。这时,那几个扛面粉的人催促道:"快一点,我们要赶不上汽车了。"

(2) 过渡启发:

故事读到这里,你了解到了哪些情况。你有什么办法知道这几袋面粉有没有问题吗?我们看看聪明的杨爷爷用的是什么办法,让我们继续阅读下面的内容来揭秘吧。

（3）阅读故事第二部分：

■ ------------------------------------

　　杨爷爷灵机一动，想出了计算出每一袋面粉的方法。他把 5 袋面粉两两组合在一起，成了 10 对组合，一共称了 10 次。这 10 次的重量按照从小到大的顺序排列是 110 千克、112 千克、113 千克、114 千克、115 千克、116 千克、117 千克、118 千克、120 千克、121 千克。

　　杨爷爷开始在纸上计算起来，把这 10 个数字相加就是 1156 千克，也是 5 个口袋重量总和的 4 倍，说明 5 袋面粉的重量加起来是 289 千克。他把 5 袋面粉按照重量从小到大排列为 A，B，C，D，E，所以在之前称出来的 10 个重量中，最小的数量 110 千克就是最小的数目 A 和 B 之和，而第二的数量 112 千克就是 A，C 两个口袋的重量之和，最大的数量 121 千克就是最重的 D，E 两个口袋的重量之和，倒数第二个数量 120 千克就是 C，E 两个口袋的重量之和。因此也就可以得出 A+B = 110（千克），A+C = 112（千克），C+E = 120（千克），D+E = 121（千克）。他再把第一个和第四个式子相加，可以得出 A，B，D，E 这 4 个口袋的总重量为 231 千克。

　　因为 5 个口袋的重量总和是 289 千克，所以用 289 减去 231 就是 C 的重量，再根据上面的四个式子可以一次算出 A 袋面粉是 54 千克，B 袋面粉是 56 千克，D 袋面粉是 59 千克，E 袋面粉是 62 千克。

　　每袋面粉的重量标注为 55 千克，误差是 4 千克，那么最重的一袋面粉也应该是 59 千克。很显然，E 袋面粉重 62 千克，超重了。也就是说，这袋面粉里至少藏了 3 千克的钻石。

　　杨爷爷根据这个计算结果，立刻把运送面粉的人抓了起来，后来果然在那袋最重的面粉里搜出了钻石。

------------------------------------ ■

（4）交流讨论：杨爷爷巧称面粉的办法，你读懂了吗？故事里的 "289 千克" "231 千克" "58 千克" "62 千克" 分别是怎么来的呢？（在学生交流的同时，教师用课件展示案例中杨爷爷的思考和计算过程）

$A < B < C < D < E$

$A + B = 110$（千克）

$A + C = 112$（千克）

……

$C + E = 120$（千克）

$D + E = 121$（千克）

$A + B + C + D + E = 1156 \div 4 = 289$（千克）

$A + B + D + E = 110 + 121 = 231$（千克）

$C = 289 - 231 = 58$（千克）

$A = 112 - 58 = 54$（千克） $B = 110 - 54 = 56$（千克）

$E = 120 - 58 = 62$（千克） $D = 121 - 62 = 59$（千克）

（5）阅读这个故事，你有什么感受？故事对你有什么启发？

（6）小结：同学们读了这个故事，都感到数学的用处真大，聪明的杨爷爷依靠数学抓住了坏人。大家喜欢这个故事吗？这个故事就选自《数学是个大侦探》这本书，书中还有许多类似的有趣故事，你们想读这本书吗？

（三）阅读故事二："古代数学家"

（1）启发：像杨爷爷这样善于使用数学知识解决问题的人有很多。我们中国自古就有着悠久灿烂的数学文化。接下来，我们就来了解一下中国古代的数学家。

（2）阅读故事（有删节）：

古代数学家

中国古代有很多著名的数学家都对人类的发展做出了巨大的贡献。现在，让我们漫步于历史的古道，探寻一下中国古代那些有名的数学家吧！

刘徽，魏晋时期中国古代杰出的数学家，也是中国古典数学理论的奠基者之一。虽然，他的生平事迹在史书上很少有记载，但是，他在世界数学史上却占有很高的地位。他的著作《九章算术注》和《海岛算经》是世界数学史上宝贵的财富。

祖冲之，我国南北朝时期杰出的数学家和科学家。他在数学、天文历法和机械方面，都做出了重要贡献。在数学方面，他写了《缀术》一书，并且和儿子一起圆满地解决了球体体积的计算问题。他在数学方面最杰出的成就是关于圆周率的计算。经过刻苦钻研，反复演算，他得出了较为精准的圆周率值。而国外数学家获得同样的计算结果，是在一千多年以后。

张丘建，北魏时清河人。他在数学方面的主要成就是最小公倍数的计算、等差数列问题的解决及"百鸡术"，并有《张丘建算经》一书流传于世。"百鸡术"是世界著名的不定方程解决方法。

贾宪，北宋数学家。中国古代数学在宋元时期达到了高峰，而贾宪在数学上的成就，更是推动了这一高峰的向上发展。他的代表作有《黄帝九章算经细草》，其中的"贾宪三角"是他最主要的研究成果。

秦九韶，四川安岳人，他和李冶、杨辉、朱世杰并称为"宋元数学四大家"。他的代表作《数书九章》，在世界数学史上有着很高的地位。

朱世杰，我国元代著名的数学家。他的代表作有《算学启蒙》和《四元玉鉴》。《算学启蒙》一书流传到海外，对日本和朝鲜的数学发展起了深远影响。而《四元玉鉴》则是我国古代数学达到高峰的一个显著标志。

中国古代的数学家其实还有很多，在这里，我们无法将他们一一介绍给同学们，他们中的很多人在当时都默默无闻地坚持为数学的发展做贡献。正是因为数学家们一点一滴的积累，今天的我们才可以简单又方便地学习数学。他们的数学成就，在人类社会的发展历史上闪耀着璀璨的光芒。

（3）交流：通过阅读，你了解到中国古代有哪些了不起的数学家？他们各有什么成就？你有什么感受？

（四）介绍读本

"古代数学家"故事，选自《历史上的数学解疑》一书。《历史上的数学解疑》和刚才的《数学是个大侦探》，都出自"数学王国奇遇记"丛书。"数学王国奇遇记"是一套数学类科普丛书，这套书介绍了数学和建筑、交通、军事、医学、饮食等各方面的有趣知识。同学们，有你感兴趣的阅读内容吗？赶快加入数学阅读的队伍里来吧！

（五）布置课外阅读活动

（1）学生自主选择阅读"数学王国奇遇记"丛书中的一本分册，时间约2周。

（2）制作阅读书签一张。正面：用一句话介绍这本书里你最喜欢的一个故事，以及为什么。反面：用一句话介绍你读这本书的感受。

第三节　数学阅读分享课

一、阅读分享课的功能

数学阅读分享课是学生在经过一段时间的课内外阅读之后，在课堂内进行阅读分享和交流的一种课型。数学阅读分享课的主要功能是：分享阅读过程、畅谈阅读体会、交流阅读心得、展示阅读成果。

（一）分享阅读过程

阅读是一项知情结合、情智共生的学习活动，既需要学生的智力参与，也离不开非智力因素的影响，阅读的过程中还伴有情感的需求和变化。比如有学生说道："一开始我并不喜欢阅读这本书，后来勉强翻了几页，竟然不知不觉就被书中的情节吸引了……没几天就读完了整本书。"这名学生通过分享自己从"不愿意读—勉强愿意读—喜欢读"的心理变化过程，树立自己数学阅读的信心。而其他学生则可以从中联想到自己在阅读过程中情感方面的积极变化，从而产生共鸣，激发数学阅读的愿望。

（二）畅谈阅读体会

多数小学生有较强的分享欲，阅读分享课给了小学生一个表达的平台，可以畅谈自己的阅读心得。同时，阅读是一项带有明显个人特征的学习活动，同一阅读内容，每个人由于知识经验、思考方式和生活环境等的不同，就会有不同的感受和收获。学生通过阅读分享课，可以了解别人阅读相同的内容时会有怎样的心得体会，从他人的心得体会中得到启发和提升。

（三）交流阅读心得

数学阅读的重要特征是读思结合。数学阅读的过程中，学生会产生很多的思考，比如读得颇有心得的地方，比如不懂的地方，比如困惑的地方，比如似懂非懂、一知半解的地方，等等。让学生分享自我探究的曲折历程、思维方式、问题疑惑，这些直接经验对指导其他学生的阅读和思考具有启发意义。

（四）展示阅读成果

在阅读成果展示的过程中，学生可以将自己做的批注，写下的感想，演算的题目，还有自创的数学阅读实践活动成果等，通过阅读分享课这个平台进行展示，加深对阅读内容的理解，促进思维的提升。学生的角色由课程资源的消费者向课程的开发者转变。

二、阅读分享课的主要任务

阅读分享课的主要任务：首先是为学生分享数学阅读体会提供交流的平台。其次是引导学生在数学阅读的过程中不断总结经验，培养阅读兴趣，提高阅读能力。再其次是锻炼学生的数学语言表达能力，培养学生乐于交流的良好习惯。最后是通过分享促进学生彼此间的交流，取长补短，营造积极向上的学习环境和氛围。

三、阅读分享课的基本结构

阅读分享课的基本结构（见图 4-3-1）要求在开展阅读分享课之前，教师就要提前布置相关的阅读内容和任务。阅读分享课的基本结构由主动分享、伙伴交流和积累反思组成。首先是一名或数名学生分享其阅读过程中的想法和收获，进行有准备的发言；接着针对刚才同学的分享，伙伴们交流各自的思考和趣事，在思维碰撞的过程中，达到反思积累的目的。作为课堂的延伸，课后还可以将自己的阅读心得形成文字。

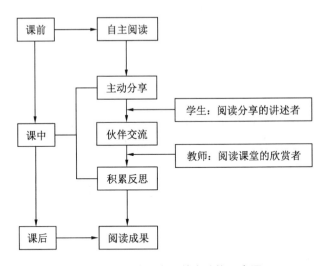

图 4-3-1　阅读分享课基本结构示意图

四、阅读分享课实践案例

【课题】"数学王国奇遇记"阅读分享课
【适用学段】第二学段

【设计意图】

在本课开始之前，教师已经向学生布置了阅读任务，内容是"数学王国奇遇记"。这是一套系列丛书，讲述了数学的历史和数学在社会生活各方面的广泛应用。经过一段时间学生的课外自主阅读，本节课安排让学生分享阅读收获和体会。按照"分享—交流—反思"的设计思路组织教学。教师在教学中要突出学生是课堂的主体，是阅读分享课的讲述者；教师是欣赏者，应该起到点拨和引导的作用。

【教学目标】

1. 通过彼此交流阅读方法，分享阅读收获和体会，引导学生积极主动地进行数学阅读。

2. 激励学生在数学阅读的过程中产生主动表达的愿望，提高阅读兴趣，培养阅读习惯，感受数学阅读的魅力。

【教学片段】

（一）师生交谈

师：月初，我们安排了共读一本（套）书活动，阅读的是"数学王国奇遇记"。同学们，经过这段时间的阅读，你们读得怎样了？

生1：我已经读完了。

生2：我也读完了，我还和同学交换读了第二本书。

师：大家阅读的兴趣很高，差不多都读完了。请大家介绍一下，你们阅读的时候有什么好的经验？

生3：我阅读的时候做好了规划，每天读几个故事，坚持下来就读完了。

师：做好阅读计划，并坚持按照计划阅读，有助于帮助我们养成良好的阅读习惯。

生4：我读的这本书中有很多趣味题目，我通过边读边做，掌握了不少解题的方法。

师：进行数学阅读的时候我们需要读思结合，边读边做。

生5：我是先看目录，然后选择有趣的内容先读，最后读完一本书。

师：看书之前先看目录，这是一个好的经验，可以让我们大致了解这本书的主要内容。

生6：我是根据老师提前给我们的阅读提纲读的。

师：按照阅读提纲的提示去阅读，这种方法是科学有效的。

（二）小组分享

师：在阅读的过程中，一定会留下许多印象深刻的事。比如你读书的心情是怎样的，你对书中哪一部分最感兴趣，你有什么体会，又有什么收获，是否有读不懂的地方，或者产生了什么新的问题？接下来我们以小组为单位，先交流自己阅读的过程和体会，再选派一名代表在全班交流。

（学生分小组交流）

（三）伙伴交流

师：现在开始大家最期待的阅读分享，全班交流。哪个小组的代表愿意第一个来交流自己的阅读感受？

　　F同学：读了《时间里有数字陷阱》一书，我真切地感受到了时间在生活中是无处不在的。孔子说过，"逝者如斯夫！不舍昼夜"。意思是说，时间就像这奔流不息的河水，一去不复返。我们要珍惜时间，合理规划自己的时间。世界上万物的生命、所有的律动都跟太阳有关。"日出而作，日落而息"其实就是生命的律动。那么时间可以停止吗？未必！真正能让时间停止的速度，其实只是一个极限速度，就目前的研究来说，时间不会停止，更不会倒流。古代还有诗句说，"一寸光阴一寸金，寸金难买寸光阴"。时间可以用金钱来衡量吗？有经济学家计算出一寸光阴大约是25分钟，一寸黄金约497.656克，金子的价格按照每克400元人民币计算，也就是说25分钟的时间可以转换成199062.4元人民币。因此一寸光阴真的很值钱，不应该被浪费。时间就是金钱，时间就是生命！

师：F同学通过阅读了解到数学和时间的关系。听了他的介绍，你们有什么想说的吗？

生1：F同学用数学知识解读"一寸光阴一寸金，寸金难买寸光阴"，我觉得很有趣。

生2：我们要珍惜时间，因为时间很宝贵。

师：用金子的价格来"计算"时间，这是书中的一个比喻，是用数学来说明时间的宝贵。事实上，时间是无法用金钱来衡量的，再多的钱也买不来哪怕是一分钟的时间，我们要珍惜时间。接着谁来分享？

　　H同学：数学无处不在，它不仅在生活中，在历史的长河中也有它的踪迹，《历史上的数学解疑》就记录了很多有趣的数学历史故事。这本书用浅显易懂的文字和幽默风趣的图片，讲述了各种和数学有关的历史典故，如退多远的距离才是"退避三舍"，"五斗米"有多重，"战国七雄"有哪些，什么是"连中三元"，等等。其中"什么是'二桃杀三士'"一文，让我产生了很深的印象。"二桃杀三士"原本是《晏子春秋》中的一个故事，书中的田开疆、公孙接和古冶子三人因为骄傲，得罪了齐国宰相晏子，晏子就用计杀了三人。这个故事表面上是利用战士们爱面子的特点，实际上，仔细分析其中的数学知识，就会发现其中包含了"抽屉原理"。这个故事让我对"抽屉原理"有了更深刻的认识，同时对于古人们的智慧也更加佩服。不仅是这个故事，这本书还讲述了其他的数学知识，使复杂枯燥的数学变得生动有趣，让我在轻松的阅读中提高了数学能力。今后我学习数学时也要勤思考、多动笔，使我的成绩更上一层楼！

师：许多历史事件背后都隐藏着数学知识。听了H同学的分享，大家有什么想说的吗？

生3：我知道好多历史事件都是用数字来概括的，比如刚才提到的"战国七雄"，还有"一言九鼎""过五关斩六将"。

生4：用数字来概括，让人觉得很清楚。

师：所以好多成语也是带有数字的。接着请下一组交流。

L同学：拿到《建筑里的数学秘密》这本书，第一次看到书名时就觉得这本书缺少情节，难以消化，可能看不懂，也看不下去。但当我看到目录里有一个熟悉的名字"贝聿铭"的时候，瞬间激起我要探索这本书的欲望。苏州博物馆是贝先生的封山之作，堪称完美，无论是刻意去打卡，还是不经意地路过，人们总要多看几眼。以前总是说不出她哪里好，就是觉得好看，想多看看，但我接触这本书之后，那博物馆外墙的四边形，那展馆栋梁上的三角形，那池边的梯形……脑中闪过的每一帧图案无不诉说着建筑与几何的传说。贝先生正是利用几何图形和恰当的数据让它们完美结合，塑造出完美的建筑呈现给世人，让人赞叹不已！这本书瞬间让我对数学也有了更深一层的敬仰，了不起的几何，了不起的数学。

建筑，离不开几何，更少不了数学。书中提及的建筑大到悉尼歌剧院、北京故宫博物院，小的如生活中的房屋、房间等都是几何学与数学完美结合后的产物，生活中又何曾远离了几何与数学呢？我们穿的衣服，有样式有尺寸；我们使用的餐具，有样式有尺寸；我们代步的车子，有样式有尺寸。生活中除了这些随处可见的图形之外，还有无处不在的数据，一切都用数据说话！回想自己的数学之路，真的谈不上有多喜欢数学，因为找不到喜欢数学的理由。枯燥的图形，无聊的数据，数学——无非就那几个符号"+""-""×""÷"，就那10个数字变来变去的，毫无乐趣可言，所以学起来多少有些被动。读了这本书之后，我要重新定义数学，数学是一门很有魅力的学科，她的魅力应该是——"纵有千千结，终有千千解"。

书中提到数学家罗素曾说："数学，如果正确地看它，不但拥有真理，而且具有至高的美，是一种冷而严格的美。"未来希望自己变被动为主动，探索真理，发现数学美，探索数学美！

师：L同学讲得真好！让我们用掌声感谢她的分享。

生5：我也去过苏州博物馆，它的外形设计成各种几何图形，我看了后很震撼，觉得很美。

师：数学美！

生6：听了L同学的发言，我觉得数学很有用处。造房子从设计、施工、验收都离不开数学。

生7：我知道了建筑设计离不开图形和数据，两者的完美结合，就能设计出漂亮的建筑。

师：从书面的阅读，联想到现实生活中的苏州博物馆，把书读"活"了。下面继续交流。

R同学：今天我读完了《数学王国奇遇记：数学是个大侦探》，让我不禁感叹原来书本上的数学知识就潜伏在我们每个人的生活当中，并且是那么得好玩有趣！在边读边看的过程中，我学会了很多知识，跟着故事中的主角一起"破案"，一起在书中一个个妙趣横生的数学发现中走进数学，发现数学，爱上数学！这本书共分为四章，每章都有五至六个生动的人物形象，贴近生活的小故事，通过各个人物的对话构成一个个值得思考的数学小问题。例如第一章节的"计算车牌号码"我就十分喜欢。警察叔叔在抓捕逃犯时遇到了一个难题：凶手的车牌号码无人知晓，这也对后续的案件侦破工作产生了影响。这时，一位老教师说他看到了车牌号码，并为警方出了一道难题，这道题的答案就是凶手的车牌号码，当我看到这一情节时也兴致勃勃地动脑动手了起来。"车牌号码是个四位数，两边的数字是对称的，四个数加起来

的和等于前面两个数字表示的数。"我一想，so easy！刚好可以运用我们之前学过的假设法来解题。根据已知信息假设四个数字分别为 A，B，B，A，则 $A+B+B+A=10A+B$，以此可求得 $B=8A$。由于车牌的号码均为个位数，所以 $A\leqslant1$ 且 $A\neq0$，则 $A=1$，$B=8$。这样，得出来的号码就是 1881。我迫不及待地对照了一下答案，果然如此，顿时我的成就感爆棚。

其实，数学并没有我们想象中那么难，数学只要弄懂一个知识点，就可以将其运用到无数同类型的题目。我们在考试和日常练习中要像警官一样从容不迫去解决案件，找到关键证据，就能抓住嫌犯。我们也是一样，找好关键句，看清楚题目条件及问题，圈好变化的单位名称，对不熟悉的题型着重下手，这样打好基础，考试成绩拿优秀是肯定没问题的。

师：这是一本有意思的书。数学怎么就成了大侦探了呢？

生8：警察叔叔运用数学知识来破案，所以数学成了大侦探。

生9：破案要推理，数学也有推理。

师：推理意识和推理能力是数学的重要素养。请下一组的代表交流。

Y同学：同学们，你们觉得数学是什么？数学有意思吗？是不是像我一样觉得数学只是将一些数字放在一起计算呢？直到我看到了一些关于数学的书，其中就有一本书叫作《数学原来是这样的》，我才发现，其实并不是这样的。一开始，我非常不愿意看这本书，后来，我看了看它有趣的封面，这才有了看书的兴致。看完我才发现这本书其实没有我想象中那么无聊。这本书是从数字运算的奥妙、数字的趣味历史、数字的科学趣谈和生活处处有数学这几个部分来给我们介绍数学知识的。其中让我印象最深刻的是"小数点的作用可不小"这个小故事，这个故事讲了一位叫科马洛夫的宇航员返回地球时降落伞突然坏了，飞船坠毁，科马洛夫就这么意外去世了。后来经过调查，发现是计算中小数点出现了错误导致的。这个故事让我知道了小数点是非常重要的，如果弄错了，原来的数就会扩大很多倍或者缩小很多，带来的结果更是千差万别了。这本书给我带来的惊喜真是太大了，让我知道了数学小数点的重要性，同时提醒我做事时一定不能马虎。

师：我已经听到有两位同学谈到，他们一开始并不喜欢数学阅读，但是自从打开书本后，就渐渐喜欢上了阅读。你们有这样的感受吗？

生 10：我也有这样的感觉。用心读了，就会觉得很有趣。

生 11：要培养自己爱读书的好习惯。

师：所以同学们要敢于尝试。这个故事还提醒我们做事要细心，正所谓"失之毫厘，谬以千里"。请最后一组的代表交流。

W 同学：读完这本《医学中的数学》后，我知道了许许多多有关医学的数学知识。整本书分为四个章节，分别为"必须知道的医疗常识""健康知识知多少""看不见的手术刀""小心，病毒细菌来了"，每个章节都有好几个故事。虽然我只读了"数学王国奇遇记"系列中的一本书，但是我能体会到作者激发我们喜爱数学的初衷。第一章节"必须知道的医学常识"中讲了温度计的工作原理是物质的热胀冷缩，舌下温度高于 37.5℃，腋下温度高于 37℃ 都属于发热，温度计该怎样看，病号服编号的玄机……每个故事都写得有趣耐看，还教会了我摄氏度、华氏度、剂型、数量单位、服用间隔等专业用语；还有溺水的黄金抢救时间为 4 分钟，猝死的黄金抢救时间为 5 分钟……第二章节"健康知识知多少"中讲了人有四种血型，人体有 720 个穴位之多，人的心跳 60~100 次/分都算正常，我们的耳朵喜吹听 44 分贝左右的声音。还有第三章和第四章，同样介绍了很多我原先不知道的医学知识，令我受益颇多。

师：健康是人生最宝贵的财富。医学中同样有许多数学知识。W 同学和我们做了很好的分享。

生 12：妈妈给我服药的时候，都会看一下说明书，说明书上有药品的剂量、一次服用的用量、一天吃几次的信息。

师：到现在六个小组的交流就全部结束了。听了他们的介绍，大家有什么体会？

生 13：数学在生活中的应用很广泛。

生 14：数学对我们的日常生活有很大的帮助。

生 15：课外书里有许多数学书上没有的知识，我们要多读与数学有关的课外书。

生 16：我们要培养自己爱读书的好习惯，阅读对我们的学习帮助很大。

生 17：我以后还要读更多的数学课外书，了解更多有趣的数学知识。

师：当我们捧起书静静阅读的时候，你就能体会到阅读带给你的快乐！数学阅读，会让你感受到数学的无穷魅力！

第五章

数学阅读微课程的建构与实施

第一节　数学阅读微课程的内涵

一、课程概念

"课程"一词英语为 curriculum，来源于拉丁语 currere，含义是"跑道"或"奔跑"。用名词形式解释该词的词义，"跑道"即"学程"，含义是为儿童设计学习的轨道；用动词形式解释该词的词义，"奔跑"即"学习的过程"，课程是指儿童对自己学习经验的认识。

宋代朱熹曾多次运用"课程"一词，如："宽著期限，紧著课程""小立课程，大做工夫"等。朱熹认为课程是功课及其进程，其含义与当今人们对课程的理解已经相当接近。

近代学者对课程重新进行了定义，但学者们所持的教育观、哲学观、社会学观等各不相同，对课程本质的理解自然各异。例如，有学者认为课程即教材（代表人物夸美纽斯），有学者认为课程即活动（代表人物杜威）等等。

近代形成的传统课程，属"学科"课程，以这种课程为事实根据，形成以"所有学科的总和"的"课程"概念。因此从这一意义上说，课程可以是指学校为实现培养目标而选择的教育内容及其进程的总和，它包括学校所教的学科内容和有目的、有计划的教育活动。

《实用教育大词典》对"课程"的解释为：课业及其进程。课程有广义和狭义两种解释。广义的课程指所有学科（教学科目）的总和，或指学生在教师指导下各种活动的总和。狭义的课程指一门学科。[①] 显然数学阅读微课

---

① 王焕勋. 实用教育大词典［M］. 北京：北京师范大学出版社，1995：272.

程的"课程"是指狭义的课程，仅指数学学科。严格的说，我们研究的"数学阅读微课程"是一项课程组件，又称微型课程。

课程组件（微型课程）是当代教育系统中编制课程的一种形式。一个学科中所包含的一系列的半独立的单元，每一个单元讨论一个独特的概念或活动，构成微型课程。学生可以按照自己的进度学习一个单元，不必考虑单元之间的逻辑顺序。在学习微型课程时，主要是在教师辅导下由学生独立活动，阅读教材，包括丰富的线上素材。[①] 数学阅读课程以若干课时组成一个单元，解决某一方面的问题，具有微型课程的典型特征。

本章所述的"微课程"与当前教育界流行的"微课"，虽然字面接近，但含义是截然不同的。"微课程"强调的是课程，"微课"强调的是课。据有关资料介绍，"微课"最早是由美国新墨西哥州圣胡安学院的高级教学设计师、学院在线服务经理戴维·彭罗斯（David Penrose）于 2008 年首创的。一般认为，"微课"是以视频等数字化资源为主要载体，记录了教师围绕某一知识点开展的简短完整的教学活动，它是教师预先设计好的，在短时间内固化下来供学生学习的辅助教学课程。南京师范大学现代教育中心张一春教授认为，"微课"具有如下特征：主持人讲授性、流媒体播放性、教学时间较短、教学内容较少、资源容量较小、精致教学设计、经典示范案例、自主学习为主、制作简便实用、配套相关材料[②]。这种"微课"一般只讲授一两个知识点，有的人称之为"碎片化"教学，虽然"微课"自身的表达具有完整性，但是并没有复杂的课程体系，可以看作是微小的"课"，更多地体现"课"的特征。而数学阅读微课程，简单地说，是微小的"课程"，具有课程的组成系统和基本特征。

综上所述，"数学阅读微课程"是以数学阅读为主题，在教师指导下，包含课程目标、课程内容、课程结构、课程评价和课程实施活动等一系列规划与设计总和的微型课程。

二、课程类型

根据划分的标准不同，课程可以分为不同的类型。如从对学生的学习要求的角度来划分，课程可分为必修课程与选修课程；从课程的呈现方式来划分，课程可分为显性课程与隐性课程；等等。根据数学阅读微课程的特点，

---

① 王焕勋. 实用教育大词典 [M]. 北京：北京师范大学出版社，1995：273.
② 张一春. 微课建设研究与思考 [J]. 中国教育网络，2013（10）：28-31.

重点从两个维度来分析。

（一）从课程的组织方式来划分

从课程的组织方式来划分，课程可分为分科课程、综合课程与活动课程。分科课程就是学科课程，是一种单学科的课堂组织模式，使学生获得逻辑严密和条理清晰的文化知识。综合课程是打破传统的学科课程的知识领域，组合两门以上学科领域而构成的一门学科。通过相关学科的整合，促进学生认识的整体性发展并把握解决问题的全面的视野和方法。活动课程则是从儿童的兴趣和需要出发，以活动为中心组织的课程。数学阅读微课程有鲜明的数学学科属性，旨在提高学生数学素养。数学阅读又具有跨学科的特点，与其他学科联系紧密。同时，数学阅读微课程也包含了实践活动内容。总体来说，数学阅读微课程是以分科课程和活动课程相结合的一项课程。

（二）从课程设计、开发和管理主体来划分

从课程设计、开发和管理主体来区分，可将课程划分为国家课程、地方课程和校本课程。数学阅读微课程属于校本课程。需要指出的是，校本课程可分为两类：一类是国家课程校本化，即学校和教师通过选择、改编、整合、补充、拓展等方式，对国家课程进行再加工、再创造，使之更符合学校和学生的需要。另一类是以学校为基地进行的课程开发，课程开发的主体是教师，旨在通过课程发展学生特长，展示学校特色。在对数学阅读微课程的设计和开发中，以上两类兼而有之。

三、为什么以"微课程"为载体开展数学阅读

在本书的第一章里，已经详细阐释了数学阅读的重要价值，在此不再赘述。在调研的过程中，我们发现一些学者和教育工作者已经关注到了数学阅读这一领域，他们进行了有益的尝试并取得了很好的成果。例如高校的学者，从理论层面对数学阅读进行阐释和论述，偶有实操层面的案例；广大数学教师，则从实践层面选择某个点开展数学阅读活动，但缺少一定的系统性和完整性；科普教育工作者，较注重数学阅读内容的开发和编写，但是如何充分发挥好这些优秀的数学科普读物的作用，还缺少一座"桥梁"。

（一）以课程为载体，有利于数学阅读专业化建设

华东师范大学课程与教学研究所所长崔允漷教授认为课程可以有三种解释：① 课程是教师根据一定的目的，用"课"的方式，规范、引导学生学习的过"程"。② 课程是以专业化的设计、安排儿童学习机会的过程，以促进儿童更好地学习。③ 课程是一种通过教师、方案、学生三者互动以实现

教育意义的专业活动。其实质是一致性解决好四个基本问题，即目标、内容、实施、评价。在上述论述中，多次提到了课程的一大显著特征：专业化。"课程"具有严谨的结构，规范的文件，以其为载体，有利于数学阅读走向专业化建设。以课程为载体系统地研究数学阅读教学，当前尚不多见。本课程拟探索各年级数学阅读的计划、目标、内容和任务，尝试以课内数学阅读教学、课外数学阅读拓展、数学阅读项目化学习、数学阅读趣味活动等模块化形式，组成数学阅读微课程。数学阅读微课程课时数适中，不增加学生的学业负担；课程模块化构成灵活，课内和课外结合，教学任务和趣味活动结合。数学阅读微课程以课程的形式开展数学阅读教学，保证了数学阅读的有效性、时效性和长效性，有利于研究进程的评价与研究成果的总结及应用推广。

（二）以单元为组成，有利于数学阅读系统化发展

数学阅读的内容庞杂，方式多样，若没有系统的规划，很容易走向无序化和碎片化。同时，阅读本质上还是一种学习，要符合学生的年龄特征，应遵循螺旋上升的认识规律。把数学阅读做成一项系统工程，采用课程单元的形式组织阅读，有利于提高数学阅读的系统性。数学阅读单元以教学的方式为标准划分，可以分为课堂融合单元、知识拓展单元、主题阅读单元（高年级为跨学科主题阅读单元）和数学活动单元（具体内容前面章节已有所介绍，在此不另作赘述）。如果以阅读内容为标准，也可以划分出不同的阅读主题，如中国古代数学文化系列、数学各种专用符号的由来系列、古今中外数学名题系列、数学与生活系列、大数学家的故事系列、数学童话故事系列等。每个系列根据学生的年龄阶段安排难易不等的阅读内容，系统地开展数学阅读活动。

（三）以微型为特征，使数学阅读具有可操作性

数学阅读有区别于一般阅读的特殊性，主要表现在：数学阅读材料主要由数学语言组成，文字语言、图形语言、数字符号语言等可有条件地进行互译；数学材料主要用归纳和演绎的方法来实现，具有严谨性；数学语言和数学材料具有高度的抽象性；数学材料中往往蕴含着丰富的数学思想。数学阅读也有自身的要求，如：数学阅读需要阅读者拥有较强的逻辑思维能力；数学阅读要求阅读者读写结合；数学阅读要求更细致精确；数学阅读过程中语意转换频繁，要求思维更灵活。以上这些，对阅读主体的要求超过了一般学习对阅读主体的要求，而这也说明了数学阅读教学的重要性。查阅文献资料发现，虽然近年关于数学阅读的话题越来越受到关

注，但将理论和实践相结合，系统地做数学阅读研究的案例较少。在理论层面，心理学家关注的是阅读心理现象和规律的探索，数学教育家则习惯用演绎方式推测而缺少实证研究。而在实践层面，数学阅读研究又往往停留在经验层面，以一线教育工作者散发的、单一的个案居多。我们采用"微课程"的研究方式，以微型为特征，切口较小，实施灵活，使数学阅读在实践中具有很强的可操作性。

四、数学阅读微课程方案

数学阅读微课程以学期为单位实施，根据学生的年龄特征，每学期不超过 8 课时。教师可将该课程安排在数学机动课程、校本课程和其他活动课程中，阅读活动、跨学科主题阅读等可以结合学校数学节（数学周）等文体活动安排。具体每学期单元内容安排和课时数见表 5-1-1。需要指出的是：表格中的方案只供参考，教师本人是课程实施的主体，可以根据自己班级的实际情况灵活调整，这也同时考验着教师的课程开发能力。

表 5-1-1　数学阅读微课程设置方案

年级	学期	单元内容和课时数参考				总课时
		课堂融合单元	知识拓展单元	主题阅读单元	阅读活动单元	
一年级	上学期	1	2	1	2	6
	下学期	1	2	1	2	6
二年级	上学期	1	2	1	2	6
	下学期	1	2	1	2	6
三年级	上学期	2	2	2	1	7
	下学期	2	2	2	1	7
四年级	上学期	2	2	2	1	7
	下学期	2	2	2	1	7
五年级	上学期	2	2	2	2	8
	下学期	2	2	2	2	8
六年级	上学期	2	2	2	2	8
	下学期	2	2	2	2	8
合计		20	24	20	20	84

第二节　数学阅读微课程标准

课程标准是关于某门学科的内容及其实施、评价的指导性文件。课程标准包括课程性质、课程理念、课程目标、课程内容、课程实施和评价等诸多内容。"数学阅读微课程"可以看作数学学科的一个课程组件，必须符合《义务教育数学课程标准（2022年版）》。但是作为指向数学阅读的一项微课程，在某些方面还是呈现出自身的一些细节特征。因此从上述意义上来说，本节并不是一份完整的课程标准，而是依附于《义务教育数学课程标准（2022年版）》的指向数学阅读这一领域的课程说明。

一、课程性质

数学阅读微课程是数学课程的一个课程组件，旨在通过大量阅读数学材料，帮助学生感悟数学语言，发展数学思维，建构数学意义和方法的学习活动。

数学阅读是数学学习的重要组成部分。《义务教育数学课程标准（2022年版）》指出："数学不仅是运算和推理的工具，还是表达和交流的语言。数学承载着思想和文化，是人类文明的重要组成部分。"[①] 数学语言一般可分为文字语言、符号语言、图表语言，且相互转换频繁。从某种程度上说，学习数学就是学习数学语言，学习数学的过程也就是数学语言不断内化、形成和运用的过程。数学语言的学习离不开阅读和表达，阅读是表达的基础，数学阅读有利于提高学生对数学语言的感知和表达能力。

数学阅读微课程是基于学校，在教师引导下，有规划、有系统地进行数学阅读活动的一项数学拓展课程。通过该课程的学习，一方面丰富数学课程的内容，激发学生学习数学的兴趣和积极情感。另一方面加深学生对数学语言的理解，提高数学运用水平，发展数学思维，提升数学素养。同时彰显学生个性，培养良好的阅读习惯，促进对数学文化的交流和传承。

二、课程理念

数学阅读是数学学习活动的重要补充，以帮助学生"人人都能获得良好

---

① 中华人民共和国教育部. 义务教育数学课程标准（2022年版）[S]. 北京：北京师范大学出版社，2022：1.

的数学教育，不同的人在数学上得到不同的发展，逐步形成适应终身发展需要的核心素养。"①

（一）确立基于深度学习的数学阅读目标

数学阅读微课程结合深度学习理论，改变"浅阅读"方式，以帮助学生理解数学语言、发展数学思维、培养核心素养为目标。数学阅读是一种"慢阅读"，因为数学阅读往往是边读边做，读一段可能需要停下来想一想，动手做一做，想明白了继续读，如此循环，很少能一气呵成地读完整段数学阅读材料。数学阅读还是一种"深阅读"，数学阅读的基本特征是读思结合，需要深入思考才能读懂阅读材料。

（二）设计体现整合特征的数学阅读内容

数学阅读内容是最重要的课程要素。课程内容要体现整合特征，从学生角度来看，数学阅读材料不仅有知识和方法，还蕴含了数学思想和科学精神；从教师角度看，数学阅读更是整合了数学、科学和人文艺术等各个领域的知识，正所谓数学来源于生活，又应用于生活。

（三）构建一体化的数学阅读体系

把数学阅读看作一项系统工程，根据学生年龄特征和阅读兴趣，从阅读主题、阅读方式、阅读时空等维度出发，构建一体化的数学阅读体系。帮助学生养成数学阅读习惯，掌握数学阅读技巧和方法，积累一定的数学阅读量。

（四）实施"个性化"的数学阅读评价

阅读是个性化的学习行为。数学阅读要促进学生的个性发展，倡导"个性化"的评价方式，坚持激励原则。评价方式可以是自我评价、同伴评价、教师评价和家长评价等；评价方式上采取过程性评价和结果性评价相结合、定量和定性相结合的策略。评价可以从数学语言的角度、语言转换的角度、解决问题的角度、阅读理解的角度和阅读效果的角度等多角度考量。

三、课程目标

数学阅读微课程是培养学生核心素养的重要途径。通过开展数学阅读及相关活动，促进学生逐步学会用数学的眼光观察现实世界，会用数学的思维

---

① 中华人民共和国教育部. 义务教育数学课程标准（2022 年版）[S]. 北京：北京师范大学出版社，2022：2.

思考现实世界，会用数学的语言表达现实世界。①

（一）总目标

（1）通过数学阅读，帮助学生更好地理解和运用数学语言、发展数学思维，培养核心素养。

（2）在数学阅读的过程中，培养学生发现、提炼、分析和解决数学问题的能力，感悟数学和生活的密切联系，养成良好的数学阅读习惯。

（3）激发学生数学学习的兴趣，了解数学的历史发展和应用价值，欣赏数学美，感受中国传统优秀数学文化。

（二）学段目标

第一学段（1~2年级）

（1）通过阅读教科书，初步了解数学语言，学会在生活中运用数学语言表达简单的事物联系。

（2）能在教师指导下阅读课外数学绘本、注音数学童话等，拓展数学知识面，了解教材和课本之外的更精彩的数学世界。

（3）在阅读的过程中初步感受数学与生活的联系，能在教师和家长的帮助下积极参加数学实践活动，能主动和伙伴分享，积累活动经验。

（4）知道数学也需要阅读，喜欢数学阅读，并产生"数学有趣"的积极情感。

第二学段（3~4年级）

（1）在数学阅读的过程中经历信息的梳理、提炼和分析等过程，感受数学语言独有的表达方式，学会从数学的维度观察日常生活现象。

（2）通过阅读，了解数学教材和课本之外的数学知识，丰富数学知识结构，感受中国灿烂的数学文化。

（3）掌握一些简单的数学阅读方法，培养良好的数学阅读习惯。

（4）了解什么是数学阅读，对数学阅读产生兴趣，树立学习数学的信心。

第三学段（5~6年级）

（1）学生能边阅读边思考，逐步能用数学语言表达现实世界。

（2）在数学阅读的过程中，能探索数量之间的关系，培养逻辑思维和创新思维，形成和发展数学素养。

----

① 中华人民共和国教育部. 义务教育数学课程标准（2022年版）[S]. 北京：北京师范大学出版社，2022：11.

117

（3）积累一定的数学阅读量，了解古今中外著名的数学史料，欣赏数学美，思考数学和生活的联系。

（4）感受数学阅读对数学学习的重要作用，自觉进行数学阅读，爱上数学阅读。

四、课程内容

数学课程内容按知识领域可划分为数与代数、图形与几何、统计与概率、综合与实践四大学习领域，数学阅读微课程的课程内容根据内容来源和形式的不同，由课内的数学课本、课内的延伸拓展阅读、课外数学读物和课外数学实践活动四个部分组成。

（一）课内：数学课本

数学课本对教师来说是教材，对学生来说是最重要的数学读本。数学课本的阅读内容又可以分为几类，对于不同类别的内容，阅读方法也有细微差别。

（1）数学概念。还包括数学公式、定理、规律等。一般采用"粗读、细读、精读"等环节阅读。

（2）数学例题。阅读的时候需要找出关键词，沟通数量之间的联系。这是教师在指导学生阅读方法时的教学重点。除了"粗读、细读、精读"等一般环节外，还可以增加一个环节——"反思拓展"，以进一步加深理解。

（3）数学习题。数学习题的阅读和例题的读法类似。不同的是，例题有解题方法和步骤，习题需要自己思考。

（4）"你知道吗?"板块。以苏教版教材为例，数学教材在知识的"原点"和"节点"之处，会提供阅读资料，这是不可多得的阅读资源，课堂上需要精心运用。

（二）课内：延伸拓展阅读

（1）数学课本受篇幅所限，配套的"你知道吗?"阅读内容往往很简短，教师可以根据需要拓展延伸，丰富内容，甚至可以就此完成一节数学阅读课。

（2）有的教学内容，数学课本并没有配套的阅读内容，教师可以根据学情和教学需要，在课内补充阅读材料。这种阅读材料可以称为主题阅读材料。

（3）在课堂练习或者测试中，也会出现含有大量阅读内容的试题，这也可作为课内的数学阅读资源。

（三）课外：数学读物

数学课外读物是我们传统意义上的数学阅读的主要内容。根据体裁和内容大致可分为如下几类：

（1）数学绘本。数学绘本是一种利用图画和简洁的文字传递数学信息的读物。数学绘本比较适合低幼儿童阅读，如《马可的零用钱》《到点啦，麦克斯》《会乘法的幸福王国》等。数学绘本在国外比较普及，近些年在国内也呈快速发展的趋势。

（2）数学童话。数学童话是以数学和童话相结合的一种文学形式，以激发儿童对数学学习的兴趣。如著名数学科普作家李毓佩和张小青所著的《李毓佩数学西游记》等。

（3）数学故事，是将数学知识通过故事的形式呈现出来读物。

（4）数学史，介绍数学的由来、形成和发展的历史进程，展示数学对人类文明发展的作用。介绍数学史的书籍很多，江苏省特级教师蔡宏圣先生对此方面有深入的研究，著有《数学史走进小学数学课堂：案例与剖析》一书。

（5）数学家的故事。这类读物介绍古今中外数学家研究数学的事迹和趣事，如陈忠怀先生等编著的《数学传奇》和孙剑先生编著的《数学家的故事》等，帮助学生了解数学家的生平和重要成就。

（6）数学名题。在数学发展史上，积累了许多数学名题，如"鸡兔同笼问题""七桥问题""棋盘上的麦粒数""丢番图的墓志铭""哥德巴赫猜想"等。阅读数学名题能让学生从小在心中种下钻研数学的种子。

（7）数学与生活应用。这类读物介绍数学与社会生活各个方面的紧密联系，如纸上魔方编写的"数学王国奇遇记"丛书等。

（8）其他。包括数学实验报告、数学游戏、跨学科数学阅读等，都可作为课外数学阅读的材料，如欧阳维诚先生的著作《唐诗与数学》和《寓言与数学》等。

（四）课外：数学实践活动

结合数学阅读，根据学生的年龄特征，开展丰富多彩的数学阅读实践活动。表5-2-1中的数学阅读实践活动仅供参考，在实际实施中教师可以根据需要灵活调整。

表 5-2-1　数学阅读实践活动项目参考

第一学段 (1~2 年级)	第二学段 (3~4 年级)	第三学段 (5~6 年级)
数学童谣 数学谜语 数学故事会 制作数学小书签	数学手抄报 数学连环画 数学日记 好题我来讲 好书我来读	数学小论文 数学实验报告 数学课本剧 数学思维导图 数学海报

五、课程实施

（一）教学建议

1. 在开展数学阅读的过程中，要发挥好课堂的主阵地作用、教师的主导作用和学生的主体作用。教师在课堂上要有意识地渗透数学阅读的理念，使学生认识到数学阅读也是数学学习的重要组成部分。教师的主导作用主要体现在阅读任务的监控和阅读内容的选择上。学校的数学阅读不是"放羊式"的自由阅读，要避免"只有布置没有反馈"的粗放管理方式。学生是阅读的主体，要激发学生数学阅读的兴趣，培养数学阅读的习惯，引导学生从被动阅读走向主动阅读。

2. 设计单元化的数学阅读任务，注重课程内容的系统性和多样性。教师在设计课程任务时要有规划，可以围绕一个大的主题展开。阅读的时间根据阅读的主题来确定，时间不宜过短，过短不利于学生自主安排；时间也不宜过长，否则容易导致兴趣降低。要注意课程内容的系统性和多样性，比如关于数学史的阅读，可以根据教材知识体系的编排设计一个系列，第一学段可以设计主题"我们常用的数学符号是怎么来的?"，第二学段可以设计主题"各种数在生活中是怎么产生的?"，第三学段可以设计跨学科主题阅读，等等。

3. 加强阅读方法的指导，突出数学阅读特征。根据不同的阅读内容，指导学生具体的阅读方法，突出数学阅读的特征。数学阅读不仅要读懂文字，更要读懂"隐性"的方法和思想。指导学生有针对性地采用不同的阅读方法，有的方法是用来激发学生的兴趣，有的方法是用来提升阅读能力和水平，如"做记号"、精读和反思、举例子，等等。

4. 处理好"听课、做题、阅读"三者之间的关系。听课、做题和阅读是学习数学的主要环节，基本涵盖了学生在数学课堂上的学习样态。以前我们比较关注听课和做题，忽略阅读；现在强调阅读，是否就无形中降低了听课和做题的重要性呢？当然不是。阅读是基础，读不懂就要好好听课，然后解决问题，而解决问题当然也离不开阅读，"听课""做题""阅读"三者是相辅相成的关系。

5. 以"阅读+"融合数学实践活动。以数学阅读为纽带，融合丰富多彩的数学实践活动，改进阅读方式，展示阅读成果，达到学以致用的目的。

（二）评价建议

1. 评价方式多样。数学阅读微课程的评价不以知识考查为目的，而是通过课堂观察、阅读反馈、交流表达、成果展示等方式，了解学生的阅读情况。

2. 评价主体多元。评价主体包括学生、教师和家长等。通过学生的自我评价、同伴的相互评价、教师评价、家长评价等，对学生课内外的数学阅读情况进行全方位考查。

3. 采用动态评价。关注学生数学阅读过程中的各要素，如阅读量、阅读习惯、阅读方法的运用、数学学习兴趣的提升、数学学习的进步、是否能从数学的角度观察和思考问题等。

4. 提高评价的参与度和趣味性。把评价作为数学阅读的重要组成部分，而不是仅作为一个结果，提高学生的参与度和趣味性，如通过成果展示会的方式进行评价，进行数学阅读方面的创作，同伴的相互点赞率等。

（三）课程资源开发

数学阅读微课程没有现成的教材，因此特别考验教师的课程资源开发能力。课程资源既包括现有的数学教材、教辅材料，也包括各种数学课外读物；不仅包括纸质资源，也包括各种视频、音频、教学软件等数字化资源。课程资源的开发要以教科书的知识编排为序，按照循序渐进的原则，根据教师教学的需要和学生的学习需要，进行必要的整理、重组和优化，构建相对系统的课程资源库。

第三节　数学阅读微课程纲要

在数学阅读微课程的体系架构中，课程方案主要规定了课程的类型和结构，约定在各年级的安排顺序和学时分配。课程标准则规定了这一门课程的性质、目标、内容和实施建议等指导性要求。但教师在实践中如何将这些要求转化到具体的课程实践中，需要一个桥梁。我们尝试以"课程纲要"为载体，编写具体的实施操作手册。课程方案、课程标准和课程纲要共同组成数学阅读微课程这一有机的整体。

一、课程纲要

华东师范大学课程与教学研究所所长崔允漷教授认为："课程纲要是以提纲的形式一致性地呈现一门课程的目标、内容、实施和评价这四个基本要素。"① 这四个要素分别回答了四个问题："目标"是回答"我要把学生带到哪里去？"的问题；"内容"是回答"基本的素材或活动是什么？"的问题；"实施"是回答"我怎样带他们去？"的问题；"评价"是回答"怎么知道他们已经到达哪里？"的问题。以"课程纲要"为实施数学阅读微课程的载体，从课程本身来说，课程纲要涵盖的四个基本要素，契合数学阅读微课程以单元为编排的课程设计，具有很强的可操作性。从教师层面来说，设计课程纲要有利于教师形成一定的课程开发能力。日常教学，教师一般只需要思考某一课时的设计，而不用过多考虑单元结构、前后课时之间的联系，因为这些都已由教材专家帮我们制定好了，教师只要按部就班实施就可以了。对于一项校本课程，教师在做设计规划的过程中，不再局限于某一课时的设计，而要思考从"一节课"走向"一门课程"②，要审视满足这门课程实施的所有条件，具有一定的学科观或课程意识。从学生层面来说，课程纲要简明扼要，有利于学生明确这门课程的全貌和目标任务。从学校层面来说，课程纲要有利于形成系统的校本课程，便于学校审议与质量管理。

数学阅读微课程纲要从结构上说由"课程名片""课程说明"和"课程四要素"三部分构成。课程名片包括"课程名称、课程类型、教学材料、适用年级、课时、设计者"等基本信息。课程说明包括"课程简介和背景分析"，课程简介帮助阅读者能很快地了解到课程的"大概模样"。背景分析则包括本门课程的目的、意义，与前后内容的关系，原有基础和提供支撑的教学资源，还有学生已有知识与认知特点等。课程四要素指"目标、内容、实施和评价"，是课程纲要的主体部分。

（一）目标。基于课程标准，源于学生研究，描述通过本课程的学习后期望达到的结果，呈现通过此内容的学习所指向的学科素养或关键能力。目

---

① 崔允漷，周文胜，周文叶. 基于标准的课程纲要和教案［M］. 上海：华东师范大学出版社，2013：前言 13.

② 崔允漷，周文胜，周文叶. 基于标准的课程纲要和教案［M］. 上海：华东师范大学出版社，2013：前言 14.

标一般有 2~4 条，叙写方式如：通过什么方式学习什么，理解或学会做什么，提高或体会什么。

（二）内容。根据目标、学情和基础条件安排单元和课时，列出教学进度，包括日期、周次、内容、活动安排等。内容是课程纲要的核心，数学阅读课程没有现成的教材，因此教师作为课程的开发者，需要通过"增、补、编、合、立"等策略（"增"是增加阅读内容；"补"是在原有的教材内容上补充；"编"是自编适合学生阅读的材料；"合"是整合不同知识点或不同学科的内容；"立"是打破原来学科内容的排序，重新组织内容）来精心编选阅读材料。

（三）实施。包括课程资源、教与学的方式、实施策略等。其中课程资源的选择要体现立德树人总要求，符合学生的年龄特征和数学教学的逻辑体系。教与学的方式要与目标匹配，实施策略要丰富多样，力求将所学知识条件化、情境化与结构化，寻求指向学科素养的学习方式。

（四）评价。包括过程评价、成果评价和总评，一般不做纸笔测试。过程评价以平时的课堂表现、活动表现和作业表现等为依据，成果评价以活动成果或作品为依据，各占总评分的50%。评价结果的呈现共分三个等级：优秀（90分及以上）、良好（75~89分）、一般（74分及以下）。评价分为自我评价、同伴评价、教师评价、家长评价等。

二、教学方案

教学方案指与课程纲要配套的课程教学方案。在课程方案、课程标准、课程纲要和教学方案这一系列的环节中，教学方案是末端环节，是具体的"操作手册"，是落实"一致性"要求的最终环节，参见图5-3-1。

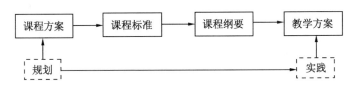

图 5-3-1　课程实施流程图

教学方案的主要结构由"基本信息、教学分析、活动设计"三部分组成。

（一）"基本信息"主要说明本课的主题（课题），所属的单元及课时安排信息，也可包括设计者单位、姓名等信息。

（二）"教学分析"主要说明三个问题：背景分析、教学目标和评价设计。"背景分析"可以围绕课程标准、教材和学生等几方面进行。首先《义务教育数学课程标准（2022年版）》确立核心素养导向的课程目标，设计体现结构化特征的课程内容，在教学方案的设计中要体现上述理念，并摘录相应的要求。其次通过教材和教学资源分析，分析前后知识之间的联系，明确本课时在该单元与课程中的地位和作用。最后通过学情分析，判断学生的已知、未知和须知，从而确定教学重点和难点。"教学目标"应和"教学分析"相呼应，体现学科素养和关键能力。"评价设计"是教学方案中特设的栏目，旨在强调内容、方法与目标的一致性。倡导课程和教案的设计者进行逆向设计，即根据课程标准，结合教材和学情等要素确定目标之后，先设计评价任务，再设计教学活动，将评价贯穿于教学活动的每个环节。评价设计须指向具体的某项目标，有可操作性的评判标准，评价方式多样，贴近学生的学习表现。

（三）"活动设计"是教学方案的主体部分，可以分为若干环节，每个环节由教学活动（或分开为教师活动和学生活动两部分）和对应的评价要点组成。教学环节一般以不同的学习活动进行编排。活动的编排要合理，体现数学阅读的特征，符合知识逻辑顺序，聚焦学习目标的达成。

第四节　数学阅读微课程纲要实施案例

课程纲要是课程方案、课程理念和具体的课程实施之间的桥梁，起着承上启下的重要作用。课程纲要的编写，可以学期为单位，也可以学年为单位，根据课程设计者的安排，可自由选择。因为课程的框架建立之后，教师既是课程的实施者，也是课程的开发者。教师可以根据教材编排体系、学生年龄特征、班级实际情况、现有资源基础等综合制定课程纲要，策划课程实施。以下提供以年级为单位制定的若干课程纲要，仅作为案例，供读者参考。

一年级数学阅读微课程纲要

【课程名片】

课程名称：数学阅读（一年级）

课程类型：活动课程

教学材料：数学教材、补充阅读材料、自编阅读材料

适用年级：一年级

课时安排：12 课时（上学期 6 课时+下学期 6 课时）

设计者：一年级课题组

【课程简介】

数学阅读，开启数学学习之旅。本课程是数学阅读微课程系列中的第一个课程，是在一年级学生中开展数学阅读的启蒙课程。通过本课程的学习，引导儿童发现生活中的数学，培养数感，了解数学阅读，激发其对数学学习的兴趣，初步感悟用数学的眼光观察现实世界。

【背景分析】

本课程设计基于苏教版数学一年级（上册）和苏教版数学一年级（下册），其中苏教版数学一年级（上册）教材共有十一个单元，其中新授单元有："数一数""比一比""分一分""认位置""认识 10 以内的数""认识图形（一）""分与合""10 以内的加法和减法""认识 11~20 的数""20 以内的进位加法"。大多数学生在入学前，已具备一定的生活经验，对上述知识有初步的感知。苏教版数学一年级（下册）教材共有七个单元，其中新授单元有："20 以内的退位减法""认识图形（二）""认识 100 以内的数""100 以内的加法和减法（一）（二）""元角分"。

数学阅读，对于刚入学的一年级儿童来说，是陌生的概念，对于一年级学生的家长来说，也是一个较为生疏的名词。因此，需要引导儿童从小培养数学阅读的习惯，在家庭中营造数学阅读的氛围。一年级学生缺乏阅读的方法与经验，接触的只是生活中的一些常见数学问题，可以说他们对数学阅读是感兴趣的，但是因为年龄的原因，阅读能力并不高，阅读的习惯还没有形成，也没有掌握科学的阅读方法，只是凭兴趣而读，所以应当着力帮助他们掌握一些数学阅读方法，努力养成良好的阅读习惯。

【目标】

1. 学生能在教师的指导下阅读一些简单的数学读物和材料，培养数学阅读兴趣，掌握简单的数学阅读方法。

2. 学生通过数学阅读，初步了解数学语言，培养口头表达能力和数学思维能力。

3. 学生通过数学阅读，初步了解数学与生活的紧密联系，初步感悟用数学的眼光观察现实世界。

【内容】

一年级数学微课程内容见表 5-4-1。

表 5-4-1　一年级数学阅读微课程内容

单元	课程内容	课时	时间	活动安排
上学期（合计 6 课时）				
课堂融合单元	主题：比赛中的名次	1	第 4 周	制作手工奖牌
知识拓展单元	主题：数字手势	1	第 7 周	我用手势比个数
主题阅读单元	主题：有趣的数学儿歌	1	第 10～12 周	课外阅读：数学儿歌
	分享：数学儿歌大比拼	1		
阅读活动单元	主题：生活处处有数学	1	第 15～16 周	创作数学书签
	分享：创意数学书签展	1		
下学期（合计 6 课时）				
课堂融合单元	主题："找联系"——数学阅读指导	1	第 4 周	课内阅读
知识拓展单元	主题：古今中外的钱币	1	第 7 周	课外阅读
主题阅读单元	主题：数学家小时候的故事	1	第 10～12 周	课外阅读：数学家的故事
	分享：数学家小时候的故事	1		
阅读活动单元	主题：游乐园中的数学	1	第 15～16 周	创作数学画报
	分享：数学画报展	1		

【实施】

1. 根据课程内容，选择适合一年级学生年龄特征的数学阅读材料。主要资源有数学教材、数学课外读物、网上有关素材等。

2. 本课程以主题学习结合实践活动的方式来实施。主题学习以课内为主，教师提出要求和任务。实践活动课内和课外相结合，以课外为主。

3. 课堂融合单元和知识拓展单元以教材知识的延伸补充为主，主题阅读以课外阅读和成果分享为主，阅读活动单元则以体现综合实践能力为主。

【评价】

1. 评价原则：激励性、过程性、发展性、多元性。发挥评价的积极导向作用，让学生在阅读中学习，在评价中成长。

2. 评价方式：自我评价、同伴评价、教师评价。评价主体的多元化，让学生感受来自不同角度的评价结果。

3. 评价内容：课堂表现、活动参与、阅读习惯、阅读积累、成果作品。

4. 评价量表：

一年级数学阅读微课程评价量表见表 5-4-2。

表 5-4-2　一年级数学阅读微课程评价量表

评价维度	评价指标	评价等级	评价主体		
			自评	互评	师评
课堂表现	① 认真参与课程学习。 ② 积极参与课程讨论。 ③ 按时完成课程作业。	每项满分为 20 分。按照学生综合表现评定等级，共分为三级： A 级：16~20 分； B 级：11~15 分； C 级：0~10 分。			
活动参与	① 能积极参与小组活动。 ② 能独立思考，有个人的见解。 ③ 能与同伴合作交流。				
阅读习惯	① 有阅读的兴趣。 ② 能坚持阅读。				
阅读积累	① 能完成一定量的数学阅读任务。 ② 能与同伴交流数学阅读的感受。				
成果作品	① 独立完成，有个性化的表达。 ② 内容健康，主题突出，设计新颖，图文并茂。 ③ 乐于与同学分享创作经验和感受。				
分数合计					
等级评定					

二年级数学阅读微课程纲要

【课程名片】

课程名称：数学阅读（二年级）

课程类型：活动课程

教学材料：数学教材、补充阅读材料、自编阅读材料

适用年级：二年级

课时安排：12 课时（上学期 6 课时+下学期 6 课时）

设计者：二年级课题组

【课程简介】

本课程是数学阅读微课程系列中的第二个课程。课程设计基于苏教版教材知识体系和学生的年龄特征，以阅读主题和实践活动相结合方式，适当指导学生数学阅读。通过本课程的学习，有利于激发学生数学阅读兴趣，拓展学生数学思维，培养学生良好的阅读习惯，培养学生核心素养。

【背景分析】

本课程设计基于苏教版数学二年级（上册）和苏教版数学二年级（下册），其中苏教版数学二年级（上册）教材主要内容有"100 以内的加法和减法（二）""平行四边形的初步认识""表内乘法和表内除法""厘米和米""观察物体"等单元。苏教版数学二年级（下册）教材主要内容有："有余数的除法""时分秒""认识方向""认识万以内的数""分米和毫米""两、三位数的加法和减法""角的初步认识""数据的收集和整理（一）"等单元。

学生经过一年级的学习，已经对数学的结构和学习方式有了初步的了解。在此基础上，进一步引导学生开展数学阅读活动，有着非常重要的意义。首先学生有了一定的字词积累，具备了自主阅读的基本条件。其次学生已经适应学校的学习生活，开始对学习产生兴趣。在实践中我们发现，二年级的学生普遍对外部世界有浓厚的兴趣，非常喜爱看书。如果这时我们给予学生正确的引导，将会很好地激发学生数学阅读的兴趣。实践中我们也发现，适合低幼儿童阅读的数学材料非常有限，需要教师搜集和整理，进行适当的改编，才能适合学生阅读。因此教师自主开发的数学阅读课程，对学生开展数学阅读活动来说，是一件非常有价值的事。

【目标】

1. 通过数学阅读，激发学生数学阅读的兴趣，培养良好的数学阅读习惯，拓宽数学视野，全面提高数学综合素养。

2. 通过数学阅读，提高学生的数学阅读能力，初步感受数学语言的魅力，了解数学语言独特的表达方式，激发他们的数学思维，培养核心素养。

3. 通过数学阅读，让学生了解生活，了解世界，为可持续发展奠定基础。

【内容】

二年级数学微课程内容见表5-4-3。

表5-4-3　二年级数学阅读微课程内容

单元	课程内容	课时	时间	活动安排
上学期（合计6课时）				
课堂融合单元	主题："圈一圈"——数学阅读指导	1	第4周	课外阅读
知识拓展单元	主题：你了解身体尺吗？	1	第7周	课外阅读
主题阅读单元	主题：中国古代数学——七巧板	1	第10~12周	数学创意画
	分享：七巧板创意画	1		
阅读活动单元	主题：中国古代数学——九九乘法表	1	第14~15周	课外阅读数学小报
	分享：我的"九九乘法表"小报	1		
下学期（合计6课时）				
课堂融合单元	主题：时间在哪里？	1	第4周	制作钟面模型
知识拓展单元	主题：中国古代数学——神奇的"算盘"	1	第7周	课外阅读
主题阅读单元	主题：古人是如何计数的？	1	第10~12周	课外阅读
	分享：猜猜古人的计数法	1		
阅读活动单元	主题：数学连环画	1	第14~15周	创作数学连环画
	分享："数学连环画"展评	1		

【实施】

1. 精心选择适合低年级学生的数学阅读材料，阅读材料要坚持立德树人方向，注重弘扬中华传统优秀数学文化，同时体现生活化和趣味化。

2. 引导学生自主开展课外数学阅读活动，挑选数学报纸杂志上的优秀文章，读一读，说一说，培养数感。

3. 结合阅读主题，开展丰富的数学实践活动。通过各种活动，充分激发学生的学习兴趣和学习积极性，以及好胜心，体现"让学生在活动中成长"的理念。

【评价】

1. 评价原则：激励性、过程性、发展性、多元性。发挥评价的积极导向作用，让学生在阅读中学习，在评价中成长。

2. 评价方式：自我评价、同伴评价、教师评价。评价主体的多元化，让学生感受来自不同角度的评价结果。

3. 评价内容：课堂表现、活动参与、阅读习惯、阅读积累、成果作品。

4. 评价量表：

二年级数学阅读微课程评价量表见表5-4-4。

表5-4-4　二年级数学阅读微课程评价量表

评价维度	评价指标	评价等级	评价主体		
			自评	互评	师评
课堂表现	① 认真参与课程学习。 ② 积极参与课程讨论。 ③ 按时完成课程作业。	每项满分为20分。按照学生综合表现评定等级，共分为三级： A级：16~20分； B级：11~15分； C级：0~10分。			
活动参与	① 能积极参与小组活动。 ② 能独立思考，有个人的见解。 ③ 能与同伴合作交流。				
阅读习惯	① 有阅读的兴趣。 ② 能根据前后句，理解阅读内容。 ③ 能每天坚持阅读。				
阅读积累	① 能完成一定量的数学阅读任务。 ② 能在教师指导下，说说阅读的体会。 ③ 能与同伴交流数学阅读的感受。				
成果作品	① 独立完成，有个性化的表达。 ② 内容健康，主题突出，设计新颖，图文并茂。 ③ 乐于与同学分享创作经验和感受。				
分数合计					
等级评定					

三年级数学阅读微课程纲要

【课程名片】

课程名称：数学阅读（三年级）

课程类型：活动课程

教学材料：数学教材、补充阅读材料、自编阅读材料

适用年级：三年级

课时安排：14 课时（上学期 7 课时+下学期 7 课时）

设计者：三年级课题组

【课程简介】

数学阅读，开启智慧之旅。本课程以数学阅读为主体，课内与课外相结合，课内以阅读方法指导和知识延伸为主要内容，课外以兴趣阅读与知识拓展为主要内容。根据学生年龄特征，课程分为若干单元，每个单元安排相应的主题阅读任务和实践活动。为学生量身打造的数学阅读课程，旨在激发学生数学阅读的积极性，培养学生数学学习的兴趣，发展学生数学核心素养。

【背景分析】

本课程设计基于苏教版数学三年级（上册）和苏教版数学三年级（下册），其中苏教版数学三年级（上册）教材主要内容有："两、三位数乘一位数""千克和克""长方形和正方形""两、三位数除以一位数""解决问题的策略（从条件想起）""平移、旋转和轴对称""分数的初步认识（一）"等单元。苏教版数学三年级（下册）教材主要内容有："两位数乘两位数""千米和吨""解决问题的策略（从问题想起）""混合运算""年月日""长方形和正方形""分数的初步认识（二）""数据的收集和整理（二）"等单元。

相较于第一学段，这一阶段数学学习的内容更丰富。增加了数学方法的学习，如解决问题的策略；数系也扩展了，开始初步认识分数和小数；计算的方法也开始复杂，数学也变得更有趣。阅读作为搜集处理信息、认识世界、发展思维和获得审美体验的重要方式，在数学学习中作为基础的价值越来越得到体现。教师引导学生阅读教材，阅读数学课外读物等，及时地指导他们阅读方法，帮助他们形成良好的阅读习惯，既能满足学生的求知欲，又能很好地培养学生的阅读能力，从而有效地培养学生的核心素养。

【目标】

1. 通过阅读数学教材和课外阅读材料，帮助学生积累数学语言，体验数学表达，感悟数学魅力。

2. 通过数学阅读，激发学生学习数学的兴趣，培养数学能力，积累数学阅读经验，初步掌握阅读方法。

3. 通过阅读一定量的数学科普读物，增加学生的阅读量，拓展学生数学视野，训练学生数学思维，培养学生核心素养。

【内容】

三年级数学阅读微课程内容见表 5-4-5。

表 5-4-5　三年级数学阅读微课程内容

单元	课程内容	课时	时间	活动安排
上学期（合计 7 课时）				
课堂融合单元	主题：标注——数学阅读指导	1	第 4 周	课内阅读
知识拓展单元	主题：合理膳食	1	第 6 周	制作一日营养食谱
	主题：分数的产生	1	第 8 周	古今对照写分数
主题阅读单元	主题：整本书数学阅读导读课	1	第 10～12 周	课外阅读
	主题：整本书数学阅读分享课	1		
阅读活动单元	主题：中国古代数学——度量衡的故事	1	第 14～16 周	故事分享
	分享：你所不知道的度量衡趣事	1		
下学期（合计 7 课时）				
课堂融合单元	主题：综合法——数学阅读指导	1	第 4 周	课内阅读
知识拓展单元	主题：小数的产生	1	第 8 周	课内外阅读
主题阅读单元	主题：曹冲称象的故事	1	第 10～12 周	课外阅读故事会
	分享：趣味数学故事会	1		
阅读活动单元	主题：年、月、日的秘密	1	第 14～16 周	制作手抄报
	分享：时间简史	1		
	分享："年、月、日"数学手抄报展评	1		

【实施】

1. 借鉴其他学科的阅读方法，指导学生进行数学阅读，特别是对数学材料精读的指导。同时根据数学阅读的特点，进行针对性指导，提高学生的审题能力。

2. 本课程涉及数学知识较多，如度量衡的来历，时间单位的由来，分数和小数的由来等。除教材以外，应选择合适的课外阅读材料来丰富阅读内容，让学生不仅知其然，还知其所以然，接受数学史的熏陶，感受中国古代悠久灿烂的数学文化。

3. 教学方式以教师引导、学生自主学习为主。尤其是课外阅读和实践活动，注重发挥学生学习的积极主动性和自主能动性，鼓励完成阅读活动和任务。

【评价】

1. 评价原则：激励性、过程性、发展性、多元性。发挥评价的积极作用，让学生在阅读中学习，在评价中成长。

2. 评价方式：自我评价、同伴评价、教师评价。评价主体的多元化，让学生感受来自不同角度的评价结果。

3. 评价内容：课堂表现、活动参与、阅读习惯、阅读积累、成果作品。

4. 评价量表：

三年级数学阅读微课程评价量表见表 5-4-6。

表 5-4-6　三年级数学阅读微课程评价量表

评价维度	评价指标	评价等级	评价主体		
			自评	互评	师评
课堂表现	① 认真参与课程学习。 ② 积极参与课程讨论。 ③ 按时完成课程作业。	每项满分为 20 分。 按照学生综合表现评定等级，共分为三级： A 级：16~20 分； B 级：11~15 分； C 级：0~10 分。			
活动参与	① 能积极参与小组活动。 ② 能独立思考，有独创性的见解。 ③ 能与同伴合作交流。				
阅读习惯	① 有阅读的兴趣。 ② 掌握基本的阅读方法。 ③ 能每天坚持阅读。				
阅读积累	① 能完成一定量的数学阅读任务。 ② 能在教师指导下，简单记录阅读的体会。 ③ 能与同伴交流数学阅读的感受。				
成果作品	① 独立完成，个性化的表达。 ② 内容健康，主题突出，设计新颖，图文并茂。 ③ 乐于与同学分享创作经验和感受。				
分数合计					
等级评定					

四年级数学阅读微课程纲要

【课程名片】

课程名称：数学阅读（四年级）

课程类型：活动课程

教学材料：数学教材、补充阅读材料、自编阅读材料

适用年级：四年级

课时安排：14 课时（上学期 7 课时+下学期 7 课时）

设计者：四年级课题组

【课程简介】

数学阅读课程是以数学阅读为主题的拓展课程，包含课内、课外和实践活动等不同形式的课程内容。通过本课程的学习，提高学生的数学阅读水平，培养数学阅读能力，充分体会数学的应用价值。通过相应数学阅读活动的体验，激发学生学习数学的兴趣，促进学生数学思维的发展，培养学生核心素养。

【背景分析】

本课程设计基于苏教版数学四年级（上册）和苏教版数学四年级（下册），其中苏教版数学四年级（上册）教材主要内容有："升和毫升""两、三位数除以两位数""观察物体""统计表和条形统计图（一）""解决问题的策略（列表）""可能性""整数四则混合运算""垂线与平行线"等单元。苏教版数学四年级（下册）教材主要内容有："平移、旋转和轴对称""认识多位数""三位数乘两位数""用计算器计算""解决问题的策略（画图）""运算律""三角形平行四边形和梯形""确定位置"等单元。

调查发现，部分学生在平时的数学阅读中感到困难，主要表现在对题意理解不当、语言表述紊乱及语言间的转换困难上。说明这部分学生的数学阅读能力较差。他们关于数学方面的阅读材料非常有限，而且他们对阅读材料的理解也不够深刻，这也说明学生理解数学语言和符号的能力并不强，阅读能力较薄弱。部分学生还缺少良好的阅读习惯，遇到数学问题时，很难通过自己的研究来解决问题。部分学生进行数学阅读的态度比较被动，缺少自觉阅读数学课本的动力。无论是理解阅读内容、掌握阅读方法，还是选择合适的阅读材料，他们都需要老师给予指导和帮助。

【目标】

1. 通过数学阅读活动，激发学生数学阅读的兴趣，在数学阅读的过程中爱上数学学习。

2. 通过数学阅读，培养学生读思结合的阅读习惯，尝试用数学的眼光和思维观察生活。

3. 通过阅读拓展学生的数学视野，帮助学生了解数学史，了解数学与生活的密切联系。

【内容】

四年级数学阅读微课程内容见表5-4-7。

表 5-4-7　四年级数学阅读微课程内容

单元	课程内容	课时	时间	活动安排
上学期（合计7课时）				
课堂融合单元	主题：批注（1）——数学阅读指导	1	第4周	课内阅读
知识拓展单元	主题：动物也是数学家	1	第6周	制作主题卡片
	分享：自然界中的数学家	1	第8周	
主题阅读单元	数学阅读导读课（整本书阅读）	1	第10~12周	课外阅读
	数学阅读分享课	1		
阅读活动单元	主题：数学日记	1	第14~16周	数学循环日记（一周）
	分享：数学循环日记"我的一周生活"	1		
下学期（合计7课时）				
课堂融合单元	主题：批注（2）——数学阅读指导	1	第4周	课内阅读
知识拓展单元	主题：绘本阅读（统计图）	1	第8周	绘本阅读
主题阅读单元	数学阅读导读课（整本书阅读）	1	第10~12周	课外阅读
	数学阅读分享课	1		
阅读活动单元	主题：自然界也是图案大师	1	第14~16周	图案作品设计
	主题：小小设计师	1		
	分享：设计作品展览	1		

【实施】

1. 精心选择优秀的数学课外读物给学生阅读，激发学生的数学阅读兴趣。

2. 结合具体的数学阅读材料，教给学生具体的数学阅读方法，提高学生的自主阅读能力。

3. 引导学生读思结合，边读边思考，在阅读中训练学生的数学思维，促进学生智慧生长。

4. 开展丰富多彩的数学阅读活动，让学生在活动中引发阅读兴趣，在活动中得到锻炼。

【评价】

1. 评价原则：激励性、过程性、发展性、多元性。发挥评价的积极导向作用，让学生在阅读中学习，在评价中成长。

2. 评价方式：自我评价、同伴评价、教师评价。评价主体的多元化，让学生感受来自不同角度的评价结果。

3. 评价内容：课堂表现、活动参与、阅读习惯、阅读积累、成果作品。

4. 评价量表：

四年级数学阅读微课程评价量表见表 5-4-8。

表 5-4-8 四年级数学阅读微课程评价量表

评价维度	评价指标	评价等级	评价主体		
			自评	互评	师评
课堂表现	① 认真参与课程学习。 ② 积极参与课程讨论。 ③ 按时完成课程作业。	每项满分为 20 分。按照学生综合表现评定等级，共分为三级： A 级：16~20 分； B 级：11~15 分； C 级：0~10 分。			
活动参与	① 能积极参与小组活动。 ② 能独立思考，有独创性的见解。 ③ 能与同伴合作交流。				
阅读习惯	① 有阅读的兴趣。 ② 掌握基本的阅读方法。 ③ 能每天坚持阅读。				
阅读积累	① 能完成一定量的数学阅读任务。 ② 能在教师指导下，简单记录阅读的体会。 ③ 能与同伴交流数学阅读的感受。				
成果作品	① 独立完成，有个性化的表达。 ② 内容健康，主题突出，设计新颖，图文并茂。 ③ 乐于与同学分享创作经验和感受。				
分数合计					
等级评定					

五年级数学阅读微课程纲要

【课程名片】

课程名称：数学阅读（五年级）

课程类型：活动课程

教学材料：数学教材、课外阅读材料、自编阅读材料

适用年级：五年级

课时安排：16课时（上学期8课时+下学期8课时）

设计者：五年级课题组

【课程简介】

数学阅读，开卷有益。本课程由课堂融合单元、知识拓展单元、跨学科主题阅读单元和阅读活动单元组成。与一年级至四年级数学阅读系列课程相比，五年级将"主题阅读"升级为"跨学科主题阅读"。《义务教育数学课程标准（2022年版）》指出：注重数学知识与方法的层次性和多样性，适当考虑跨学科主题学习。① 同时，随着学生年龄的增长，他们的阅读能力不断提高，具备了初步的跨学科主题阅读的能力。跨学科主题阅读，为学生打开全新的阅读视野，适应学生的发展需求。

【背景分析】

本课程设计基于苏教版数学五年级（上册）和苏教版数学五年级（下册），其中苏教版数学五年级（上册）教材主要内容有"负数的初步认识""多边形的面积""小数的意义和性质""小数加法和减法""小数乘法和除法""统计表和条形统计图""解决问题的策略（列举）""用字母表示数"等单元。苏教版数学五年级（下册）教材主要内容有"简易方程""折线统计图""因数与倍数""分数的意义和性质""分数加法和减法""圆""解决问题的策略（转化）"等单元。五年级的教学内容进一步拓展了数系领域，引入如"负数""因数与倍数""分数、小数的意义和性质"等内容，引导学生对数的认识不断走向深入，难度也进一步加深。

五年级的学生，通过日常的学习积累，已具备了一定的自主阅读能力，对数学语言有了初步的感受，可以从一篇文章的阅读，慢慢过渡到整本书的阅读。五年级的学生可通过读思结合、批注阅读等方式，进行较为深入的阅读。

【目标】

1. 引导学生关注数学阅读，学会数学阅读的基本方法，提高读题审题和解决实际问题的能力。

2. 通过数学阅读，学生了解更多数学知识，感受中华民族悠久灿烂的数学文化，增加民族自豪感。

---

① 中华人民共和国教育部. 义务教育数学课程标准（2022年版）[S]. 北京：北京师范大学出版社，2022：3.

3. 通过自主阅读活动，拓宽学生数学视野，培养学习兴趣，在阅读中不断提高数学思维能力，发展核心素养。

【内容】

五年级数学阅读微课程内容见表5-4-9。

表5-4-9　五年级数学阅读微课程内容

单元	课程内容	课时	时间	活动安排
上学期（合计8课时）				
知识拓展单元	主题：负数的产生	1	第4周	画图表示正负数
	主题：《小数点大闹整数王国》	1	第6周	童话阅读
课堂融合单元	主题：循环小数	1	第8周	课内阅读
跨学科主题阅读单元	主题：成语中的数学	1	第10~13周	课外阅读
	主题：诗词中的数学	1		
	分享：古典与数学	1		
阅读活动单元	主题：中国古代数学——土地面积	1	第15~16周	制作校园平面图
	分享：校园平面图	1		
下学期（合计8课时）				
课堂融合单元	主题：完美数	1	第4周	课内阅读
知识拓展单元	主题：陈景润和哥德巴赫猜想	1	第6周	课内阅读
	主题：祖冲之和圆周率	1	第8周	课内阅读
跨学科主题阅读单元	主题：医学中的数学	1	第10~13周	课外阅读
	主题：小心，病毒来了	1		
	分享：健康知识知多少	1		
阅读活动单元	主题：数学小论文	1	第15~16周	数学小论文创作
	分享：读读我的数学小论文	1		

【实施】

1. 课程阅读资源以教材为主线，补充课外读物和自编自改的阅读材料。

2. 在课程实施中，要注意激发学生阅读兴趣，提供的阅读材料要符合学生的年龄特征，同时鼓励学生围绕课程主题，阅读相关纸质或电子材料。

3. 倡导多元阅读。学生的阅读方法和理解能力不尽相同，同一本书也存在多个内涵，通过多元阅读，让学生交流阅读收获和阅读感受，体会阅读的乐趣，懂得分享。

4. 阅读中注意发展学生思维。数学阅读不同于文学阅读之处，在于数学阅读是读思结合，通过数学阅读，学习书本以外的知识，让数学思维走向深入。

【评价】

1. 评价原则：激励性、过程性、发展性、多元性。发挥评价的积极导向作用，让学生在阅读中学习，在评价中成长。

2. 评价方式：自我评价、同伴评价、教师评价。评价主体的多元化，让学生感受来自不同角度的评价结果。

3. 评价内容：课堂表现、活动参与、阅读习惯、阅读积累、成果作品。

4. 评价量表：

五年级数学阅读微课程评价量表见表 5-4-10。

表 5-4-10　五年级数学阅读微课程评价量表

评价维度	评价指标	评价等级	评价主体		
			自评	互评	师评
课堂表现	① 认真参与课程学习。 ② 积极参与课程讨论。 ③ 按时完成课程作业。	每项满分为20分。按照学生综合表现评定等级，共分为三级： A级：16~20分； B级：11~15分； C级：0~10分。			
活动参与	① 能积极参与小组活动。 ② 能独立思考，有独立见解。 ③ 能与同伴合作交流。				
阅读习惯	① 有阅读的兴趣。 ② 掌握基本的阅读方法。 ③ 能每天坚持阅读。				
阅读积累	① 能完成一定量的阅读任务。 ② 能在教师指导下，简单记录阅读的体会。 ③ 能与同伴交流数学阅读的感受。				
成果作品	① 独立完成，个性化的表达。 ② 内容健康，主题突出，设计新颖，图文并茂。 ③ 乐于与同学分享创作经验和感受。				
分数合计					
等级评定					

六年级数学阅读微课程纲要

【课程名片】

课程名称：数学阅读（六年级）

课程类型：活动课程

教学材料：数学教材、课外阅读材料、自编阅读材料

适用年级：六年级

课时安排：16课时（上学期8课时+下学期8课时）

设计者：六年级课题组

【课程简介】

本课程由课堂融合单元、知识拓展单元、跨学科主题阅读单元和阅读活动单元四部分组成。课堂融合单元以结合课堂教学内容进行阅读方法指导为主；知识拓展单元以数学知识的延伸和拓展为主；跨学科主题阅读以"数学+"的形式，围绕阅读主题开展课外阅读活动为主；阅读活动单元则是以数学阅读和实践活动相结合，学以致用为主。

【背景分析】

本课程设计基于苏教版数学六年级（上册）和苏教版数学六年级（下册），其中苏教版数学六年级（上册）教材主要内容有"长方体和正方体""分数乘法""分数除法""解决问题的策略（假设）""分数四则混合运算""百分数"等单元。苏教版数学六年级（下册）教材主要内容有"扇形统计图""圆柱和圆锥""解决问题的策略""比例"、"确定位置""正比例和反比例""总复习"等单元。

学生进入六年级，知识储备量、阅读能力、语言表达能力及思维发展水平等都有了新的提高，简单的描述性阅读材料已经不能满足学生的阅读需求，有一定思维含量的阅读材料更适合他们。同时，学生已具备一定的独立学习的能力，通过阅读与生活紧密联系的数学材料，能进一步激发思维，感受数学与生活的联系。阅读只是一种手段，其目的是通过阅读促进学生思维的发展，使学生能够在阅读的过程中以数学的眼光透过文字找到背后的数学思想，提升学生的数学素养。

【目标】

1. 通过数学阅读，帮助学生学到书本外的知识，增加学生知识储备，积累数学知识。

2. 通过学生积极的数学阅读活动，激发学生学习数学的兴趣，促进学生

思维的发展，增进学生对数学的理解。

3. 通过数学阅读及相关的实践活动，培养学生独立思考、乐于交流、大胆质疑的学习品质。

4. 引导学生进一步感受数学与生活的联系，了解古今中外数学发展的历程，感受数学文化。

【内容】

六年级数学阅读微课程内容见表 5-4-11。

表 5-4-11 六年级数学阅读微课程内容

单元	课程内容	课时	时间	活动安排
上学期（合计 8 课时）				
课堂融合单元	主题：我的数学阅读妙招	1	第 4 周	阅读交流
知识拓展单元	主题：你能读懂包装说明书吗	1	第 6 周	微型报告会
	主题：你能读懂百分数背后的故事吗	1	第 8 周	微型报告会
跨学科主题阅读单元	主题：黄金比	1	第 10~13 周	课外阅读
	主题：建筑中的黄金比	1		
	分享：生活中的黄金比	1		
阅读活动单元	主题：统计和生活	1	第 15~16 周	制作统计图
	分享：我的创意统计图	1		
下学期（合计 8 课时）				
课堂融合单元	主题：怎样计算不规则物体的体积	1	第 4 周	实验报告
知识拓展单元	主题：鸡兔同笼	1	第 6 周	课内阅读
	分享：中国古代数学名题	1	第 8 周	课外阅读
跨学科主题阅读单元	主题：节约用水	1	第 10~13 周	创作数学环保倡议书
	主题：变废为宝	1		
	分享：以小见大——我的环保倡议书	1		
阅读活动单元	主题：数学思维导图	1	第 15~16 周	创意思维导图
	分享：我的创意思维导图	1		

【实施】

1. 关于阅读资源的选择，应以教材知识内容的编排逻辑为主线，推荐课外读物和自编自改的阅读材料。提供的阅读材料要符合学生的年龄特征。教师要鼓励学生根据自己的兴趣，阅读相关纸质或电子材料。

2. 数学阅读是一个学习渠道，在阅读中多让学生交流阅读收获和阅读感受，体会阅读的乐趣，享受阅读的快乐。

3. 在阅读中发展学生思维，激发学生对数学原理的探索，探寻事物背后的数学规律和本质。

【评价】

1. 评价原则：激励性、过程性、发展性、多元性。发挥评价的积极导向作用，让学生在阅读中学习，在评价中成长。

2. 评价方式：自我评价、同伴评价、教师评价。评价主体的多元化，让学生感受来自不同角度的评价结果。

3. 评价内容：课堂表现、活动参与、阅读习惯、阅读积累、成果作品。

4. 评价量表：

六年级数学阅读微课程评价量表见 5-4-12。

表 5-4-12　六年级数学阅读微课程评价量表

评价维度	评价指标	评价等级	评价主体		
			自评	互评	师评
课堂表现	① 认真参与课程学习。 ② 积极参与课程讨论。 ③ 按时完成课程作业。	每项满分为 20 分。按照学生综合表现评定等级，共分为三级： A 级：16~20 分； B 级：11~15 分； C 级：0~10 分。			
活动参与	① 能积极参与小组活动。 ② 能独立思考，有独创性的见解。 ③ 能与同伴合作交流。				
阅读习惯	① 有阅读的兴趣。 ② 掌握基本的阅读方法。 ③ 能每天坚持阅读。				
阅读积累	① 能完成一定量的数学阅读任务。 ② 能在教师指导下，简单记录阅读的体会。 ③ 能与同伴交流数学阅读的感受。				
成果作品	① 独立完成，有个性化的表达。 ② 内容健康，主题突出，设计新颖，图文并茂。 ③ 乐于与同学分享创作经验和感受。				
分数合计					
等级评定					

第五节　数学阅读微课程学期实施案例

第四节提供了以学年为单位制定的课程纲要。本节以学期为单位，提供三年级下学期完整的课程纲要和 7 个课时的教学方案（简案），供读者从多角度进一步了解本课程在实践中的具体操作。因为教师是课程开发的主体，设计的具体课程内容也不尽相同，所以，我们的阅读微课程才既有共性，又有个性，精彩纷呈。

三年级（下）数学阅读微课程纲要

【课程名片】

课程名称：数学阅读（三年级下）

课程类型：活动课程

教学材料：数学教材、课外阅读材料、自编阅读材料

适用年级：三年级

课时安排：7 课时

设计者：三年级课题组

【课程简介】

数学阅读微课程是在教师具体指导下，学生进行数学阅读，培养阅读习惯，激发阅读兴趣的一门课程。通过课堂上指导阅读方法，教学中拓展阅读内容，布置课外阅读任务和实践活动等渠道，课内外结合推动数学阅读。在阅读中拓展学生数学视野，训练数学思维，发展核心素养。

【背景分析】

苏教版数学三年级（下册）的主要知识点可以分成这样几类：一是计算方面的两位数乘两位数、混合运算；二是数的认识方面的分数的初步认识（二）和小数的初步认识；三是长方形和正方形的面积；四是数据的收集和整理（二）；还有"千米和吨""年、月、日"两个单元。内容既丰富，又贴近学生生活。

本班学生热爱学习，平时喜爱读书，家长也非常支持孩子阅读课外书，家庭具有较浓厚的书香氛围。但是对数学阅读，学生还比较陌生。事实上，数学阅读同语文阅读和英语阅读一样，同样讲究阅读记忆、阅读速度、阅读技巧等，但是由于数学语言的符号化及严谨性、抽象性特点，使得数学阅读比一般的阅读更为复杂。因此，教师需要指导学生掌握数学阅读的科学方法

和策略。同时，推荐适合该学段学生阅读的材料，以提高数学阅读的有效性。

【目标】

1. 通过数学阅读，激发学生数学阅读的兴趣，培养数学阅读的习惯。

2. 引导学生掌握一些简单的数学阅读的方法，提高数学阅读的能力。

3. 通过数学阅读，开阔学生数学视野，感受数学与生活的紧密联系，体验数学的魅力。

【内容】

三年级下学期数学微课程内容见表5-5-1。

表5-5-1　三年级下学期数学微课程内容

单元	课程内容	课时	时间	活动安排
课堂融合单元	主题：批注——数学阅读指导	1	第4周	课内阅读
知识拓展单元	主题：测量工具的演变	1	第6周	画测量工具演变图
	主题：小数的产生和发展	1	第13周	"阅读十分钟"
主题阅读单元	主题：曹冲称象的故事	1	第8~10周	课外阅读故事会
	分享：中国古代数学趣味故事	1		
阅读活动单元	主题：年、月、日的秘密	1	第14~15周	图文介绍"时间简史"
	分享："时间简史"	1		

【实施】

1. 根据课程内容编排，精选合适的补充阅读内容和课外读物，供学生阅读。

2. 教学方法上以教师为主导，学生为主体；课内指导方法和布置阅读任务，课外学生自主阅读。

3. 引导学生边读边思，边读边写，适应思维的快速转化。

4. 阅读结合活动，以活动任务为驱动，提高学生阅读主动性。

【评价】

在评价过程中要求做到"三个结合"，即定量与定性相结合、形成性评价与终结性评价相结合、自评与他评相结合。

学生自评：自评具有自我诊断及实现自我调节的作用，由学生根据自己平时的记录，根据各项指标自行评出分数，并写出定性的描述性评语。自评是评价的基础，有利于参评学生自己发现问题，从而改进自己的阅读方式。

同伴互评：互评具有客观诊断和对自评认定的作用，互评范围一般在小组内进行，根据评价标准，学生对组内每个成员进行客观性评价，全面性评价，全程性评价。在评价中要求学生以鼓励为主，肯定成绩，提出改进意见。

教师评价：教师评价有校正自评与互评的作用，在自评和互评的基础上，教师根据平时所了解的各种记录情况，对学生进行总结性评价。

教学方案 1

【单元类型】

课堂融合单元

【主题】

批注——数学阅读指导

【背景分析】

1. 课标相关要求：能初步体会并表达事物蕴含的简单数量规律。①

2. 阅读资源分析：结合教材，补充和自编数学阅读材料。

3. 学情分析：数学是一种研究性阅读，不是浏览式阅读。教给学生一些基本的阅读技巧，有利于学生快速读通读懂题目，解决问题。

4. 教学重难点：通过圈点勾画，找到解决问题的关键信息。

【教学目标】

1. 通过教师指导，使学生初步掌握"批注"的阅读方法。

2. 通过指导学生阅读，提高学生数学阅读能力，培养学生能主动发现解决问题的关键信息。

【评价设计】

指定一段数学阅读材料，学生在阅读中合理运用"批注"的方法。

评价维度：1. 方法使用。A. 合理运用；B. 部分运用；C. 个别运用。

　　　　　2. 阅读表达。A. 清晰正确；B. 大意正确；C. 部分正确。

【学与教活动设计】

一、找联系

1. 谈话：前面我们学习了用画线和画箭头的方法，来帮助寻找条件和问题之间的联系。你还记得吗？

---

① 中华人民共和国教育部. 义务教育数学课程标准（2022年版）[S]. 北京：北京师范大学出版社，2022：7.

2. 找出有联系的条件，说说可以算出什么，怎样算？

① 3 个班的同学去植树，每班分成 6 组，每组种 8 棵树。

② 一盒钢笔有 10 支，每支 4 元，买 5 盒这样的钢笔。

（评价要点：能运用画线和画箭头的方法，准确找到条件之间的联系。）

二、介绍"批注"

1. 什么是批注？对于小学生数学阅读来说，就是找关键，记录下自己的思路。

2. 介绍常用批注符号。

"○"：圈出关键的词语；

"——"或"～～"：画出重要的条件；

"①"：给条件或问题编号，以便于快速查找。

"？"：有疑问的地方做记号，重点思考。

"△"：着重号，标在关键词下面。

3. 出示一段阅读材料，教师具体指导如何用上述批注符号进行阅读，如何边读边思，读思结合。

4. 学生运用批注符号，自主课外阅读。

（评价要点：了解什么是阅读中的批注；能初步运用批注符号，开展自主阅读。）

教学方案 2

【单元类型】

知识拓展单元

【主题】

测量工具的演变

【背景分析】

1. 课标相关要求：关注数学学科发展前沿与数学文化，继承和弘扬中华优秀传统文化。①

2. 阅读资源分析：教材第 26 页"你知道吗？"和补充阅读材料。

3. 学情分析：学生对测量工具的认识有一定的局限性，了解"身体尺"和古代、近现代的测量工具，有利于学生知识拓展。

---

① 中华人民共和国教育部. 义务教育数学课程标准（2022 年版）[S]. 北京：北京师范大学出版社，2022：2.

4. 教学重难点：根据实际情况灵活选择测量工具。

【教学目标】

1. 通过阅读，使学生认识一些古代测量工具，了解古代人的生活。

2. 感受测量工具的演变给生活带来的变化，体会数学的应用价值。

【评价设计】

1. 知识理解：A. 全面理解；B. 部分理解；C. 个别理解。

2. 作品评价：A. 图文并茂；B. 符合主题；C. 部分正确。

【学与教活动设计】

一、阅读课本"你知道吗?"

1. 交流：现在我们一般用尺来测量物体的长度，用秤来测量物体的质量。你还知道哪些测量工具？它们是如何进行测量的?

2. 测量工具的发展历史又是怎样的呢？请大家阅读课本第 26 页的内容。

（评价要点：了解"身体尺"和古代的测量工具。）

二、拓展阅读

1. 回顾：在三年级上学期，我们认识了生活中各种不同的秤和市制单位（三年级上册教材第 30 页和第 35 页）。

2. 通过刚才的阅读，你认识了哪些测量工具？常见的尺：直尺、卷尺、三角尺、游标卡尺；常见的称重工具：杆秤、台秤、地磅。

3. 补充阅读材料：

①《各种各样的"尺"》（雷达测距、激光测距）。

②《长度测量的历史》（四大文明古国关于测量的介绍）。

（评价要点：通过阅读，了解各种不同的长度和质量测量工具。）

三、测量工具的演变

1. 长度测量工具的演变：用身体的某一部分作"尺"（如步测）→步弓和直尺→卷尺→现代测量工具。

2. 质量测量工具的演变：掂一掂→升和斗→秤。

3. 活动：自选主题，画测量单位演变图。

（评价要点：根据课内外知识，自选主题，制作测量工具演变图。）

教学方案 3

【单元类型】

知识拓展单元

【主题】

小数的产生和发展

【背景分析】

1. 课标相关要求：经历小数的形成过程，初步认识小数。①

2. 阅读资源分析：教材第 89 页"你知道吗？"和补充阅读材料。

3. 学情分析：生活中学生对小数并不陌生，但对小数的产生和发展了解不多。

4. 教学重难点：了解小数从古至今不同的表示方式，并能古今对照，进行小数的读写。

【教学目标】

1. 通过阅读数学材料，使学生了解小数的产生和发展过程。

2. 培养学生阅读兴趣，了解中国古代的数学发展，激发学生的民族自豪感。

【评价设计】

1. 史料阅读。A. 复述大意；B. 读懂读通；C. 了解大意。

2. 童话阅读。A. 读思结合；B. 兴趣浓厚；C. 基本读完。

【学与教活动设计】

一、阅读课本"你知道吗？"

1. 交流：本单元初步认识了小数，你对小数有哪些了解呢？

2. 介绍：早在 1700 多年前，我国古代数学家刘徽提出把个位以下无法标出名称的部分称为微数，也就是今天的小数。古时候的人是如何表示小数的呢？请大家阅读第 89 页"你知道吗？"。

3. 交流：我国古代如何用算筹来表示小数？你会用算筹表示现在的小数吗？

（评价要点：能看懂用算筹表示的小数。）

二、拓展阅读

1. 关于小数的历史和发展，你还知道哪些？例如：第 1 个系统使用小数的外国数学家叫阿尔·卡西，最早使用小圆点来分隔整数部分和小数部分的人名叫克拉维乌斯。

2. 请大家阅读数学材料：《小数的起源与发展》（介绍刘徽、何承天、秦九韶等中国古代数学家的研究成果）。通过阅读，你对小数又有了哪些新

---

① 中华人民共和国教育部. 义务教育数学课程标准（2022 年版）[S]. 北京：北京师范大学出版社，2022：13.

的认识？你认为这几个数学家的主要贡献是什么？

3. 阅读数学童话：

①《聪明的小数点》。

②《都是小数点惹的祸》。

③《小数点大闹整数王国》。

4. 交流阅读收获。

（评价要点：能在阅读的过程中加深对小数的认识和理解。）

教学方案4

【单元类型】

主题阅读单元

【主题】

"曹冲称象"的故事

【背景分析】

1. 课标相关要求：以"曹冲称象"故事为依托，结合现实素材，感受克、千克、吨，以及它们之间的关系，感受等量的等量相等，发展量感和推理意识，积累数学活动经验。①

2. 阅读资源分析："曹冲称象"的故事，补充阅读材料。

3. 学情分析：学生对"曹冲称象"的故事比较熟悉，但是对其中的数学原理并不了解。

4. 教学重难点：感悟"等量的等量相等"的基本原理。

【教学目标】

1. 通过阅读"曹冲称象"的故事，使学生掌握基本的等量代换的方法，能够运用所学知识解决生活中的实际问题。

2. 引导学生在生活中寻找数学知识，形成应用意识，提升数学核心素养。

【评价设计】

能表述"曹冲称象"故事中的数学原理，并结合生活举例。

A. 表达清晰、举例合理；B. 表述大意正确；C. 部分符合要求。

---

① 中华人民共和国教育部. 义务教育数学课程标准（2022年版）[S]. 北京：北京师范大学出版社，2022：47.

【学与教活动设计】

一、阅读"曹冲称象"的故事

1. 谈话：船为什么能在水面航行？（水面有浮力）"曹冲称象"的故事大家听过吗？我们再读一读这个故事。

2. 学生阅读"曹冲称象"的故事。

3. 交流：这个故事主要讲了一件什么事？对你有什么启发？

4. 讨论：从数学的角度思考，这个故事蕴含了什么数学思想？

基本事实：等量的等量相等；其他如化整为零的思想、等量代换的思想、推理思维等。

（评价要点：能理解"曹冲称象"故事中的数学原理和思想。）

二、联系生活

1. 交流：在我们已经学过的数学知识里面，或者我们的现实生活中，有类似"曹冲称象"的现象吗？

2. 举例。

（评价要点：能举例生活中类似的数学现象。）

三、小组活动

1. 使用某些秤（如天平、弹簧秤等）或者已经称重好的物品（如一本书、一袋米）作为称量工具，估一估、称一称，想办法得到教室内一些物品的质量。

2. 交流小组活动成果。

3. 布置下一课时"中国古代数学趣味故事"活动任务。

（评价要点：能利用身边的"秤"，通过测量和推理，得到物品的质量。）

教学方案5

【单元类型】

主题阅读单元

【主题】

中国古代数学趣味故事

【背景分析】

1. 课标相关要求：继承和弘扬中华优秀传统文化，感受数学的价值。

2. 阅读资源分析：纸质读物或网上资源。

3. 学情分析：学生对中国古代数学故事并不熟悉，可读资源也比较少，需要教师课前布置任务，并准备相关材料。

【教学目标】

1. 通过讲故事，引导学生熟悉数学语言，提高数学表达能力。

2. 通过分享，使学生了解中国古代数学文化，学习数学家锲而不舍的钻研精神。

【评价设计】

A. 能用自己的语言表达故事中的数学问题；

B. 能讲述数学小故事；

C. 能读通读懂数学故事，注意倾听。

【学与教活动设计】

一、读故事

1. 谈话：上节课，我们读了"曹冲称象"的故事，研究了其中的数学原理。这节课，我们举行一个小小的故事会，一起分享中国古代数学趣味故事。

2. 分享第一个小故事："韩信分油"。

你能从故事中提炼出数学问题吗？

故事中的韩信是怎么解决这个问题的？对你有什么启发？

3. 分享第二个小故事："田忌赛马"。

故事中的田忌用了什么策略？

对你有什么启发？

4. 分享第三个小故事："苏轼巧对数字趣联"。

对联中有哪些数字？是怎么对的？

你觉得对联和数学中"一一对应"的思想有联系吗？

（评价要点：能提炼出故事中的数学问题。）

二、讲故事

1. 刚才我们共读了三个中国古代趣味数学故事，你还知道哪些故事？是否愿意和大家分享？

① "祖冲之和圆周率"。

② "刘徽和九章算术"。

③ 其他故事……

2. 大家可以继续读一读：《数学小故事：中国古代数学的发展》，进一步了解相关知识。

（评价要点：能流利清楚地表述故事内容。）

三、演故事

以小组为单位选择一个感兴趣的数学故事，排练一出舞台剧。

教学方案6

【单元类型】

阅读活动单元

【主题】

年、月、日的秘密

【背景分析】

1. 课标相关要求：知道年、月、日之间的关系，以及相关的历法知识，了解中国古代是如何通过"土圭之法"确定一年四季的。[①]

2. 阅读资源分析：教材"年、月、日"单元相关的"你知道吗？"内容，补充阅读材料。课前布置学生搜集相关阅读材料。

3. 学情分析：年、月、日涉及的知识点较多，需要帮助学生梳理和系统化，形成知识结构。

4. 教学重难点：引导学生梳理年、月、日的知识体系。

【教学目标】

1. 学生通过阅读材料，进一步了解时间单位的约定和天文历法之间的关系。

2. 感悟数学和其他学科的联系，了解中国古代的历法知识，培养家国情怀。

【评价设计】

A. 能理解阅读内容并用自己的话复述表达；

B. 能读懂读通数学材料；

C. 对阅读数学材料有兴趣，了解大意。

【学与教活动设计】

一、"年、月、日"知多少

1. 谈话：本单元围绕"年、月、日"的数学阅读活动共2节课。课前分组布置了阅读任务，下面请以小组为单位，进行交流和分享。

2. 分组活动：根据课内外搜集的材料，围绕主题，交流"年、月、日"

---

① 中华人民共和国教育部. 义务教育数学课程标准（2022年版）[S]. 北京：北京师范大学出版社，2022：47.

的阅读材料。

A 组：二十四时计时法与钟表的刻度。

B 组：日历中的发现。

C 组：年、月、日之间的联系。

D 组：一年四季的划分。

E 组：二十四节气。

3. 梳理：按时间单位从"早"到"晚"的顺序，沟通各时间单位之间的联系。

（评价要点：能围绕主题搜集阅读材料，表述主要内容。）

二、"土圭之法"判别四季

1. 谈话：古代劳动人民对时间的探索，经历了漫长的过程，体现了无比智慧，比如一年四季的判定，古人是这样做的……

2. 阅读介绍《土圭之法》的材料。你有什么启发？

3. 介绍中国古代的数学著作《周髀算经》。

4. 模拟"立杆测影"活动。

（评价要点：能理解什么是"土圭之法"。）

三、阅读十分钟

阅读材料：《你知道地球上的时区吗》《你知道不一样的"年、月、日"吗》

教学方案 7

【单元类型】

阅读活动单元

【主题】

"时间简史"

【背景分析】

1. 阅读资源分析：关于"年、月、日"的知识各种资源较丰富。

2. 学情分析：对于时间单位的认识，学生具有一定的生活经验和知识储备，但学生所掌握的这些经验和知识普遍零碎化，需要教师将孤立的时间单位通过某种内在逻辑联系起来。

3. 教学重难点：围绕"年、月、日"主题，运用思维导图的方法进行创作。

【教学目标】

1. 通过阅读材料，学生进一步了解"年、月、日"等时间单位的产生和发展过程。

2. 培养学生跨学科阅读的意识，感悟数学与生活的密切联系，知道数学来源于生活，又应用于生活。

【评价设计】

制作一份"时间简史"思维导图，要求：

A. 逻辑分明，图文并茂；

B. 体系正确，条理清楚；

C. 知识点正确，层级间有联系。

【学与教活动设计】

一、学习思维导图

1. 介绍思维导图的基本知识。

2. 给学生观看思维导图作品，说说思维导图和平时我们看到的图，有什么不同的地方。

3. 结合实例继续向学生介绍画思维导图的方法。

（评价要点：了解思维导图的基本结构和层级关系。）

二、实践活动

1. 实践活动：运用画思维导图的方法，画一幅"时间简史"的思维导图。

要求：根据自己的兴趣和能力，小组合作，选择以下主题其中之一完成创作，也可自选主题。

A 主题：我的一日作息时间

B 主题：我的寒假生活

C 主题：我这一年的成长蜕变

D 主题：时间知识的梳理

E 主题：中国古代的历法

F 主题：国外的历法

G 主题："农历"

H 主题：自选

2. 小组讨论，确定主题。

3. 小组分工，构思创作。

4. 汇报交流作品，学生介绍。

5. 布置板报展览。

（评价要点：能围绕主题创作作品。）

第六章

"阅读+" 数学实践活动

第一节　数学阅读漂流活动

人们常说"阅读是一种习惯"。课堂内的数学阅读，主要是培养学生阅读的兴趣，掌握阅读的方法，锻炼阅读的能力。教师要让学生对数学阅读保持较为持久的兴趣，需要进行长程设计。

一、数学阅读漂流活动

开展数学阅读，首要是学生要有可读之物。学生自备的数学读物普遍不多，因此学校和教师要为学生提供优质的阅读资源。我们通过阅读漂流的形式来满足学生日常的数学阅读需求。学校为每个班级配备了一个数学阅读漂流箱，在教师的逐一把关下，集中采购了一批数学阅读读物，部分读物由学生提供。根据学生的年龄特征，将这些图书分装在不同的漂流箱里，供学生阅读。在数学阅读漂流箱的使用上，每个班级安排 2 名管理员，负责图书登记和学生借阅管理。学期初，每名学生都会领到一张专属的"阅读积分卡"，根据阅读量获得不同的积分，学期末可以用积分兑换小奖品。学生每借阅一本书，图书管理员会发给他一张"阅读记录卡"或者"阅读书签"，用来记录自己阅读的感受，读完可以夹在书中，供下一位读者参考。数学阅读漂流箱可以在班级之间流转，让更多的学生阅读到不同的书籍，积累阅读量，分享彼此的阅读心得，获得更丰富的阅读体验。

二、好书推介会

在开展阅读漂流活动的过程中，我们利用晨读、午休和活动课等，组织小型的读书会活动，如"好书推介会""阅读书评会"等，让学生发现好书，有更多机会交流彼此的阅读心得，享受读书的乐趣。"好书推介会"等小型的读书会活动灵活简便，范围可大可小，时间上也比较随意，是一种非常好的阅读推广手段。讲得好的同学，还可以被推荐到集体晨会上进行"好书介绍"。以下是一位同学的好书推介：

C同学：同学们，提起数学，你是否就会想起高深莫测的公式和烦琐的计算步骤呢？其实不然，我给大家推荐一本《交通中的趣味数学》。这是一本数学类科普丛书，情节生动有趣，它可以培养我们的创造性思维。这本书将抽象的、枯燥的数学知识讲得深入浅出，让我们一看就明白，一学就会，让我们解开数学的奥秘，发现数学的乐趣。

这本书里讲了"五花八门的交通工具""四通八达的中国铁路网""汽车知识加油站""交通知识趣谈"，等等。其中"五花八门的交通工具"讲到了自行车里有多种图形，我相信同学们在生活中都见过自行车，但是你仔细观察过自行车吗？它不仅能让人快速前进，节省力气，还能在车筐和后座上放上十几斤甚至上百斤的东西，这就是线条与图形组合产生的不可思议的效果。

不要以为数学只是数字的计算，其实数学包括很多的东西。比如：数学中我们学到很多计量单位如米、千米、克、吨等，但是你知道"节"这个计量单位吗？原来它是为了计算轮船速度的，最初是海员在绳子上打一个又一个节，然后扔进海里，以绳子的长度计算究竟走了多少里程。后来随着科学的进步，人们算出来一节就是 1.825 km/h。是不是很有趣呢？这样的例子还有很多很多。当你读完这本书，你会发现，数学不仅有趣，还与我们的生活息息相关呢！

三、数学阅读主题活动

数学课程不仅要培养学生的数学基本能力，还要注重数学阅读对学生的熏陶。良好的阅读习惯能增强学生对数学学科的好奇心和兴趣，拓展数学知识视野，培养学生"数学家"的眼光，进一步感悟数学思想和掌握数学方法，形成良好的思维方式与思维习惯，体会数学的内在美，感受数学的魅力，有助于培养学生数学核心素养。以此为指导思想，教师每学期可组织一次以数学阅读为主题的"数学阅读节"或"阅读周"活动，集中展示一学期以来的数学阅读成果，交流数学阅读经验。下面是一份开展数学阅读节的简要活动方案：

■ ------------------------------------

"小博士数学阅读节" 活动方案

一、活动目的：

丰富校园文化，凸显数学元素，提高数学阅读的兴趣，增强学生学好数学的信心，让智慧的数学阅读走近学生，在全校掀起爱数学、学数学、用数学的热潮，全面提高学生的数学素养。

二、活动主题：在数学阅读的天空下

三、活动时间：5月19日~6月3日

四、参加对象：全校学生

五、活动内容：

（一）"数学文化墙" 评比

活动要求：

1. 根据各年级主题，以班级为单位搜集内容，创作"数学文化墙"。

各年级创作主题：低年级——数学真有趣

中年级——数学史话

高年级——数学感悟

2. 各班设计的展板应色彩鲜明，标题突出，图文并茂，美观而富有童趣。

3. 展板制作的材料由学校统一提供。

活动时间：5月19日~5月23日

评奖方法：

1. 各班组织学生观看，现场点赞投票。

2. 学校统计后评出最终获奖班级。

（二）数学广播站

活动要求：

1. 班级推选2名学生为广播员，午间由各班轮流主持校园广播站宣传数学文化。

2. 各年级广播主题：低年级——数学童话

中年级——数学故事

高年级——数学传奇

活动时间：5月19日~5月30日

评奖办法：班级投票选出最佳广播员。

（三）"数学创意作品"义卖会

活动目的：

培养学生的数学思维，提升学生的创新能力和动手能力，让学生学会从生活中发现数学。同时，学校将义卖所得的钱款以捐赠的形式帮助社会，培养学生的社会责任感。

活动时间：5月19日~5月30日

活动安排：

1. 5月19日~5月27日：学生自己进行创意制作（如：学具设计、数学明信片、数学贺卡、数学玩具设计等）。

2. 5月28日：班主任回收学生的作品，做好记录。

3. 5月30日：各班布置好场地，选好收银员。收银员登记好信息，信息包括：被买走的作品名称、作品的制作人、义卖价格。凡作品被卖掉的同学，学校向创作作品的学生颁发纪念证书。

4. 6月3日：闭幕式上，学校举行捐款仪式，由各班班长将各班拍得的款项捐至募捐箱内。

5. 6月上旬：由学校大队部联系相关部门，带领各校区的学生代表捐款。

第二节　数学阅读实践活动

数学阅读实践活动泛指和数学阅读相关的各类课内外活动。丰富多彩的活动形式可以充分激发学生的阅读兴趣，促进学生主动阅读，同时也是展现学生创造力的舞台。在数学阅读的过程中，教师经常会要求学生通过一些文字和图形、图画组合的方式，图文并茂地呈现阅读的思考和收获，我们称之为数学阅读的图文化创作。下面列举数学阅读实践活动常见的形式。

1. 制作数学书签

制作数学书签是在较小的纸张上进行图文创作的活动，特别适合低年级学生。数学书签的形状可以是长方形，也可以是三角形、正方形、平行四边形、梯形、圆形等，学生可借制作数学书签的机会进一步熟悉这些基本图形的特征。学生还可以创作异形书签，如扇形、枫叶形、松树形、心形、各种动物形和器物形、不规则图形，等等，充分发挥学生的想象力。教师凭学生兴趣选择内容，可以记录数学知识，可以记录一句话的读书心得，可以是有趣的数学谜语、数学儿歌。当然，教师也可以指定主题创作，组织书签展览，让学生互相交换喜欢的书签。

2. 创作数学小报

数学小报（见图6-2-1、图6-2-2、图6-2-3）是以学生为主体，独立或小组合作完成，是数学与美术、文学相结合的作品。它是目前常见的一项数学实践性作业，适用于各个年级。在编辑小报的过程中，学生需要经历创意设计、收集资料、排版美化等过程，是一项锻炼学生综合素质的活动。创作数学阅读小报可以促进学生课外阅读活动的开展，培养学生认真细致的习惯，形成良好的团队意识。

图 6-2-1 第一学段：趣味拼图

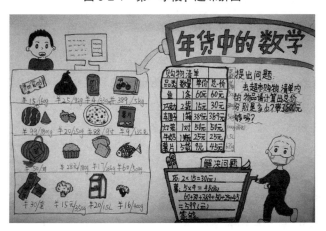

图 6-2-2 第二学段：年货中的数学

图 6-2-3　第三学段：数学之美

3. 创编数学童话

　　学生们喜爱读童话故事，在阅读的过程中会自然产生代入感，从而激发他们跃跃欲试的创作欲望。鼓励学生进行数学童话的创作，是一件非常有意思的事。因为我们所能读到的数学童话，大多是成人模仿儿童的思维和语言创作的故事。而真正由儿童自己创作的童话，虽然幼稚，但是充满童趣。如果再组织一次他们作品的分享活动，那整个班级更会成为欢乐的海洋。作为教育工作者，教师要更深入地研究儿童的语言和思维，从儿童立场出发研究数学阅读。以下 2 篇是学生创作的童话故事。

米和厘米的较量

　　一天，"厘米"正在散步，正巧碰到了比自己长的"米"。米瞥了一眼厘米，趾高气扬地说："喂，那么矮了还出来散步，小心被踩扁了！"厘米并没生气，仰起头说道："你那么长，我看也只不过如此，没什么大本领。"这时米听了可生气了，吼道："我可是你的一百倍，你竟敢这样跟我说话，不行我们来比试比试，看谁的本领大！"厘米毫不示弱地说："比就比，谁怕谁！"

　　于是米和厘米开始比赛丈量马路有多宽。米飞快地跑到马路旁边，很快量出了马路宽 8 米。厘米滚来滚去，滚得头都晕了还没量完，只能败下阵来。米神气地说："我比你量得快！"

厘米非常不服气，同米约定再比一局：量石头。厘米量的石头长 15 厘米。但是米太长了，只能量出石头长 10~20 厘米，具体是多少呢？他努力地缩短身子，还是一筹莫展。"哈哈哈。"厘米看得哈哈大笑，说："还是我量得准！"

他们又争了起来，这时，一只小鸟飞落在米的头上，问："你们俩在吵什么呢？"米说："我们正在比试谁的本领大，厘米和我比本领，他哪是我的对手。"小鸟听后，笑得肚子疼，用翅膀拍打着米的头说："你们俩有什么好比的呀，你有你的长处，厘米有厘米的长处，谁也缺不了谁！"

米惭愧地低下了头，对厘米说："都是我不好，我们俩握手言和吧！"厘米点了点头。

从此米和厘米和睦相处，成了好朋友。

狐狸的诡计

动物王国里张灯结彩，热闹非凡，正在举行一年一度的乒乓球大赛。对阵双方狐狸和猴子摩拳擦掌，准备一决雌雄。

他们使出浑身本领，但终归猴子技艺更高，以 9∶3 的比分暂时领先。眼看还有 2 球猴子便能取胜，狐狸眼珠骨碌碌一转，计上心头，说道："猴哥，不如我们把比分约分成 3∶1 吧。"猴子心想 9∶3 等于 3∶1，约分后的比分简洁明了，就同意了。出乎意料的是，接下来的比赛由于猴子的轻敌大意，让狐狸钻了空子，最终狐狸以 11∶9 反超，赢得了比赛。

狐狸乐颠颠地捧回了冠军奖杯。猴子懊恼不已，满腹狐疑地请教数学博士百灵鸟。百灵鸟问清了事情的前因后果，摇了摇头："猴子，你可真糊涂。原来你赢狐狸 6 分，约分后，你可就只赢狐狸 2 分了。比的前项和后项同时除以一个相同的数（0 除外），比值不变，可差却是缩小的呀。你不知道，体育比赛的比分表示的是双方的成绩，与你们数学课上学的'比'在意义上是不同的呀。"猴子恍然大悟，原来自己中了狐狸的诡计。

----

4. 撰写数学小论文

如果说创编数学童话主要是基于某一数学事实，那么撰写数学小论文，则是基于数学与生活的思考。对比创编数学童话，撰写数学小论文难度更大。撰写数学小论文需要学生从生活中观察现象，经过思考，最后表达出来，是对"用数学的眼光观察现实世界，用数学的思维思考现实世界，用数学的语言表达现实世界"的综合体现。以下是一名六年级学生撰写的数学小论文，虽然事例很简单，但是思考却是有一定的深度。

■ --

筷子与同一平面

今天我和爸爸一起参加了一场婚宴，回到家，我立即向爸爸汇报我的"重大发现"："爸爸，今天我在婚宴上看到一位老外拿筷子吃饭，那样子真好玩。"我边说边比画，夸张地表现出老外拿筷子时认真而笨拙的样子，逗得爸爸哈哈大笑。

"想一想，为什么会这样？"爸爸问道。

"老外习惯了刀叉，一下子拿筷子进餐，有点不适应。"

"你只看到了问题的表面，深层次地看，这还是一个数学问题。"爸爸顿了顿说："如果我们把两根筷子抽象成两条直线，它们的位置关系有哪几种呢？"

"相交或平行。"我立即答道。

"不，还有一种异面直线的情况，你看——"爸爸拿过一张纸画了一幅图（见图 6-2-4），"在三维空间中，两条直线还可能处于不同的平面，像图中的直线 a 和直线 b 那样，这两条直线既不相交，也不平行。"

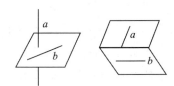

图 6-2-4　三维空间中的直线 a 和直线 b

我慢慢看出了点门道："也就是说图中的 a、b 无法在同一平面内，可这和用筷子吃饭有啥关系呢？"

爸爸拿来一双筷子，边演示边说："你看我把两根筷子戳齐后，它们就互相平行，而夹菜时就变成相交了。进餐时必须有很多关节和肌肉共同协调运动，才能让两根筷子保持在同一平面内，交替变换相交和平行，完成夹、划等动作。这需要长期练习才能达到这种效果。否则，两根筷子根本不听使唤，在空中呈异面直线状，是很难夹住食物的。"

"那老外吃起中餐来不就'惨'了？"我有些为老外抱不平。

"没关系，聪明的人们想到在两根筷子之间加上一个连接装置（见

图 6-2-5），让初次使用筷子的外国朋友避免了用餐时的尴尬。考考你的眼力，图中连接装置的作用是什么？"

图 6-2-5 两根筷子之间的连接装置

"他们在两根筷子之间安装了一个夹子，或者直接连接起来，这样无论怎样，两根筷子都会在同一平面内运动了，当然也就不会出'洋相'了。"

5. 写数学日记

数学日记来源于对生活的观察，是学生记录的日常生活中发生的有关数学的一些人和事。数学日记可以是个人的，也可以是小组组员之间的循环日记。比起数学童话和数学小论文，数学日记更生活化，篇幅更短小，可以为创作数学童话、故事和小论文提供丰富的素材。

6. 绘数学连环画或数学绘本

《义务教育数学课程标准（2022 年版）》在综合与实践领域列举了主题活动的名称及主要内容，其中就有"数学连环画"（见图 6-2-6）。课程标准对数学连环画的要求是："结合自己的生活，运用学过的数学知识记录自己的经历，或述说一个含有数学知识的小故事，表达对数量关系的理解，感受数学知识与现实生活的联系。"[1] 虽然课程标准将数学连环画主题活动安排在第一学段，但教师可以借鉴这一有趣的形式，将之应用于各学段。如果把数学四格漫画进一步扩充情节，讲述一个完整的故事，就可成为数学绘本。

---

[1] 中华人民共和国教育部. 义务教育数学课程标准（2022 年版）[S]. 北京：北京师范大学出版社，2022：43-44.

图 6-2-6　绘画数学连环画

7. 画思维导图

思维导图运用图文结合的方法，把各级主题的关系用相互隶属或相关的层级图表现出来，能发展学生的逻辑思维能力。小学数学知识点众多，各种知识线之间彼此纵横关联。思维导图（见图 6-2-7）能清晰地呈现元素和元素之间的逻辑关系，往往通过一张思维导图就能让学生明白复杂的问题。引导学生利用思维导图这一思维工具，整理数学阅读过程中的各种收获，能让阅读变得简单明晰、更具效率，也更加轻松有趣。

图 6-2-7　绘制数学思维导图

除了平面化的图文创作，数学阅读也可以结合其他形式，让静态的书本内容变得生动立体。如组织学生猜数学谜语、讲数学故事、唱数学儿歌、演数学话剧、赏数学之美、体验数学大讲堂等情景化的活动，让数学阅读真正成为学生展示能力、享受乐趣的舞台。

第三节　数学阅读实践课例

为便于读者检索，本节所举的数学阅读实践课例，以不同的阅读内容为主题进行了区分，比如阅读内容为绘本的，称为绘本阅读；阅读内容为故事的，称为故事阅读；阅读内容涉及数学史的，称为史料阅读；阅读内容是关于数学与生活应用的，称为应用阅读；阅读内容是关于数学经典的，就称为名题或名家阅读；等等。上述名称仅是为了简单区分，并非人为制定的某种阅读范例和样式。事实上，教无定法，贵在得法。课例只提供一个样本，供教师分析研究。

1. 涨涨零用钱
——《马可的零用钱》绘本阅读

【适用学段】

第二学段（3~4年级）

【阅读素材】

《马可的零用钱》绘本，由［美］詹妮弗·达斯林著、［美］黛安·帕尔米夏诺绘、范晓星译。《马可的零用钱》绘本介绍了一个关于"条形统计图"的数学故事。在马可班里，他干的家务活比别的同学多，零用钱却比别的同学都少。这可不公平！为了增加零用钱，马可要让爸爸认为确实有必要给他涨钱。聪明的马可运用了"条形统计图"的数学知识，清楚直观地向爸爸说明了他要涨零用钱的需求与合理性。最终，爸爸被说服了，给马可涨了零用钱。

【设计意图】

绘本是小朋友们非常喜爱的一类阅读书籍。"绘本"是外来语，顾名思义就是"画出来的书"，指一类以绘画为主，并附有少量文字的书籍。专家们普遍认为绘本是适合幼儿阅读的图书之一。首先，绘本是文字与图画的结合，图文并茂的形式能调动孩子的阅读兴趣。其次，数学绘本将儿童文学与数学学习相结合，将抽象的数学知识以故事和图片的方式呈现，更加具体化，寓教于乐。再次，数学绘本将故事与生活经验相结合，让学生在不知不觉中获得基本的数学活动经验。最后，数学绘本的学习过程自然地融合了自主学习、体验学习、主题学习活动等元素，同时数学绘本可以比较自然地强化学习动机，更有效地与《义务教育数学课程标准（2022 年版）》要求的跨学科主题学习和项目化学习相结合。

本课设计通过阅读数学绘本《马可的零用钱》，讲述一个发生在孩子身边的故事，通过故事中产生的问题自然地引入数学知识，让学生在数学阅读中走进条形统计图、了解条形统计图、应用条形统计图。在阅读数学绘本时，学生主动参与、积极思考，慢慢地，他们能惊喜地发现课本上那些枯燥、抽象的数学知识竟变得如此容易理解和掌握。更重要的是，通过数学阅读可以帮助学生更好、更容易地运用数学知识去解决生活中的实际问题，从而激发学生的数学阅读兴趣，让他们逐渐爱上数学，提升数学核心素养。

【教学目标】

1. 在绘本阅读的过程中，让学生充分感受数据收集、整理、分析的过程，了解条形统计图的结构，能根据收集的数据，绘制简单的条形统计图。

2. 用生动有趣的数学故事，帮助学生了解统计表和条形统计图的作用，学会读图，能对条形统计图进行简单的分析，能用条形统计图来说明问题。

3. 在阅读、讨论、探索、操作、比较、推理等一系列数学活动中，使学生充分感受统计的思想，体会数学与生活的密切联系，体验学习数学的乐趣，获得积极的学习情感。

【教学重难点】

重点：了解条形统计图的结构，能绘制条形统计图，对条形统计图进行分析。

难点：理解条形统计图中的一格具体表示多少数量。

【教学过程】

师：同学们好，今天老师要和大家一起来读一个故事——《马可的零用钱》。在阅读过程中，需要同学们仔细听，认真看，勤思考，多发言。准备好了吗？让我们一起走进小马可的故事吧。

一、阅读绘本中的数学元素，了解条形统计图的作用

1. 师：（出示绘本第一部分，使学生与马可产生情感共鸣）请几名同学分角色地朗读，爸爸说的、马可说的、妈妈说的。在朗读的过程中，把"不公平"的感觉读出来。

故事的起因：马可觉得自己的零用钱太少了，班上同学的零用钱都比他多，所以他想让爸爸给他涨零用钱，但是爸爸觉得目前马可的零用钱已经够用了，不准备给马可涨零用钱。于是马可就想了各种办法来说服爸爸。一开始，马可以为爸爸拒绝是因为工作忙，没心思理会他的要求，所以他想方设法引起爸爸的注意：先是写了个大牌子"让我高兴点，涨涨零用钱"；然后又在家里的各个地方都贴上了便利贴提醒爸爸，洗漱间的镜子上、报纸上，甚至小狗的脑袋上；而且马可还在爸爸的工作日志上留言。但是爸爸都没有再提涨零用钱的事，只是周末带马可去了动物园。

马可的心理活动：为什么我用各种方法想引起爸爸的注意，爸爸都没有理会我涨零用钱的要求呢？同学们，请你们帮我一起想一想吧！

爸爸的旁白解答：我并不是因为工作太忙没有注意到马可的提议，而是我觉得马可的零用钱已经够用了。所以马可一开始用的方法都不太灵，没有说服我。

马可：我要再想个好办法，说服爸爸给我涨零用钱。

2. 教师出示绘本第二部分。故事的发展（一）：后来，马可在学校学到了条形统计图。他突然想到了新方法。马可先做了个小调查，问了班上几个同学分别得到多少零用钱，并将统计到的数据记录在了一张统计表里，然后他画了一张大大的"零用钱统计图"。在这张条形统计图里，他的同学山姆、玛利亚、内森和安的零用钱条形图都很高，而马可的特别矮。看到这张图，爸爸有点被打动了，虽然没有马上给马可涨零用钱，但爸爸的口气已经不像

之前那样坚决。

师：同学们，你们觉得马可的这个方法怎么样？能用自己的话来总结一下他的这个新方法吗？用"先……，再……，最后……"来表述。

生1：在画条形统计图的过程中，马可先有了想说明的问题"自己的零用钱比同学少"，再收集相关数据，最后绘制成条形统计图。

3. 教师出示绘本第三部分。故事的发展（二）：马可觉得画条形统计图来说服爸爸这个方法开始奏效，只是目前这一条理由还不够充分，于是他又想到另一条理由。为了让第二条理由也能用数据呈现，第二天，马可又在同学们中间做了一个小调查，这次他调查的是"大家做多少件家务活"。和之前一样，马可把调查到的数据记录在统计表里。在这张条形统计图里，马可同学们的条形图高度都很矮，而马可的最高。这很好地说明了马可是同学们中家务活做得最多的。这次爸爸看了条形统计图，若有所思。

师：请同学们观察马可前后两次制作的统计表（见表6-3-1），看看有什么不同。

表6-3-1　马可前后两次制作的统计表

第一次					第二次						
山姆	玛利亚	内森	安	马可	小伙伴们家务活统计 ××××年×月×日						
					姓名	合计	山姆	玛利亚	内森	安	马可
8元	5元	7元	10元	3元	家务项目数量	12	2	0	2	3	5

生2：第二次的统计表内容比第一次的更详细，添加了标题、制表日期，统计表里还设有项目栏。

师：说明了表格里每一行内容的名称，比如第一行都是小伙伴们的姓名，第二行是小伙伴们做家务的数量。

生3：还有合计栏。就是把表格里这些小伙伴做家务的项目数都加起来，得出的合计。

生4：第二次的统计表是完整的统计表。

师：添加了标题，我们就很清楚地知道统计的主要内容是什么。

4. 教师出示绘本第四部分。故事的发展（三）：马可用条形统计图摆事实讲道理的方法给了爸爸很大启发。第二天，马可的爸爸在向客户介绍自己宠物食品的优势时，借鉴了马可的方法：用数据证明自己的观点，并且用条形统计图的形式把数据清晰地呈现出来。通过这个方法，爸爸同客户成功谈成了合作。最终，马可也成功说服了爸爸，给自己涨了零用钱。

师：同学们，你们知道为什么这两张条形统计图能成功说服爸爸给马可涨零用钱吗？

生5：因为，马可这次没有专注涨零用钱的诉求，而是把一个事实告诉爸爸：自己的零用钱太少了。

生6：为了说明这一点，马可想到了两条靠谱的理由，又收集整理了数据，用数据来证明自己的观点，条形统计图能直观、形象地表示数量的多少，把数据说明的问题清楚明了地呈现出来。

生7：马可的爸爸在争取客户的时候也借助了条形统计图，让复杂的数据更加形象直观，便于理解和比较，让客户在有限的时间里尽快了解数据包含的信息。

生8：马可用两张条形统计图：一张说明干活最多；一张说明零用钱最少。强烈的对比，说服了爸爸。

师：最终，爸爸用条形统计图在工作上也获得了成功，他理解并接受了马可想表达的事实，所以给马可涨了零用钱。

二、阅读条形统计图，认识各部分的组成

师：通过刚才阅读的故事，同学们已经初步认识了条形统计图，接下来让我们进一步走近条形统计图。（教师出示图6-3-1、图6-3-2）观察两张统计图都包含了哪些信息，说明了什么问题。

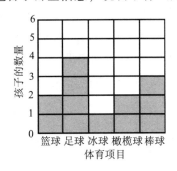

图 6-3-1 最喜欢的体育项目

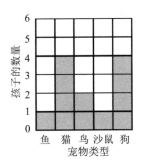

图 6-3-2 最喜欢的宠物

1. 阅读第一张图。

师：读"最喜欢的体育项目"的条形统计图，我们可以知道什么？

生9：最喜欢篮球的孩子有2个，最喜欢足球的孩子有4个。

师：其余 3 种球，冰球、橄榄球和棒球，喜欢的人分别有多少？

师：通过读这张条形统计图，同学们有什么发现？图上的一小格表示什么？

生10：图上的一小格表示 1 个孩子，喜欢某种球类的孩子有几个人，就涂几小格。

师：根据这个发现，我们还能知道什么？

同桌交流，相互说一说，然后全班汇报。

我们还可以知道：

生11：喜欢足球的孩子最多，喜欢冰球的孩子最少。喜欢棒球的孩子比喜欢篮球的多 1 个人。

生12：总共有 2+4+1+2+3＝12（个）孩子参加了调查。

2. 阅读第二张图。

师：读"最喜欢的宠物"条形统计图，我们能知道些什么？

生13：最喜欢鱼的孩子有 1 个。

生14：最喜欢猫的孩子有 4 个。

生15：最喜欢鸟的孩子有 2 个。

生16：最喜欢沙鼠的孩子有 1 个。

生17：最喜欢狗的孩子有 4 个。

生18：最喜欢猫和狗的孩子最多，最喜欢鱼和沙鼠的孩子最少。

生19：最喜欢猫和狗的孩子数量相等，最喜欢鱼和沙鼠的孩子数量相等。

生20：1+4+2+1+4＝12（个），总共有 12 个孩子参加了这次调查。

师：仔细再读两张条形统计图，你能找到它们的相同点和不同点吗？

生21：相同点是它们都有统计的标题，都有横轴和纵轴。

师：对！在条形统计图上，横着的是横轴，竖着的是纵轴。每 1 格都表示 1 个人的数量。

生22：不同点是在"最喜欢的体育项目"条形统计图中，横轴表示"体育项目"，纵轴表示"孩子的数量"；在"最喜欢的宠物"条形统计图中，横轴表示"宠物类型"，纵轴表示"孩子的数量"。

3. 阅读"零用钱条形统计图"。

师：我们继续来阅读马可的"零用钱"条形统计图（播放课件，展示图 6-3-3）。

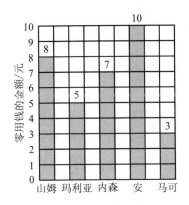

图 6-3-3　零用钱统计图

师：这张统计小伙伴们零用钱的条形统计图是马可通过深入思考后，完善、改进重新画的，把数字纵轴表示的含义在图上标记出来并配上单位。另外，为了让直条看得更清楚，马可把直条间隔一格来画，每根直条画好后标记上所表示的数。改进后的条形统计图看起来是不是更清楚了呢？同学们能快速读出图中想告诉我们的信息吗？

生 23：山姆的零用钱是 8 元，玛利亚的零用钱是 5 元，内森的零用钱是7 元，安的零用钱是 10 元，马可的零用钱只有 3 元。

生 24：安的零用钱最多，马可的零用钱最少。

生 25：我还知道马可的零用钱比玛利亚少 2 元，比内森少 4 元，比山姆少 5 元，比安少 7 元。

4. 阅读"家务活条形统计图"（见图 6-3-4）。

师：再来读统计家务活的条形统计图，马可用同样的方法改进了这张图，请同学们互相说一说：在图上，你读到了哪些信息？

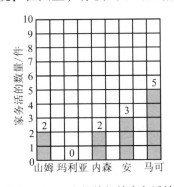

图 6-3-4　马可和小伙伴们的家务活统计图

生 26：山姆做了 2 件家务，玛利亚没有做家务，内森做了 2 件家务，安做了 3 件家务，马可做了 5 件家务。

师：在这张条形统计图上，玛利亚很特殊，因为她一件家务活都没干，所以她的直条是 0，或者说她在统计图上没有直条，不需要涂画，直接标记数字 "0" 就可以了。

师：这两张条形统计图单独看，我们分别能得到很多信息，如果我们把"家务活统计图"和"零用钱统计图"结合在一起看，又有什么新发现吗？

生 27：把两张条形统计图结合一起看，我们就能发现每个孩子的不同。有的小伙伴家务做得不多，但零用钱却很多，比如山姆；还有的小伙伴一件家务都不做，却有 5 元零用钱，就像玛利亚；而马可，他做的家务活最多，可是零用钱却最少。

师：这样直观、形象的对比，小伙伴之间零用钱的不公平马上就凸显出来了。

5. 读马可爸爸制作的 2 张条形统计图。

师：用 2 张统计图对比来说明问题的，还有马可爸爸的 2 张条形统计图。让我们再来一起读一读（播放课件，展示图 6-3-5、图 6-3-6）。

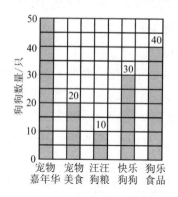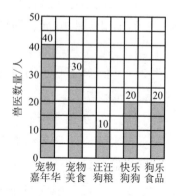

图 6-3-5　狗狗最喜欢的食品口味统计图　　图 6-3-6　兽医最推荐的食品公司统计图

师：上面左图是"狗狗最喜欢的食品口味"条形统计图，纵轴表示狗狗的数量，以"只"为单位，横轴是宠物食品公司的名称。从图中，你读到了哪些信息？

生 28：我知道了和马可爸爸的宠物嘉年华竞争的宠物食品公司一共有 4 家，分别是宠物美食、汪汪狗粮、快乐狗狗、狗乐食品。

生 29：从图上的直条中，我还知道了每家宠物食品公司的食物口味分别有多少狗狗喜欢。宠物嘉年华的宠物食品有 50 只狗狗喜欢，宠物美食的宠物食品有 20 只狗狗喜欢，汪汪狗粮的宠物食品有 10 只狗狗喜欢，快乐狗狗的宠物食品有 30 只狗狗喜欢，狗乐食品的宠物食品有 40 只狗狗喜欢。在看图时，我发现：在这张条形统计图里，纵轴的 1 格不是表示数量 1 只，而是表示 5 只。

生 30：可是，纵轴上没有数字 5，你是怎么发现 1 格表示数量 5 的呢？

生 31：我观察到，从 0~10 只之间一共有 2 格，说明 2 格就是 10 只，所以 1 格就表示 5 只。

生 32：我明白了，原来纵轴里还有隐藏的数字啊，我以后会更加细致地观察。

师：右图是"兽医最推荐的食品公司"条形统计图，请同学们读一读这张统计图，说说你的发现。

生 33：我发现兽医最推荐的食品公司也是宠物嘉年华公司。

师：把马可爸爸画的 2 张条形统计图结合在一起观察，你能想到为什么最后客户会选择宠物嘉年华的狗粮吗？马可爸爸用条形统计图说明了什么问题？

生 34：马可爸爸用 2 张条形统计图直观、形象地说明了，宠物嘉年华食品公司的狗粮既是狗狗们最喜欢的，也是兽医们最推荐的，所以客户最终选择了宠物嘉年华食品公司。

师：对比前后 2 张图，为什么马可的统计图里用"1"作单位，1 格表示 1 人；而爸爸的条形统计图里用"5"作单位，1 格表示 5 只呢？

生 35：格子代表数字，可以根据统计数量的大小，合理确定。

师：在条形统计图里，每一小格所表示的数量是不同的。在读图时，我们要特别观察、分析和确定每一小格所表示数量的多少。可以从 0 开始看，重点看第 1 格，第 1 格标注是"几"，每一小格所表示的数量就是"几"。

三、借助绘本的拓展阅读，实践制作条形统计图

1. 实践应用：把数据绘制成条形统计图，带领学生一起做数学小活动。

师：学了那么多条形统计图的知识，下面让我们一起来用一用吧。请同学们调查一下家庭成员：爷爷奶奶、外公外婆、爸爸妈妈和自己的年龄，把这些数据记录在统计表里，并且整理绘制成一张条形统计图。

2. 介绍把数据画成条形统计图的方法（播放动画）：

① 先在横轴下面标注出各家庭成员，然后根据家庭成员各自的年龄，确定条形统计图中纵轴上的数字安排，年龄纵轴从 0 开始，每一格表示 10 岁，家庭成员中年龄最高是爷爷 76 岁，纵轴上的年龄数字写到 80 即可。

② 根据纵轴上的年龄数字，把 7 位家庭成员的年龄直条间隔一条画了下

来。爷爷 76 岁，所以爷爷的年龄直条应该画在 70~80 之间，且应该更靠近 80 的位置；奶奶 70 岁，所以奶奶的年龄直条正好画在纵轴上 70 的那条线上；外公 75 岁，外公的年龄直条在 70~80 的中间位置；外婆 72 岁，外婆的年龄直条在 70~80 之间，但更靠近 70 的位置；爸爸 43 岁，爸爸的年龄直条要画在 40~50 之间，在更靠近 40 的位置；妈妈 39 岁，妈妈的年龄直条应该画在 30~40 之间，且接近 40，比 40 略低一点的位置；我 12 岁，我的年龄直条在 10~20 之间，且更靠近 10 的位置，比 10 高一点。

3. 在画条形统计图时，马可提醒大家需要注意的几个小细节：

① 借助直尺，先把直条的最高点位置确定好。

② 然后均匀地把直条涂上颜色，标记上表示的数字。

③ 最后，别忘记写上制图日期哦！

四、回顾阅读图表的过程，引发后续进一步思考

师：同学们，你们喜欢这个故事吗？如果要把这本书推荐给小伙伴们，请用一两句话说说推荐理由。

生 36：马可借助数学知识涨了零用钱，这是怎么回事呢？快来读这本书吧！

生 37：《马可的零用钱》这本书，有图又有趣，快来读一读吧！

（通过整理与总结，让学生把数学知识与生活紧密联系起来，为后续更好地阅读数学绘本打下基础。）

师进行小结延伸：在生活中处处有数学，那马可在将来的生活中又将会遇到什么新的问题，又将会用到哪些数学知识去解决呢？后续的发展等着同学们来续写。

鼓励学生课后创作自己的绘本，用数字绘本打开思维窗口，去观察生活中方方面面的最简单的、有趣的、实用的数学知识，以绘本的形式表达出来，配以生动有趣的故事情节，富有色彩的画面和简洁的文字，将抽象的数学知识蕴含在绘本中。

五、点明数学阅读的作用，感受数学阅读的能量

师寄语：数学阅读向我们展现了数学知识的最基本来源——生活，同时，数学阅读也向我们展示了享受生活的最简单方式——数学思维。数学阅读是一座桥梁，连通数学课本知识与现实生活；数学阅读是一个平台，展示的是数学与生活之美；数学阅读为我们打开了教学的另外一扇窗，用数学思维感受现实生活。

同学们，尽情享受数学阅读带来的乐趣吧，读出数学别样的价值，读出

数学别样的味道。下次，期待你们更加精彩的阅读分享！

【教有所思】

这是一次利用数学绘本开展的教学实践活动。正如课后教师和学生们交流的内容：在绘本阅读的带领下，数学课就这样轻松、欢快地开始了。随着故事发展，一个个数学知识也随之出现。在故事情节的渲染和推动下，数学知识的学习和掌握变得水到渠成，非常容易；课堂上的提问和回答变成了你抢我夺，说不够，道不尽；探索与发现的劲头，轻轻点拨，一往无前。阅读的魅力、故事的吸引力，让原本平淡的数学课，丰富多彩，充满趣味。

在这次数学阅读课的实践教学中，我进一步发现数学阅读的好处非常多，涉及面也很广：第一，增强学生对数学学习的好奇心和兴趣；第二，拓展数学知识视野，引导学生知晓更多数学与社会生活的联系；第三，培养学生攻克难题、坚持不懈的意志品质；第四，形成"数学家"的眼光，养成良好的思维方式与习惯；第五，体会数学的内在美，感受数学学科的魅力，爱上数学探索。

腹有诗书气自华。教师是孩子的引路者，书籍才是孩子一生的导师。正像苏霍姆林斯基所说："当孩子学习困难时，不要靠补课，也不要靠没完没了的'拉一把'，而要靠阅读、阅读、再阅读。"有了这次的试教经验，下一步，我将继续努力，让数学阅读之花开满孩子们的心田。

【学有所获】

学生Z：《马可的零用钱》通过一个小故事，形象地告诉了我们条形统计图的作用，以及如何用条形统计图来描述、分析数据。我深刻地体会到阅读数据图表是一项很重要的数学能力。有时，我们能根据图表直接找到信息，回答相应问题；有时，我们从图表中找出相应信息后，再进行比较、运算，从而得到结论。条形统计图在我们的生活和学习中都有着非常重要的应用价值。

学生X：阅读学习《马可的零用钱》，让我知道了用条形统计图来描述数据可以包括两个方面：一是拿到一张条形统计图，从图表里获取和挖掘信息；二是拿到一些数据后，根据想说明的问题，把数据绘制成直观、形象的条形统计图。像这样的数学阅读课，让我学习起来感觉特别轻松，特别有趣。读着读着，数学知识就都掌握了，看着看着，一节课数学课就结束了，意犹未尽。

【观有所感】

《马可的零用钱》是一本优秀的数学儿童绘本。讲了一个名叫马可的小男孩，运用条形统计图，让"数据"说话，实现了涨零用钱的愿望的故事。读完故事，我们都觉得马可是个聪明的男孩。他聪明在哪里呢？我想有2点可以说明马可的聪明。第一点是马可通过条形统计图，直观地向爸爸说明自己的零花钱比同伴少。第二点容易被我们忽略，就是马可见"零用钱统计图"作用不大，他就接着做了"家务活统计图"。对比两张统计图会发现，零用钱统计图显示马可零用钱最低，而家务活统计图显示马可做家务最多。马可通过统计图竖条的高低直观地将零用钱情况和家务活统计情况呈现出来，让马可的爸爸看了也深受启发。马可的做法，不就是用数学的思维来思考现实世界、用数学的语言表达现实世界吗？

通过这节数学阅读课，学生会有哪些收获呢？首先，能激发学生学习数学的兴趣，不再将数学视为枯燥的练习，而将之视为源于生活的有趣的问题。其次，还会激发学生对数学阅读的兴趣，数学绘本有丰富的生活情境、精美的图画，还有生动的故事情节，能够更好地呈现数学知识，使中低年级学生获得更好的阅读体验。

通过这节数学阅读课，学生会得到哪些启发呢？首先，学生可能会打开一条思路，学到一种新的解决问题的方法，就是数学的方法，用数据说明问题，用数学语言表达现实生活。其次，学生可能会体会到，表达自己的观点要有理有据。比如马可一开始用了举牌子、写便利贴、留言等方式，但都没有引起爸爸的注意。于是马可做调查，画了"零用钱统计图"，但效果不大。马可又继续画了"家务活统计图"，通过对比两张统计图，最终说服了爸爸。数学让马可达成了愿望。相信在阅读这个故事、在上完一节数学阅读课之后，一定会给孩子带来很多思考和启发。

（课程设计：褚琳昀）

2. 特别的"0"
—— 数字"0"的产生和演变

【适用学段】

第二学段（3~4年级）

【阅读素材】

1.《数学符号一本通》中关于"0"的趣谈①。

---

① 周阳. 数学符号一本通［M］. 北京：现代出版社，2012：172-184.

2. 江苏教育出版社出版的小学数学教材中关于"0"的相关知识内容。

3. 教师采集资料编写的阅读材料。

【设计意图】

数学史料阅读课是以数学发展历程中，数学知识的产生和发展、数学思想的演变过程、数学家成长与数学研究的故事、其他与数学发展相关的历史知识为主要教学内容的阅读课。数学史记录着数学发展史上重要的数学问题，是数学发展的指南。在学生群体中开展对数学史料的阅读，有利于学生形成全面的数学眼光，深度的数学理解，丰富的数学体验，促进理性精神的发育与生长。

小学数学史料阅读课可以从以下几个方面入手：（1）从数学知识的产生发展入手——如为了记录乘法运算，奥特雷德在《数学之钥》中首次以"×"表示两数相乘，莱布尼茨则为了防止"×"与字母"X"混淆而采用"•"表示乘，这两种表示方法至今仍在使用；（2）从数学发展的重大成果入手——如我国古代重要的数学专著《九章算术》《周髀算经》等；（3）从数学家成长或数学研究的故事入手——如数学家高斯巧求"1+2+3+…+100"的和的故事；（4）其他数学发展史料——如"芝诺悖论"的形成与影响等。

数学史料教学，要根植于学生已有的知识与生活经验，要尊重数学的发展事实，要将查找资料、思考探寻、讨论交流、憧憬展望等活动综合起来，从而引导学生感受数学的魅力，帮助学生品味数学文化，提升数学素养。

在数学的发展史上，0的创造和发展是件了不起的大事。在它漫长艰辛的诞生与发展过程中，发生了许许多多多动人的历史故事。中国魏晋时期，用一个空格代替了0，但是这个方法的起源是什么还不清楚。这个时期，虽然0还没有独立书写出来，但就空位而言，0已被看作一个数字。根据英国著名科学史学家李约瑟的考证，中国最初采用的位值制促进了0的诞生。公元前3世纪左右，古印度人发明了数字1到9。公元前458年，印度首次出现了数字符号0。由上述可知，0起源于位值制。反之，由于0的使用才有完善的位值制计数法。在小学数学中，0表示没有、起点、分界点和精确度等，而在历史上，0的哲学意义一度超过了它的数学意义。

本课设计以0的产生、演变、应用为主线，分为4个教学环节：（1）梳理回顾——特别的"0"。引导学生回顾0在小学数学不同情境中表示的意义，以及围绕0的相关计算，感受百变的0。（2）追根溯源——0的产生。重点了解我国古代数学与印度古代数学对于0的产生的影响，以及世界各地古代数学的0。（3）广泛影响——0的传播。引导学生了解0在世界范围内的传播，了解不同文化在 0 的产生、传播、发展过程中的作用。（4）走进生活——0 的应用。在更高维度上了解 0 在社会生活中的广泛应用。

【教学目标】

1. 通过阅读学习关于"0 的产生、发展与应用"的素材资料，引导学生全面感受"0 的产生"的积极意义与重要影响，梳理、掌握 0 在数学中的丰富意义，完善关于 0 的认知结构。

2. 在经历 0 的产生、传播、应用的过程中，了解各国文化交流在 0 产生发展过程中的重要作用。

3. 通过阅读相关素材，学习用数学的眼光观察现实生活。

【教学重难点】

重点：理解 0 在数学中的丰富意蕴。

难点：感受数字 0 在具体情境中的不同作用。

【教学过程】

一、梳理回顾——特别的"0"

师：孩子们，我们在一年级的时候就认识了 0。回顾梳理，通过这些年的学习，关于 0 你有哪些认识？课前，同学们已经翻阅了教材进行了相关的梳理，现在请将你的梳理结果与同学们交流一下，然后我们再集体交流。

生 1：0 表示没有，比如盘子里原来有 2 个桃子，小猴吃掉了 2 个，现在盘子里一个桃子都没有，可以用 0 表示。

生 2：我知道 0 是最小的自然数，但是最小的一位数却是 1 而不是 0。

生 3：我还知道 0 是偶数，在讨论因数和倍数的时候不考虑 0。

生 4：0 表示起点，比如在尺子上的刻度 0，表示测量从那个地方开始。

生 5：0 表示占位，例如 503，十位上一个数字都没有，就用 0 来占位。

生 6：0 既不是正数，也不是负数。而且比 0 大的数都是正数，比 0 小的数都是负数。

生 7：0 的运算也很有趣，一个数加 0 等于原数，一个数减去 0 还是等于原数，一个数乘 0 却等于 0，0 除以一个不是 0 的数等于 0，而且 0 不能做除数，也不能做分母。

生 8：我知道 0 为什么不能做除数。因为 6÷0，找不到一个数乘 0 等于 6，所以这题一个答案都没有。0÷0，因为所有的数乘 0 都等于 0，所以有无数个答案，这毫无意义，所以规定了 0 不能做除数。

师：是的，关于 0 的运算，与其他数相比，有很多特殊的情况，你还能想到哪些呢？

生9：我记得在乘法中，如果一个乘数末尾是0，那么竖式在书写时有简便写法。在乘法涉及0的运算时，我们都专门进行了学习，如乘数末尾有0，或者中间有0。

生10：除法竖式中也是如此。536÷2，百位上的5除以2，商2，这里"2×2"实际上等于4个百，400末尾的0却省略了不写。除法中，商中间有0或末尾有0的情况我们也单独进行了学习。

师：是的，从同学们的发言中，我感受到0这个数的特殊性。它不仅意义丰富，而且运算特别。我们来梳理一下，0在小学数学中都有哪些意义呢？刚才同学们谈到了几种：表示没有（含表示占位）；表示起点；表示正数和负数的分界点。关于0的性质，也是有很多特别的规定：0是最小的自然数，但是又不是最小的一位数；0是偶数；在研究因数和倍数时不讨论0；0既不是正数也不是负数。关于0的运算，特别之处更多，有各种关于0的特别规定与简便写法。

师：你对这样的0想说什么？用一句话来对0说说你的感受吧！

生11：0，你真特别，有这么多规定为你而设。

生12：0，你真调皮，我在计算的时候经常在你身上出错。

生13：没想到，本来以为你和1~9那些数字差不多，你竟然这么特别。

二、追根溯源——"0"的产生

师：关于这个特别的数字0，同学们刚才已经通过梳理教材及和同学们交流，了解0在小学数学中的各种意义，以及它在计算中的各种特别之处，除此之外，关于0你还想知道什么呢？

生14：我还想知道0是怎么被创造出来的。

生15：我想知道0是哪个国家最先发明和使用的。

生16：我想知道为什么要有0。

生17：我想知道0在生活中还有哪些应用。

师：同学们的问题都很好。是呀，人们数物体的个数，都是从1开始数的，为什么会产生0呢，0又是哪个国家最先发明使用的呢？请阅读下面的材料，尝试找一找答案。

"0"的产生

到底是哪里的人率先创造了0呢？

0起源于中国？据英国科学史学家李约瑟博士的考证，0产生于中印文化，是中国首先使用的位值制促进了 0 的出现。早在甲骨文中就有"六百又五十又九（659）"等数字，明确地使用了十进位。在《诗经》中，0 的含义被解释为"暴风雨末了的小雨滴"，计数中把 0 作为"没有"看待。中国魏晋时期的数学家刘徽在注《九章算术》时，已明确地将 0 作为数字。到了 13 世纪，南宋数学家正式开始使用 0 这个符号。

"0"起源于印度？很久以前，印度人采用 Sunya（读作苏涅亚，意思是空）表示 0，或者用"空格"表示 0，如今天的 805 表示为"8 5"。但是这种表示容易发生误解，如 8005 也可以表示为"8 5"，那么 85 的中间应空多少距离呢？为了避免误会，印度人又用一点"●"代替"空"。公元 876 年，印度瓜廖尔的一块石碑上出现用小圆圈"○"表示 0，与现在很相似。印度人将 0 由空演变到点，又经过了漫长的岁月由实心点演变到空心小圈。

数学史家科恩伯格却认为，是公元前 3000 年苏美尔人创造了 0。苏美尔人出现了 0 的思想印记后，用芦苇在湿黏土上做记号——他们表示 10 的符号是用芦苇竖立着写出的"○"。后来几个世纪后，由于羽毛和钢笔的出现，为了书写方便，将圆圆的圈拉长成了直立椭圆形，也就是现在的 0 的样子。

师：0 到底是产生于何地呢？亲爱的小朋友，你还知道哪些观点或者相关的资料呢？

生 17：我还知道有一种观点认为 0 起源于古巴比伦。

生 18：还有人认为 0 产生于希腊。

生 19：我看过一则资料，说 0 最早起源于中美洲。奥美克人用半圆的四瓣花来画符号表示 0。虽然奥美克文化在公元前 4 世纪突然中断，但 0 仍然保留在玛雅人的历法中。

生 20：我知道在公元前 1740 年，埃及就有了表示 0 的符号，这个符号叫"ntr"，它本来的意思是"美丽、快乐和美好"，用这个符号来表示 0，表示一座很高的石碑或者一座金字塔的起始点。

生 21：我觉得各个国家的人民可能一开始都使用到了 0，只是可能会用不同的符号表示 0。

生 22：我看过一则资料，上面说，现代形状的 0 是印度人在 8 世纪发现的。用空表示零最早出现在古巴比伦的泥板上。用小圆圈表示零，首次出现是在希腊托勒密的著作中。而中国的"0"是自己独立发现的，不是由其他国家传入的。

师：大家掌握的知识真多，这样说来，生 21 的观点是正确的。看来无论哪个国家，哪个民族，哪个区域，生产生活都离不开零，于是他们纷纷创造了 0。而印度人创造的"0"的形状沿用到了今天。

三、广泛联结——"0"的传播

师：0 产生以后，古印度人创造的计数符号形成了完整的序列。阅读下面的阅读材料，和同学们说说你的感想。

"0"的传播

公元前 3 世纪左右，古印度人发明了数字 1 到 9。公元前 458 年，印度首次出现了数字符号 0。至此，印度人发明的基本数字共有 10 个，形成了完整的序列，即：0，1，2，3，4，5，6，7，8，9。

0 的产生被认为是人类最伟大的发现之一。有了 0 的参与，无论什么数都可以用十进制计数法表示出来。后来，印度数字传入阿拉伯，后由阿拉伯人传向欧洲，再经欧洲人将其现代化，形成了著名的印度—阿拉伯数字。1202 年，这种数字（包括 0）经由意大利数学家斐波那契传入欧洲，逐渐流行于全世界。

然而，0 的传播与应用并不是一帆风顺的。

大约 1500 年前，欧洲的数学家们是不使用 0 的。他们使用罗马数字。罗马数字是用几个表示数的符号，按照一定规则，把它们组合起来表示不同的数目。在这种数字的运用里，不需要 0 这个数字。

而在当时，罗马帝国有一位学者从印度计数法里发现了 0 这个符号。他发现，有了 0，进行数学运算方便极了。他非常高兴，还把印度人使用 0 的方法向大家作了介绍。后来 0 终于在欧洲被广泛使用，而罗马数字逐渐被淘汰了。

师：这则材料里提到了罗马数字，你认识罗马数字吗？

生 23：我知道钟面上的罗马数字表示的是 1~12。

生 24：我也认识罗马数字。它用 I 代表 1，用 V 代表 5、用 X 代表 10……

生 25：罗马数字没有数位，所以用它来写一个较大的数时符号会很多。

师：是的，因为罗马数字没有阿拉伯数字使用那么简洁方便，所以最后被淘汰了。现在只在一些特殊的场合才会见到它的身影。

四、走进生活——"0"的应用

师：让我们畅想一下，如果没有0，会产生哪些问题？

生26：如果没有0，表示8的10倍将会很烦琐。有了0，只要在8后面加上0，变成80，一下子扩大为原数的10倍。多么简单方便！

生27：如果没有0，小数0.72，就显示不出整数和小数的界限。

生28：如果没有0，那么二班就不能变成02班，数字编号就没办法实现。

师：是的，0的作用很大。在生活中，0还有许多的应用。阅读下面的材料，和同学交流一下你对0的认识。

"0"的应用

数学中的0和"没有"并不完全是一回事。在人类社会中，0有更为丰富的内容。它不仅可以表示"没有"，而且可以表示一种确定的量。例如气温是0℃，并不表示"没有"温度，它表示气温的分界。又如海拔，北京高出水准面52.3米，吐鲁番最低处低于水准面154米，而水准面的高度规定为0米，它表示了水准面高程（海拔）这个确定的量。在工程技术中需要考虑精度，小数末尾的0就不能随便去掉。

著名的德国数学家莱布尼茨说，世界是由0和1组成的。我们看现代化的数字电视信号，脉码只用0和1来表示。用二进制进行数字运算时，0可以顶半边天。0是介于正、负数之间的分界点。没有0，数轴便黯然失色。

在其他科学领域里，到处都离不开0，它可以用来观天、测地、标志温度和物体平衡与动静的状态。在时间的变化中，它是新与旧的交替站，它记录着人类创造的心血和汗水。

小朋友们，随着时代的发展、社会的进步，未来，0还会发挥哪些作用？展开想象的翅膀去思考一下吧！

生29：我知道电脑就是只用0和1两个数字来表示所有的事情的，好神奇！

生30：没想到，我们一年级就学习过的0，这么普通的0竟然作用这么大。我们的生活离不开0。

生31：读了这些材料，我才知道，0还有这么多作用，真是神奇的0啊！

生 32：我觉得以后，0 还能发挥更大的作用，还有更多的事情会需要它。

生 33：0，那么简单，那么普通。它的背后却有这么多的知识。数学真好玩，我想要学习更多的这样的数学知识。

【教有所思】

数学史料阅读课，要带领学生通过阅读数学史相关资料，丰富学生知识，开阔学生视野。在阅读与分析中，让学生感受到数学的生动和有趣，感受人类在数学探索中的艰辛与伟大。但是这样的史料阅读，不是课余消遣附加式的学习，不是强制要求的额外任务，让阅读与课堂上的数学学习内容互动，可以让学生感受到阅读的必要性，感受到阅读的乐趣，产生感情上的共鸣，从而促进史料阅读的健康可持续推进。为此，教师在本课中查找了大量的相关书籍与资料，按照学生的认知规律加以整合、编排，从而形成适合学生阅读、有层次有梯度的阅读系列材料，力求学生带着问题阅读，带着思考阅读，带着乐趣阅读，感悟数学的美丽与生动。

1. 质疑激趣，从已有经验出发

本课中，教师引导学生回顾梳理所学的关于 0 的相关知识，如 0 表示的意义丰富多样：可以表示空无一物、没有，可以表示测量等操作活动的起点，可以表示正数与负数的分界点，在计数中可以用来占位，等等。如 0 的相关计算特殊复杂：0 参与的四则运算都需要进行特别的探究与规定，在乘除法中，因为有 0 的参与，有些竖式可以简写。这些都是学生已有的学习经验，在课前，让学生通过阅读教材进行回顾与梳理。在课中，教师引导学生进行分类与归纳。从多角度来感受 0 的特殊性。正是因为 0 足够特殊，所以 0 的产生、传播与发展才呈现出与其他数字不同的样态。这么特殊的 0，自然能激发学生对它进行进一步了解的兴趣与冲动，产生进行史料阅读的心理需要，既为后面的阅读教学奠定知识经验的基础，也为后面的阅读奠定情感态度上的需要。

2. 开放包容，据历史事实发散

数字 0 的产生与应用，因人类活动的需要，在人类生产生活中产生，在人类活动中传播、发展。因此，数学史料阅读并不只局限于仅有的数学发展的资料，数学活动与人类活动息息相关，阅读的触角应沿着人类的足迹，向四面散开。在本课中，关于 0 的起源地的考证，教师没有给出最终的答案，而是呈现了一些相关资料，让学生去阅读，去补充，去拓展，去思考，感受 0 的产生的历史必然性与偶然性。

3. 回归生活，悟数学价值延伸

随着人类社会的发展，0 的使用被延伸到新的领域，发挥新的作用，具备新的价值。在本课的第四个环节，教师可引导学生跳出书本，通过阅读相关材料，感受 0 在工程技术、IT 技术等新兴领域中的应用，并引导思考，展开想象，憧憬未来社会中 0 的应用，再次感受 0 的价值。

总之，本课以 0 的演变为线索，生动还原了一部人类发展史。史料阅读的过程，不仅能全面深化学生对 0 的认知，同时也能让学生感受到其他文化。本课可以从文化交流及社会进步的多个侧面，培养学生的核心素养。

【学有所获】

学生 Z：0，一个普通的数字，一个天天都能见到、都能应用的符号，没想到背后有这么丰富的故事与知识。这节课上，老师让我们通过重新翻阅教材，回顾梳理关于 0 的知识。当时我梳理完，就觉得 0 好复杂好麻烦。上完课后，我才知道，原来 0 那么特别，那么神奇。以后我在学习数学知识时，不能再这么简单地看问题了。

学生 L：这节课上，我第一次知道了罗马数字。课后，我又去翻阅资料，写了几个罗马数字，故意去考考爸爸妈妈，结果他们竟然都不认识。数学的知识真是广博，我要多阅读多学习。

【观有所感】

在听这节课之前，我是做了一些准备的。通过网络搜索和查阅书籍，我感觉 0 的相关史料并不丰富，而且涉及的范围也很小，显得很单薄。那么关于 0 的演变的史料阅读课会是什么样子呢？听了这节课后，我感受颇深：

1. 史料编辑尊重事实

开展数学史料阅读课，教师首先要做的就是对史料的搜集与改编。本课中，教师编写了三则数学史资料。其中第一则资料讲述 0 的产生。教师呈现了几则材料，并没有给出学生最后的结论。这给喜欢用确定的答案来解决问题的我带来一些困惑。我想，一是这个问题并没有权威的定论；二是这个问题并不影响学生对 0 的产生的认识。后来学生在课堂上的表现的确验证了这一点。不管起源地在哪，0 的产生总是与人类活动相关，与十进制计数法相关，与孜孜不倦的探索精神相关。这启示教师，在开展数学史料阅读课中，编写史料的时候，教师要在尊重历史的前提下，灵活运用史料，充分发挥史料的教育价值，以达到教育的目的。

2. 史料阅读全面丰富

引导学生开展的数学阅读，既要重点围绕本课的教学主题来进行，以实现阅读的深入与教学的深度。同时，也要留足线索，让学生可以在阅读课中获得丰富的感兴趣的材料线索。本课中，教师围绕0的产生、传播、发展与应用，集中引导学生阅读了几则材料。这些材料又涉及了罗马数字、工程技术、IT技术等丰富的内容。而这些，有利于学生在课后展开二次阅读，从而不断丰富学生的知识，完善学生的知识结构，培养学生的核心素养。

（课程设计：冷满红）

3. 龟兔赛跑中的数学问题
——数学故事阅读

【适用学段】

第二学段（3~4年级）

【阅读素材】

1. "龟兔赛跑"（选自《伊索寓言》）

2. 自编相关素材

【设计意图】

数学故事阅读课是以数学故事为主要教学内容的阅读课。听故事和讲故事，对少年儿童来说总是充满了吸引力。将数学知识和方法巧妙地结合，并在故事中呈现出来，能有效调动学生的阅读兴趣和学习兴趣。数学故事阅读课的关键，是选取合适的故事，可以是已有的童话作品，也可以是根据教学需要改编的故事，还可以是原创的故事，一切都服从阅读教学的需要。无论是选用、改编还是自创，数学故事都要体现趣味性，这也是故事本身的特征。数学故事阅读课还要体现数学味，故事内容或蕴含数学知识，或体现思想方法，读来能启迪思维，让学生在阅读故事中体验"数学好玩、数学好学"。

"龟兔赛跑"是一则学生耳熟能详的寓言故事，选自《伊索寓言》。这个故事可能是学生从懂事起，就听过的经典故事之一。简单的故事内容，蕴含了深刻的人生哲理：虚心使人进步，骄傲使人落后。从数学的角度来看，龟兔赛跑和生活中的行程问题有相关联之处，实质上都是同向而行的两个物体的运动。故事中的兔子在奔跑过程中睡了一觉，由此产生了原本应该落后的乌龟超过兔子的情况，之后也有可能兔子睡醒后去追乌龟的情况，这又是追及问题的数学模型。本节数学阅读课的设计，以龟兔赛跑的故事为蓝本，主体分"听故事、说故事、读故事、编故事"四个环节。"听故事"是回顾龟兔赛跑的故事原版，渗透思想教育。"说故事"是数形结合，用数学图表来说龟兔赛跑的故事。"读故事"是本课的重点，在原来龟兔赛跑的故事上进行改编，通过数学模型讲追及问题。"编故事"是开放性练习，激发学生创作兴趣。最后引入"芝诺悖论"，在学生幼小的心灵中播下数学奥秘的种子，激发学生无穷的探索欲。

【教学目标】

1. 通过学习关于"龟兔赛跑"的阅读素材，引导学生分析、提炼故事中的数学模型，掌握追及问题的一般解法。

2. 通过阅读数学故事，培养学生阅读兴趣，感受"数学好玩"。

3. 使学生受到"虚心使人进步，骄傲使人落后"的思想教育。

【教学重难点】

重点：提炼、分析故事中的数学问题。

难点：龟兔赛跑故事新编创作。

【教学过程】

（一）听故事

师：孩子们，你们听过"龟兔赛跑"的故事吗？

生：（齐声）听过。

师：这个故事主要讲了件什么事？

生1：故事主要讲了乌龟和兔子赛跑，乌龟脚踏实地，而兔子骄傲，最后输了比赛的故事。

师：是的。让我们再一起回顾这个有意思的故事。（播放动画故事）

龟兔赛跑

兔子长了四条腿，一蹦一跳，跑得可快啦。乌龟也长了四条腿，爬呀，爬呀，爬得真慢。

有一天，兔子碰见乌龟，看见乌龟爬得这么慢，就想戏弄戏弄他，于是笑眯眯地说："乌龟，乌龟，咱们来赛跑，好吗？"乌龟知道兔子在开他玩笑，瞪着一双小眼睛，不理也不睬。兔子知道乌龟不敢跟他赛跑，乐得摆着耳朵直蹦跳，还编了一支山歌笑话他：

乌龟，乌龟，爬爬爬，

一早出门采花；

乌龟，乌龟，走走走，

傍晚还在门口。

乌龟生气了，说："兔子，兔子，你别神灵活现的，咱们这就来赛跑！"

"什么？乌龟，你说什么？"

"咱们这就来赛跑。"

兔子一听，差点笑破了肚子："乌龟，你真敢跟我赛跑？那好，咱们从这儿起跑，看谁先跑到那边山脚下的一棵大树。预备！一，二，三……跑"兔子撒开腿就跑，跑得真快，一会儿就跑得很远了。他回头一看，乌龟才爬了一小段路呢，心想："乌龟敢跟兔子赛跑，真是天大的笑话！我呀，在这儿睡上一大觉，让他爬到这儿，不，让他爬到前面去吧，我三蹦两跳就追上他了。"

"啦啦啦，胜利准是我的嘛！"兔子把身子往地上一躺，合上眼皮，真的睡着了。再说乌龟，爬得也真慢，可是他一个劲儿地爬，爬呀，爬呀，等他爬到兔子身边，已经筋疲力尽了。兔子还在睡觉，乌龟也想休息一会儿，可他知道兔子跑得比他快，只有坚持爬下去才有可能赢。于是，他不停地往前爬、爬、爬。离大树越来越近了，只差几十步了，十几步了，几步了……终于到了。

兔子呢？他还在睡觉呢！兔子醒来后往后一看，唉，乌龟怎么不见了？再往前一看，哎呀，不得了了！乌龟已经爬到大树底下了。兔子一看可急了，急忙赶上去，可已经晚了，乌龟已经赢了。

兔子跑得快，乌龟跑得慢，为什么这次比赛乌龟反而赢了呢？

---▪

师：故事听完了。最后留了一个问题，"兔子跑得快，乌龟跑得慢，为什么这次比赛乌龟反而赢了呢？"谁来说说为什么乌龟会赢。

生2：因为兔子虽然跑得快，但是他太骄傲了，中途还睡了一觉。而乌龟却一刻不停地往前爬。结果等兔子醒来，乌龟已经到终点了。

生3：因为兔子太骄傲了，所以输掉了本该赢下的比赛。

师：（指生3）"输掉了本该赢下的比赛"，你总结得真好！这个故事告诉了我们一个朴素的道理——（期待学生一起说）

生：（齐声说）骄傲使人落后，虚心使人进步。

（二）说故事

师：从数学的角度来看，龟兔赛跑中蕴藏着有趣的数学知识。比如观察下面的四幅折线统计图，你认为最符合故事情节的是哪一幅？（教师出示

图 6-3-7）请同学们 4 人为 1 个小组交流自己的想法。

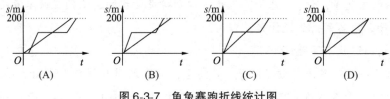

图 6-3-7　龟兔赛跑折线统计图

师：同学们讨论得很热烈。你能看出图中的横轴和纵轴各表示什么吗？

生 4：横轴 t 表示时间，纵轴 s 表示路程。

师：这四幅图都表示了怎样的数量关系？

生 5：这四幅图都表示时间和路程的关系。

师：对。注意到每幅图中都有直线或折线，各代表什么？

生 6：折线代表兔子走的路程，直线代表乌龟走的路程。

师：你是怎么看出来的？说说你的理由。

生 6 继续回答：根据故事情节，乌龟匀速前进，没停过，所以用直线表示乌龟走的路程；兔子走走停停，中间还睡了一觉，所以用折线表示兔子走的路程。

师：（指生 6）你说得真有意思！折线保持水平的一段，表示兔子在干什么？（学生异口同声地回答：睡觉）

师：根据龟兔赛跑的故事情节，你能描述一下每幅图的意思吗？4 人为 1 个小组，每人选一幅图说说看。

（学生小组交流）

师：谁愿意和大家分享你的看法？

生 7：乌龟和兔子是同时出发的，图 A 的出发时间不同，可以排除。

生 8：根据故事情节，最后是乌龟先到达目的地，乌龟赢了。图 D 表示的是乌龟和兔子同时到达终点，所以也不对。

师：这两位同学观察很仔细，运用逻辑推理中的排除法，从图中起点和终点的细微差别入手，一下排除了两个错误的选项。

生 9：剩下两幅图 B 和图 C 中，图 B 表示的是兔子先到，图 C 表示的是乌龟先到，所以图 B 也是错误的，最符合故事情节的是图 C。

师：大伙同意这组同学的判断吗？你们看（指向图 C）就这样一幅简单的折线统计图，把龟兔赛跑故事的主要元素都包含在里面了。谁能来看图解释一下？

生10：图C表示乌龟和兔子同时出发；乌龟一直在爬，所以直线代表了乌龟的路程；兔子中间睡了一觉，在睡觉的时候距离没有发生变化，所以代表兔子行走路程的是折线；最后乌龟先到达终点。

师：说得真好。你看，这就是用数学语言来"说"龟兔赛跑的故事，一目了然，简洁精确。

（三）读故事

师：刚才我们在四幅图上，看到有代表时间的"t"，代表路程的"s"。你想到了什么？

生：（齐声说）时间和路程，想到了行程问题。

师：对！其实龟兔赛跑也有数学上的行程问题。让我们继续阅读故事"龟兔赛跑"中的数学。

师：阅读之前，请大家想一想，阅读数学故事的时候我们要注意些什么？

生11：重要的词句要批注，把故事中的数学信息和问题找出来。

生12：阅读时要注意读写结合，故事中讲到的数学问题要动手演算一下。

生13：还要想一想故事哪里包含了数学思想和方法？有什么启发？

师：同学们都讲得很好，已经学到了一些数学阅读的基本方法。下面，请同学们自主阅读故事"龟兔赛跑"中的数学。

"龟兔赛跑"中的数学

小朋友都听说过"龟兔赛跑"的故事吧？这个故事告诉我们：要向乌龟学习，一步一个脚印地向前走。在听这个故事时，不知道你想没想过这样一个问题：如果兔子没有睡很久，在乌龟还没到终点的时候，兔子就醒了，它看到乌龟爬过留下的痕迹，发现乌龟已经超过它了，就加速追赶乌龟。这时乌龟已经在兔子前面200米了，如果兔子跑的速度是每分钟12米，而乌龟爬行的速度每分钟只有2米。那么兔子要经过多长时间才可以追上乌龟呢？想一想，你能回答这个问题吗？

这虽然只是一个童话故事，但是在日常生活中这种问题非常普遍。小朋友们可以利用所学的数学知识，认真动动脑筋，其实是很容易得到答案的。兔子每分钟能跑12米，而乌龟每分钟只能跑2米，那么兔子每分钟就可以比乌龟多跑12-2=10米，也就是说兔子每分钟可以追上乌龟10米，那么只

需要经过 $200÷10=20$ 分钟，兔子就可以追上乌龟了。这就是数学上常见的追及问题：两个运动的物体相距一定的距离，速度快的在后面，速度慢的在前面，速度快的追速度慢的。对于这种问题，我们只要算出两个物体的速度之差，然后用相距的路程除以速度差就可以得到需要的追及时间。

生活中的追及问题随处可见，小朋友也会经常遇到。你可能遇到过这种情况：在上学的路上看到一个同学走在你前面，你叫他等你，可是他却没有听见。所以你就跑步，想追上他，这就是一个典型的追及问题。假设你看到他的时候他在你前面100米的地方，他走路的速度是 1 米/秒，你跑步的速度是 5 米/秒，那么你需要多长时间才可以追上他呢？算出你和他的速度差 $5-1=4$ 米/秒，用路程除以速度差，就可以得到追及时间：$100÷4=25$ 秒。

小朋友可以接着想想，如果走在前面的同学听到你叫他，站在原地等你，那你用多长时间可以追上他？如果你跑了 50 米以后，他发现你在追他，于是停下来等你，那你总共用多长时间可以追上他？这两个问题就比较简单，用路程除以你的速度就可以了，只不过第二个问题里要减去你已经跑过的 50 米路程。追及问题是数学中的经典问题，我们不光可以在上学、放学的路上碰到，在铁路、高速公路上都会有这样的问题。在铁路上，因为火车都是运行在铁轨上，那么运行在同一条铁轨上的两列火车就需要计算一下速度，看看后一列火车能以什么速度追上前面的火车，此时得出的速度就是后面那列火车的警戒线，后面的列车一定不能超过警戒线，否则就可能会发生追尾。

师：故事读完了。这个关于龟兔赛跑的故事，主要讲了什么数学问题？

生 14：主要讲了"追及问题"。

师：什么是"追及问题"？

生 15：就是兔子因为睡觉落后了，他想追上前面的乌龟，这就是追及问题。

生 16：两个运动的物体相距一定的距离，速度快的在后面，速度慢的在前面，速度快的追速度慢的。

师：对！你概括得很好。像这样的运动现象，数学上就叫作追及问题（板书）。你们在故事中摘录到了哪些"追及问题"？

生 17：我摘录到的追及问题是"乌龟已经在兔子前面200米了，如果兔子跑的速度是 12 米/分钟，而乌龟爬行的速度只有 2 米/分钟。那么兔子要经过多长时间才可以追上乌龟呢？"

师：在故事里，这个问题是怎么解决的？

生18：$200÷(12-2)=20$（分）

师：你能说说这个算式的意思吗？

生19：兔子的速度是12米/分钟，乌龟的速度是2米/分钟，这样每分钟兔子可以追$12-2=10$米。200米的距离，兔子用$200÷10=20$分钟就可以追上了。

师：你解释得很清楚，会用数学语言来表达故事的内容了。还能找到其他追及问题吗？

生20："假设某同学在你前面100米的地方，他走路的速度是1米/秒，你跑步的速度是5米/秒，那么你需要多长时间才可以追上他呢？"

师：这个问题你会解答吗？

生21：只要算出两个人的速度差$5-1=4$米/秒，然后用路程除以速度差，就可以得到追及时间：$100÷4=25$秒。

师：听你的发言里有提到"速度差"，什么是速度差？

生22：就是两个人的速度之差，追及问题里经常用到这个词。

师：故事中的数学问题，其实讲的就是追及问题。故事里对追及问题是怎么说的？

生：（自由读）"两个运动的物体相距一定的距离，速度快的在后面，速度慢的在前面，速度快的追速度慢的。对于这种问题，我们只要算出两个物体的速度之差，然后用相距的路程除以速度差就可以得到需要的追及时间。"

师：故事后半部分还提到了生活中的追及问题，谁能来整理一下？

生23：甲的速度是5米/秒，乙的速度是1米/秒。假设乙在甲前方100米处，乙原地不动，甲多长时间可以追上乙？

生24：甲的速度是5米/秒，乙的速度是1米/秒。假设乙在甲前方100米处，同时同向而行。甲开始追乙，跑了50米后，乙发现甲在追他，于是停下来等甲。问甲追上乙总共用了多长时间？

师：你能解决这两个问题吗？在自己的本子上尝试解答一下。

（学生独立解决问题，然后反馈交流）

生25：第一个问题很好解决。因为乙原地不动，就不需要算速度差；或者把静止不动看作速度为0，那速度差就是$5-0=5$米/秒。用路程除以速度就可以了，得到$100÷5=20$秒。

生 26：第二个问题可以分两步解决。第一步，前 50 米用时 50÷(5−1) = 12.5 秒；第二步，后 50 米用时 50÷5 = 10 秒。12.5+10 = 22.5 秒，甲追上乙总用时共需要 22.5 秒。

师：同学们已经能灵活运用数学知识解决实际问题了。原本简单的寓言故事，让我们想到了数学问题，学到了新的数学知识。对你有什么启发吗？

生 27：生活中有很多有趣的数学问题。

生 28：用数学的眼光来观察，就会发现数学的问题。

师：说得真好，只要你具有数学的眼光，从数学的角度思考问题，就会发现生活中处处有数学。

（四）编故事

师：你能用龟兔赛跑或类似的故事来编一个有趣的数学问题吗？

学生在练习本上创编，交流：

生 29：小乌龟和兔子赛跑，他俩同时出发，全程 700 米。乌龟以 5 米/分钟的速度爬行，兔子每分钟跑 55 米。兔子跑了 10 分钟后停下来睡了 120 分钟。兔子醒的时候距离乌龟多少米？

生 30：龟兔赛跑，全程 2300 米，小乌龟每分钟爬 25 米，小白兔每分钟跑 200 米。但兔子以为自己肯定赢了，就在草地上睡了一觉。结果小乌龟到达终点时，小白兔离终点还有 700 米，兔子在途中睡了多少分钟？

生 31：赛龙舟比赛，全程 900 米，有红蓝两队参加。发令枪响后，蓝队以 3 米/秒的速度前行，红队以 4 米/秒的速度前行。比赛进行到 2 分钟时，红队的龙舟出现了故障停止前进紧急修理，70 秒后继续前进。蓝队在此期间继续前进。如果两队的速度都不变，哪队会赢下比赛？

生 32：学校、公园和图书馆依次在一条公路上，学校和公园相距 2400 米，公园和图书馆相距 600 米。小刚和小明同时从学校走向图书馆去借书，小刚每分钟走 80 米，小明每分钟走 60 米。小刚走到公园时进去玩了会，等他出来时，正好碰到小明借完书回来。如果小明借书用了 20 分钟，那么小刚在公园玩了多长时间？

……

师：同学们真了不起，编的题目新颖有趣，很有创意。同学们可以选择感兴趣的问题进行解答，至于是否正确，就和编题的同学一起研究吧。

（五）拓展

师："龟兔赛跑"中的数学问题，你学会了吗？是不是觉得很简单？可是有一位国外的科学家却提出了一个非常奇怪的观点，他认为只要乌龟在兔子的前面，兔子不睡觉也是追不上乌龟的。你赞同这个观点吗？

下面我们就来看看这个科学家的观点有没有道理。

大约公元前495至公元前480年间，古希腊哲学家芝诺提出了一个十分奇怪的论点。他认为：如果让乌龟在兔子前面一段距离，例如100米，即使兔子不睡觉，也是永远追不上乌龟的。他的理由是：

假定兔子的速度是乌龟的10倍，现在乌龟已经在兔子前面100米，

当兔子走完100米时，乌龟已经又向前爬了10米；

当兔子再走完这10米时，乌龟又向前爬了1米；

当兔子又走完这1米时，乌龟又爬了0.1米；

当兔子又走完这0.1米时，乌龟又爬了0.01米。

如此继续下去，每当兔子跑完一段距离时，乌龟又已向前爬了这段距离的十分之一。兔子和乌龟的距离虽然在不断地缩短，但是乌龟总是在兔子的前面，兔子与乌龟总隔着一段距离。所以，兔子永远追不上乌龟。这就是著名的"芝诺悖论"。

师：当然，聪明的芝诺先生不会真的相信兔子永远追不上乌龟。如果是这样的话，谁先出发谁就是冠军，那田径比赛、赛车比赛等就没有举办的意义了，也不需要花费很多时间去看结果，直接在出发点就可以决出胜负了。可问题是，明明觉得芝诺的观点有问题，但是你能找到反驳的理由吗？似乎也很难。

对"芝诺悖论"的研究，要用到很高深的数学知识和其他学科的知识，就等同学们掌握了更丰富的知识后再继续探索吧！

【教有所思】

数学阅读是数学课堂教学的有益补充。数学阅读可以和常规的课堂融合，也可以单独开展数学阅读课，本课属于后者。数学课堂有精准的教学目标，有必须完成的教学任务，因此能安排数学阅读的时间和空间总是有限的。而数学阅读课可以突破这一限制，可以让教师进行大胆的尝试。《义务教育数学课程标准（2022年版）》指出，要培养学生的核心素养，主要包括以下三个方面：会用数学的眼光观察现实世界，会用数学的思维思考现实世界，会用数学的语言表达现实世界。本节数学阅读课，力求在"三会"方面有所体现。

确定了研究方向，"读什么"就显得非常关键，就本课来说，要选择学生喜欢，又符合研究方向的故事内容。在浩瀚的儿童故事中，我选用了龟兔赛跑的故事作为基本阅读内容，这是学生非常熟悉的一个故事，几乎无人不知。但是习惯上我们更关注这个故事所蕴含的教育意义，而不会主动挖掘其中的数学元素。因此，本课我要让学生产生一个思路：在看似熟悉的故事场景中，只要用数学的眼光，从数学的角度去思考和解读，就能发现平时我们尚未关注到的新问题，比如数学问题。从实际的教学效果来看，也实现了当初的部分设想。

"听故事"和"说故事"环节，是进行阅读"热身"，学生阅读故事和体会数学可以有机结合，可通过图表来表达故事内容。"读故事"是本课的重点，学生通过阅读改编后的龟兔赛跑故事，可掌握行程问题中追及问题的数学模型。"编故事"实质是学生在得到启发后，借助龟兔元素，进一步激发学习热情，基于数学模型，开展合理想象，进行创编。最后"拓展"则在学生已经学会了龟兔赛跑的解题方法后，抛出新的数学问题，以进一步激发学生对数学的探索兴趣。

本节数学阅读课，我觉得比较成功的点是学生始终保持着比较好的学习状态，学习兴趣比较浓厚。我想这就是数学阅读课的魅力，既激发了阅读兴趣，又学到了数学本领。

【学有所获】

学生 Z："龟兔赛跑"是我非常熟悉的故事。今天这节数学课，老师带我们学习龟兔赛跑中的数学知识。没想到，原本简单的故事，经过老师改编，里面竟然有这么多有意思的数学内容。我对第二个故事很感兴趣，因为这个故事让我知道了什么叫作追及问题，还学到了解决追及问题的方法。最后大家编写了很多有趣的龟兔赛跑的数学题。

学生 L：这节数学课，我读到了有趣的数学故事。特别是最后的"芝诺悖论"，非常有趣。我觉得根据这个观点去思考，很有道理。但是现实生活又告诉我们，这是错误的。"芝诺悖论"产生的原因是什么呢？用什么道理去解释"芝诺悖论"呢？我百思不得其解。老师说要用到很高深的数学知识，还有其他学科的知识，才能进行研究。我想用课余时间阅读课外书，或者网上查资料，我现在就想解开这个谜。

【观有所感】

"龟兔赛跑中的数学问题"是一节数学阅读课。关于数学阅读课，现在有不少教育工作者越来越关注到数学阅读这一领域，授课教师做了一次很好的尝试。正如授课教师课后说的：阅读课，阅读的内容是关键。本课选取的阅读素材是龟兔赛跑的故事，引用了三则材料：一则故事用来引入教学，一则改编的故事用于主体阅读，还有一则故事用作拓展的阅读内容。三则故事，各有各的用处。授课教师在以下两点做得比较出色：

1. 充分挖掘故事中的数学元素。《义务教育数学课程标准（2022年版）》指出，培养学生的核心素养，要"会用数学的眼光观察现实世界"。教师要培养学生的数学眼光，首先教师自己先要有数学的眼光，不然怎么引导学生用数学的眼光观察世界呢？授课教师显然是一个善于观察且具有数学眼光的人，通过龟兔赛跑的故事，他首先结合图表，让学生体验数学"语言"的高度概况和简洁。接着他利用改编的故事，引导学生提取故事中的数学模型，不光是阅读，还通过阅读来学习数学知识。最后他讲述"芝诺悖论"的故事，激发学生探索数学奥秘的兴趣。

2. 引导探究故事中的数学问题。《义务教育数学课程标准（2022年版）》指出，课程内容是实现课程目标的重要载体。数学阅读课作为数学课堂教学的补充，是为数学学习服务的。本课在阅读改编的龟兔赛跑故事这一环节中，教师非常注意指导学生数学阅读的方法。数学阅读和语文阅读不同，有其自身的特点。数学阅读，关键要提炼出数学问题，从而构建数学模型，获得数学知识。教师在课上让学生找出故事中的数学问题，提炼出追及问题的数学模型，并编写类似的数学问题，大多数学生都能脱离故事情节来创编，说明学生通过对本课的学习，已经具备对类似追及问题的抽象能力。

（课程设计：陆椿）

4. 曹冲称象
——在故事中感悟数学思想

【适用学段】

第二学段（3~4年级）

【阅读素材】

1. "曹冲称象"故事视频

2. "乌鸦喝水"（选自《伊索寓言》）

【设计意图】

数学源于生活，又应用于生活，数学与生活密不可分。《义务教育数学课程标准（2022年版）》指出："数学是自然科学的重要基础，在社会科学中发挥着越来越重要的作用，数学的应用渗透到现代社会的各个方面，直接为社会创造价值，推动社会生产力的发展。随着大数据分析、人工智能的发展，数学研究与应用领域不断拓展。"① 《义务教育数学课程标准（2022 年版）》在阐释核心素养时还指出："欣赏数学语言的简洁与优美，逐步养成用数学语言表达与交流的习惯，养成跨学科的应用意识与实践能力。"② 数学阅读帮助学生打开视角，了解平时生活接触不到的领域，体会数学应用的广泛性。

以数学在生活中的广泛应用为主要内容的数学阅读课，一般以数学故事为载体，以数学思维为内核，以实践应用为目标，模拟真实的问题情境，注重学生阅读的体验和代入感。有关数学在生活中应用的小故事不胜枚举，从古至今流传的历史故事中，也有不少内容涉及数学的应用。这类数学故事中通常蕴含着清晰的数学思维，体现着数学在生活中的实用性及应用性。数学应用阅读课从阅读数学故事开始，经历理解、思考、交流、应用等环节，形成阶段性的结论。再将阶段性结论通过实践、完善、升华、内化等过程形成真实的可操作性策略。应用类小故事就像一本生活的"说明书"，学生通过阅读"说明书"后，来对生活中相应的问题进行有效的解读和思考，并提出解决方法，体现数学的应用价值和实践价值。

在中国，"曹冲称象"的故事家喻户晓，该故事讲述了曹冲利用浮力并结合数学"等量的等量相等"③ 的原理称重大象的故事，体现了曹冲的年少机智。这个故事发生在三国时期，据《三国志·魏书》记载：

邓哀王冲（曹冲）字仓舒，少聪察歧嶷，生五六岁，智意所及，有若成人之智。时孙权曾致巨象，太祖（曹操）欲知其斤重，访之群下，咸莫能出其理。冲曰："置象大船之上，而刻其水痕所置，称物以载之，则校可知矣。"太祖大悦，即施行焉。

学生能在不同学科和不同版本的课本中看到这个故事。如人民教育出版

---

① 中华人民共和国教育部. 义务教育数学课程标准（2022 年版）[S]. 北京：北京师范大学出版社，2022：1.

② 中华人民共和国教育部. 义务教育数学课程标准（2022 年版）[S]. 北京：北京师范大学出版社，2022：7.

③ 史宁中. 基本概念与运算法则：小学数学教学中的核心问题 [M]. 北京：高等教育出版社，2013：159.

社出版的义务教育教科书《语文（二年级上册）》就有一篇课文《曹冲称象》；江苏教育出版社出版的义务教育课程标准实验教科书《科学（四年级上册）》中以这个故事为引子，让学生了解浮力的应用；西南师范大学出版社出版的义务教育教科书《数学（六年级上册）》中此故事作为课程"读故事、学数学"的延伸推荐读物。这都说明了这个故事里蕴藏着丰富的逻辑思维和数学思想。故事中小曹冲将船作为测量的媒介，其实是将其作为数学模型中常用的天平（等式）模型，学生可以很轻松地理解并掌握大象的重量和石块的重量是一致的结论，即等量代换的数学思想。深入地思考原因，我们还可以发现曹冲这样做的初衷在于将不可一次度量的大象重量转化为可度量、可累加的石块重量，这种做法渗透了化整为零和等量代换的思想。

本节数学阅读课的设计，分为两个部分。第一部分知识源于生活，教师引入"曹冲称象"的故事，以"等的等量相等""总量等于分量之和"思想为主题，以"图形分割"为案例，通过阅读、交流、理解、应用等环节切实让学生感受数学阅读对于理解数学知识、解决数学问题、掌握数学技能的引导性功能。第二部分知识用于生活，以"生活问题"为焦点，以"动手操作"为手段，以"等量代换"为方法，以"数学故事"为延伸，通过操作、发现、应用、感悟等过程深刻理解数学阅读，起到提升学生的数学逻辑能力、解决生活问题能力、提升应用技能的作用。

【教学目标】

1. 通过阅读"曹冲称象"的故事，使学生感悟"等的等量相等""总量等于分量之和"的数学思想，能够通过推理将组合图形分割成若干个规则的图形，并利用面积相加求出组合图形面积；能够利用所学知识解决生活中的实际问题，形成应用意识。

2. 使学生在阅读、理解、交流、探究的过程中形成独立思考、主动反思、多角度思考问题的数学素养。

3. 让学生产生"数学知识源于生活，又应用于生活"的想法，培养学生在生活中发现数学，并利用数学知识分析和解决生活问题的能力，提升学生的数学核心素养。

【教学重难点】

重点：理解"等的等量相等"和"总量等于分量之和"。

难点：能在生活中灵活运用等量代换的方法，解决实际问题。

【教学过程】

一、阅读故事，感悟数学思想

1. 阅读故事

师：同学们都坐过船吗？谁能说说船为什么是浮在水面上的？

生（齐声）：我们都坐过，船是通过水的浮力才浮在水面上的。

师：我国古代就有一则利用水的浮力来称重大象的故事，你知道吗？

生1：曹冲称象。这个故事主要讲大象太重了，然后将大象牵到船上，划上刻度；再用石头替换大象压到相同刻度，用石头的重量来替代大象的重量的故事。

师：你讲得真好。让我们一起来回顾这一则有趣的故事吧。

曹冲称象

三国时期，吴国的孙权送给曹操一头大象。大象是南方的动物，北方人从来没有见过，长久居住在中原的曹操自然也没有见过这种庞然大物。只见这头大象又高又大，每条腿足有大殿的柱子那么粗，耳朵像一把大蒲扇扑扑地拍打，人们站在大象身边还不及它的肚子。

大臣们感到十分好奇，议论纷纷："这样的大家伙要吃多少东西啊？"

"它的腿真是太粗了，一脚下来，岂不是要把人踩成烂泥？"

"它的鼻子好长啊，肯定能卷起一根粗木头！"

曹操看着大象庞大的身躯，很想知道大象到底有多重，于是他问大臣们："谁能够称一称这头大象的重量？"

大臣们七嘴八舌地说起来，其中一个大臣说："要称大象的重量，那就需要制作一个足够大的秤，一般的秤会被它踩扁的！"

另一个大臣说："大象这么大，怎么能称得出它的重量呢？除非把它一块一块地切下来分开称。"

曹操听了大臣们的话直摇头，一时间，谁也想不出好的办法来。就在大家束手无策想要放弃的时候，一个声音传了过来："我有办法称大象的重量。"

众人循声望去，原来是曹操7岁的儿子曹冲。曹操见自己的儿子夸下了海口，便笑着问："你小小年纪，有什么办法呢？"

曹冲很自信地说："要测量大象的重量，秤是没有用的。"

"不用秤来称大象的重量，那你要用什么呢？"曹操不解地问道。

"我需要一艘可以装得下大象的船。"曹冲说。众人很是不解，不知道曹冲到底要做什么。曹操也很好奇，他让人把大象牵到河边。曹冲叫人把大象牵到船上。大象很重，十几个人费尽心思才勉强将它赶到了船上。大象一上船，船身就迅速地下沉。待船身稳定后，曹冲叫人在船的吃水线上做了一个记号。

接着，曹冲叫人把大象赶回了岸上。就在大象离开船身的一刹那，船上浮了很多。曹冲又命令士兵搬来石块往船上装。随着一筐筐的石头被搬上船，船身开始一点儿一点儿往下沉。不一会儿，水就涨到了之前做的记号那里。

曹冲对曹操说："现在，只要称一称这些石块的重量就知道大象有多重了！"

一旁的大臣们这才恍然大悟，都夸曹冲聪明。曹操自然更加高兴，对这个儿子也更加喜爱了。

聪明的小朋友们，如果要你来称一称大象的重量，你还能想出别的方法吗？

师：故事读完了。小曹冲是怎样来称大象的重量的？

生2：小曹冲是利用船的浮力，让大象的重量和石头的重量通过船下沉到相同的吃水线，那么大象的重量就和石块的重量一样了。

师：也就是说船就像一个天平，大象和石块就像天平的两端，都让船下沉到同一吃水线，就像天平平衡，所以大象就和石块一样重了。这就是我们数学中经常用到的"等量代换"。

师：那为什么要用石块来代替大象呢？

生3：大象太重了，无法一次性称重。曹冲将大象的重量转化成了很多小石块的重量，就可以通过将一块块小石块称重，然后将石块重量相加得出大象的重量。

师：在这个故事中，哪些地方可以带给我们数学的思考？

生4：曹冲把大象的重量转化成石块的重量，运用了转化的策略。

$$大象 \xrightarrow{转化} 石块$$

生5：曹冲把一头大象的重量化整为零，变成许多石块的重量。

$$一头大象 \xrightarrow{化整为零} 许多石块$$

生6：曹冲在船上做了记号，是为了让大象的体重和石块的重量保持一致。

$$一头大象的重量 \xrightarrow{等量代换} 许多石块的重量$$

师：用数学的眼光来读这个故事，我们会发现里面竟然隐藏着奇妙的数学思想和方法。

2. 组合图形

（出示）希望小学有一块草坪（如图6-3-8所示，单位：米），它的面积是多少？

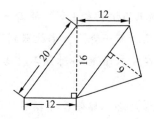

图6-3-8　草坪面积测量图

师：这个面积可以直接计算吗？为什么？

生7：不可以，因为这不是我们学过的规则图形，没有对应的公式直接计算。

师：那它的面积可以怎么求呢？

生8：我们可以把这个图形分割成几个我们学过的规则图形来计算。

师：如何分割这个图形？

生9：我们可以把它分割成一个平行四边形和一个三角形来计算它的面积。

生10：我们可以分割成三个三角形来计算它的面积。

师：图形分割之后该如何计算呢？你能根据"曹冲称象"中的数学方法来说一说吗？

生11：和称大象一样，先分别称出石块的重量再相加。求这块草坪面积时我们也需要分别算出每一块的面积，再相加。

师：谁能解决这个问题？

生12：平行四边形的面积：$12 \times 16 = 192$（平方米），

三角形的面积：$20 \times 9 \div 2 = 90$（平方米），

组合图形的面积：$192 + 90 = 282$（平方米）。

师：请说说你（生12）的想法。

生12：先算平行四边形的面积，平行四边形的面积=底×高，这个平行四边形底是12米，高是16米，所以平行四边形的面积是$12 \times 16 = 192$（平方米）（图6-3-9）。再算三角形的面积，三角形的面积=底×高÷2，这个三角形的底是

20 米，高是 9 米，所以三角形的面积是 20×9÷2＝90（平方米）（见图 6-3-10），最后再将两个部分相加，得出草坪的面积是 192+90＝282（平方米）。

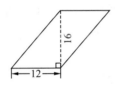

图 6-3-9 平行四边形面积

图 6-3-10 三角形面积

师：还可以怎样算？

生 13：我把这块草坪分成 3 个三角形，先算第 1 个三角形（见图 6-3-11），面积是 12×16÷2＝96（平方米）；再算第 2 个三角形（见图 6-3-12），同样也是 12×16÷2＝96（平方米）；最后算第 3 个三角形（见图 6-3-13），面积是 20×9÷2＝90（平方米），最后将 3 个三角形加起来：96+96+90＝282（平方米）。

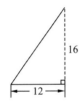

图 6-3-11 第一个三角形

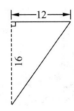

图 6-3-12 第二个三角形

图 6-3-13 第三个三角形

师：两种计算草坪的方法有什么相同点和不同点吗？

生 14：相同点都是把草坪分割成了若干个规则图形，算出面积后再相加。

生 15：不同点在于第一种是分成两个图形，第二种是分成三个图形。

师：就像用石块来代替大象体重的方法一样，我们分割图形的思路也是如此，都是将大的图形等量代换成若干个可以直接计算的小图形，然后再相加。

二、生活应用，灵活解决问题

师：还记得故事的最后一句话吗，"聪明的小朋友们，如果要你来称一称大象的重量，你还能想出别的方法吗？"学到这里，大家有什么想法吗？

（学习小组交流）

生 16：可以把石头换成人，人更灵活，更方便称重。

师：以当时的科学水平，曹冲提出的方法已经是非常先进的方法了，既利用船解决了没有那么大的天平的问题，还成功将大象的重量等量代换成了很多个可以计量的小石块的总重量。

师：那你们能利用这个思路来帮老师解决一下这个问题吗？

师：（如图 6-3-14 所示，教师将一瓶饮料及若干个不同的杯子放在桌上，饮料没有刻度，杯子有刻度）老师带来了一瓶饮料，可是老师不知道这瓶饮料有多少毫升，你有办法得到它的容积吗？

生17：我们可以通过查看瓶子上标的数据得知。

师：但是标签上没有具体的数据，该怎么办呢？

生18：我们可以把它倒在杯子里。

师：你发现了杯子是有刻度的，我们可以把这一瓶饮料等量代换成若干个小杯子的容量。下面大家就试试吧。

（让学生上台演示，将饮料倒入不同杯子中。）

500 ml

250 ml

100 ml

150 ml

图 6-3-14

师：现在你能告诉大家这瓶饮料有多少毫升了吗？

生19：这瓶饮料是 $150+250+500+100=1000$（毫升）。

师：很好，谁愿意来说说我们是怎么得出这瓶饮料的容积的？

生20：我们是把这瓶饮料倒入不同的杯子里，再相加得出来的。

师：用了什么数学思想呢？

生21：等量代换的数学思想。

师：说得不错，那现在我把这瓶饮料倒在了这样的三个杯子里，正好倒满，你能告诉我这三个杯子的容积吗？

（教师将饮料倒在一个大的和两个小杯子里，其中两个小杯子容积相同。）

生22：我们可以用 $1000÷3$ 来计算。

生23：不对，三个杯子不一样大，不能平均分。

师：那说明还缺少条件啊，谁上来看看这三个杯子，试着倒一倒，你能发现什么？（一名学生上台演示，将大杯子的饮料倒在小杯子里）

生24：一个大杯子可以装满两个小杯子（两个小杯子大小相同）。

师：用数学的语言来表述一下，大杯子的容积和小杯子的容积有怎样的关系？

生25：一个大杯子的容积等于两个小杯子的容积。

师：那现在谁来整理一下我们已知的数学信息，把它转化为一道数学问题。

生26：将一瓶1000毫升的饮料倒在1个大杯子和2个小杯子里，正好倒满，已知一个大杯子的容积等于两个小杯子的容积，求两种杯子的容积分别是多少？

师：你想怎么来解决这个问题呢？

生27：可以将大杯子转换成两个小杯子。（教师相继演示）

师：那现在是什么情况了？

生28：一瓶1000毫升的饮料正好倒满4个小杯子。

师：现在你们能算出这两种杯子的容积了吗？

生29：2+2=4（个），1000÷4=250（毫升），250×2=500（毫升）。

师：谁来说说这几个算式的含义？

生30：把一个大杯子转换成2个小杯子，再加上原来的2个小杯子，就相当于一瓶饮料倒满了4个小杯子。这样就可以直接用1000÷4=250（毫升），得到小杯子的容积，然后用250×2=500（毫升）算出大杯子的容积。

师：通过等量代换，我们知道了一瓶饮料的容积，还算出了杯子的容积。

三、拓展思考，提升应用意识

师：其实应用等量代换思想的有趣故事还有不少，比如"乌鸦喝水"的故事。我们一起来看看这个故事里是怎样进行数量关系的等量代换的。

乌鸦喝水

一只乌鸦口渴了，它在低空盘旋着找水喝。找了很久，它才发现不远处有一个水瓶，便高兴地飞了过去，稳稳地停在水瓶口，准备痛快地喝水。可是，水瓶里水太少了，瓶口又小，瓶颈又长，乌鸦的嘴无论如何也够不着水。这可怎么办呢？

乌鸦想，把水瓶撞倒，就可以喝到水了。于是，它从高空往下冲，猛烈撞击水瓶。可是水瓶太重了，乌鸦用尽全身的力气，水瓶仍然纹丝不动。

乌鸦一气之下，从不远处叼来一块石子，朝着水瓶砸下去。它本想把水瓶砸坏之后饮水，没想到石子不偏不倚，"扑通"一声正好落进了水瓶里。

乌鸦飞下去，看到水瓶一点儿都没破。细心的乌鸦发现，石子沉入瓶底，里面的水好像比原来高了一些。

"有办法了，这下我能喝到水了。"乌鸦非常高兴，它"哇哇"大叫着开始行动起来。它叼来许多石子，把它们一块一块地投到水瓶里。随着石子的增多，水瓶里的水也一点儿一点儿地慢慢向上升……

终于，水瓶里的水快升到瓶口了，而乌鸦总算可以喝到水了。它站在水瓶口，喝着甘甜可口的水，心里是那么痛快、舒畅。

生31：乌鸦是把石块和水进行等量代换了。

师：大家很善于观察，石块的体积和水的体积等量代换了，石块的体积将水的体积代换了出来，让水位上升了。

师：你能说说生活中还有哪些等量代换的应用吗？

（学习小组交流）

生32：天平秤称东西，是砝码的重量和物品的重量等量代换了。

生33：买东西，是钱和物品之间的等量代换。

生34：古时候没有货币的时候，以物换物就是等量代换。

师：学习何尝不是一种代换呢，大家付出的时间和努力，终将换来知识和成长。

师：数学故事里蕴藏着丰富的数学知识和数学思维，我们可以用它来解决数学问题，更可以用来解决生活问题。让我们行动起来吧，多阅读，多思考，我们会发现，数学应用无处不在。

【教有所思】

数学故事是生活中数学思维应用的结晶，是数学思维和数学方法在生活中应用的典型案例。阅读数学故事，可以在阅读中找寻、在阅读中思考、在阅读中总结，在不知不觉中获取数学的解题思维和逻辑思想，并用之解决数学问题乃至生活中的实际问题。学习的过程就这样潜移默化地进行着。很多学生缺乏学习的动力和学习的兴趣，原因主要是学生不知道学了有什么用，即对知识有效性的质疑。通过阅读生活这一本百科全书，数学阅读课可以让学生亲身经历知识的产生过程，并有效地将其用于解决问题，形成良性的循环，可以很好地激发学生的学习动力和学习兴趣，让他们产生学习积极性和主动性。

本节课的课堂实践，以"应用"贯穿全课，将数学故事作为起点，将数学思维藏于其中。学生通过阅读故事掌握数学方法，就好像通过阅读操作手册掌握方法技能一样，学生可以结合数学的思想去解决基本的数学问题和生活问题。数学阅读通过对生活小故事的解剖，让学生能够身临其境地感受数学对于生活的应用性，可深层次地激发学生的学习动力。通过将数学方法运用到解题中去，可以很好地提升学生对知识的应用能力，进而在解决生活问题时更加胸有成竹，自信满满，不知不觉地在解决问题的环节提升数学思维能力。最后以数学小故事结尾，前后呼应，激发学生学习的积极性，提升学生对知识的应用水平。

【学有所获】

学生 T："曹冲称象"是我们都听过的故事，但是以前总是把它当作一个故事听听就完了。今天这节数学课，让我对数学故事更加感兴趣了，原来简单的故事里蕴藏着如此深奥的数学知识，我们可以用来解题，甚至还能够解决我们生活中遇到的问题，以后再遇到数学小故事，我可要认真仔细地去阅读，去思考，找到故事里藏着的数学知识，和大家分享，在生活中应用。

学生 L：通过这节数学阅读课，我们解决了图形的问题，还解决了数量的问题，真是收获满满。可谁能想到，我们解决问题的方法竟然是曹冲在很久之前就使用过的方法，真是太奇妙了。不仅如此，乌鸦喝水这么浅显的故事里不仅蕴藏着在遇到困难的时候，要运用智慧、认真思考才能让问题迎刃而解的思维方式，还蕴含着等量代换的数学思想。

【观有所感】

有趣的"等量代换"是一节应用类的数学阅读课。首先，学生需要通过阅读数学材料来找到解题的思路和方法。执教老师将"曹冲称象"的数学故事作为开篇，学生可以很明确地找到其中蕴含的数学思想方法："等量代换"。如果将"乌鸦喝水"作为开篇则显得过于深奥，这一点执教教师的选择很正确。中间部分，执教老师使用了几何问题作为应用"等量代换"解题的第一站。借助几何直观的特性，将分割法巧妙地融入"等量代换"这一数学思维中，学生可以更清晰、更明确地知道为何需要将分割后的图形面积相加这一解题方式。第二站使用了生活问题让学生来感受数学思维的应用性。将问题抽象出来，其实是一道代数题，解题方法是"转化"。执教老师将其也融入了"等量代换"，将两种不同数学类型、不同解题方法巧妙地与"等量代换"融合，可以说是成功地将数学思想方法用于数学解题的方方面面，应用于生活。最后乌鸦喝水的故事是点睛之笔，联想到时间和知识的"等量代换"，拉高了整节课的境界，也有效地呼应了前面的数学故事，让学生由故事起，由故事终，唤起了学生数学阅读的兴趣，提升了学生的学习动力。

（课程设计：陈林）

5. 兔子有几只？
——"斐波那契数列"名题阅读

【适用学段】

第三学段（5~6年级）

【阅读素材】

1. 有趣的斐波那契数列（斐波那契数列是指这样的一个数列：1，1，2，3，5，8，13，21，34，55，89，……这个数列从第3项开始，每一项都等于前两项之和）。

2. 数学家斐波那契生平介绍。

3. 根据相关资料整理、自编的数学阅读材料（自然界中的斐波那契数列，如海螺和花瓣）。

【设计意图】

数学承载着思想和文化，是人类文明的重要组成部分。数学的发展可谓波澜壮阔，在悠久的历史长河中诞生了不少数学经典名题。这些数学名题不仅仅是一道道题目，也是一个个有趣的数学故事或者现象，是精彩的数学史，是数学家孜孜不倦、锲而不舍地钻研的奋斗史。数学名题蕴含了丰富的数学思想和方法，引领着某一领域的研究不断走向深入，具有极其深远和广泛的影响力。让学生阅读和了解数学经典名题，从小给孩子们种下一颗探索数学无穷奥秘的种子，有利于激发学生学习数学的兴趣，帮助学生从小树立数学研究的志向。学生在和经典的对话中，能打开思路，开拓视野，学会从不同角度分析问题和解决问题，锻炼数学思维，提升数学素养，提高实践能力和创新精神。

斐波那契数列，又称黄金分割数列，因数学家莱昂纳多·斐波那契以兔子繁殖为例子而引入，故又称为"兔子数列"。斐波那契数列是一个与生活紧密联系的神奇数列。对数学经典"斐波那契数列"的研究，可以让学生浸润数学文化、感悟数学思想。观察斐波那契数列与自然生活的联系，可以激发学生的探究欲望，培养学生的文化素养。独立思考、小组合作探究的形式，可以让学生体会到合作的乐趣和益处，养成良好的学习习惯，营造宽松的学习氛围。让学生自己动手展示"斐波那契数列"与生活方面的联系，则可以拓展学生的知识结构，激发学生探索的欲望。

【教学目标】

1. 认识什么是"斐波那契数列"，了解这个数列的基本特性。

2. 在感知、分析、归纳和应用的过程中，锻炼学生思维能力，使学生学会用从易到难的思想方法解决问题，培养有序的思维品质。

3. 感悟数学文化的广袤和久远，培养良好的数学阅读习惯，形成积极的数学情感。引导学生能主动发现大自然与数学的紧密联系，学会用数学的眼光观察和思考现实世界。

【教学重难点】

重点：认识斐波那契数列的特征。

难点：理解和验证斐波那契数列的特征。

【教学过程】

一、游戏导入，由易到难

师：老师想跟大家玩个猜数游戏，同学们想玩吗？（出示表格 6-3-2 和猜数游戏规则）

表 6-3-2　猜数游戏的表格

序号	1	2	3	4	5	6	7	8
数								

猜数游戏规则

1. 在表格的前两格填写 1~9 任意两个整数，注意先写小数再写大数。
2. 从第 3 个数开始，接下来的每个数都是之前两个数之和。
3. 告诉老师第 8 个数是多少，老师就能猜出前面的第 7 个数是多少。
4. 或者告诉老师第 7 个数是多少，老师也能猜出第 8 个数是多少。

师：请一名同学来读一下游戏规则。（略）

师：你读懂了吗？这个游戏怎么玩？

生1：这个游戏分两步。第一步，我们先按规则1和2填好表格；第二步，学生和老师玩猜数游戏。

师：谁能举例来说说，规则2"从第3个数开始，每个数字都是之前两个数之和"是什么意思？

生2：例如第1个数填3，第2个数填5，那么第3个数就是8（3+5），第4个数就是13（5+8），以此类推。

师：讲得很清楚了。请同学们拿出学习单，先从1~9这9个数中任意想两个数，小数在前、大数在后填在表格里。然后根据规则2依次填写好表格。

（学生在学习单上填写表格如表6-3-3所示）

师：谁愿意和老师来玩猜数游戏？看看老师能不能猜出你写的数。

生3：我写的第8个数是86，我写的第7个数是多少？

师：老师猜第7个数是53，对吗？请你拿表格到投影仪前让大家验证一下。

表6-3-3　第一次猜数游戏统计表

序号	1	2	3	4	5	6	7	8
数	1	6	7	13	20	33	53	86

（大家都惊讶老师猜对了）

师：谁还想玩一次？

生4：我写的第7个数是66，我写的第8个数是多少？

师：老师猜第8个数是107，对吗？也请你拿出表格让大家验证一下老师的答案（见表6-3-4）。

表6-3-4　第二次猜数游戏统计表

序号	1	2	3	4	5	6	7	8
数	2	7	9	16	25	41	66	107

师：你们觉得老师厉害吗？想知道猜数的奥秘吗？让我们开启下面的学习。

二、引出课题，激发兴趣

师：刚才的游戏，我们填的数有什么特点？

生5：数字都是整数。

生6：最开始的两个数都小于10。

生7：从第三个数开始，接下来的每个数都是之前两个数之和。

师：没错，我们把表格内的每个数叫作一"项"，那么从第三项开始，每一项都是前面两项之和，这样很有规律的数字组合我们称为数列。像同学们刚才写的数列都跟斐波那契数列有关，斐波那契数列又称兔子数列，这是怎么回事呢？它和我们的生活有关系吗？带着这样的问题，我们一起来研究有趣的斐波那契数列。(板书课题)

三、阅读名题，了解数学史

师：兔子数列是由几个世纪前一位叫作斐波那契的意大利数学家提出的。你听过这个名字吗？课前老师让大家进行了课外阅读，相信同学们都已经收集了有关斐波那契的一些生平资料，谁愿意来分享？

生8：我愿意，这是我收集到的资料。(PPT展示阅读材料，并朗读材料)

意大利数学家莱昂纳多·斐波那契，出生于13世纪意大利比萨的一个商人家庭。他从小游历了许多城市，他对0~9这10个数字符号产生了浓厚兴趣，并开始深刻理解它们的含义。

在当时，意大利仍然使用罗马数字进行计算，斐波那契看到了这种美丽的阿拉伯数字的价值，并积极地在欧洲提倡使用阿拉伯数字。起初意大利人并不愿意改变以前的运算习惯，后来通过不断接触，加上斐波那契和其他数学家的努力，终使印度—阿拉伯的十进制系统得以在欧洲推广，并被缓慢地接受。

欧洲数学从中世纪到文艺复兴的转折中，斐波那契扮演了承前启后的关键角色。他重新翻译那些失传已久的古希腊数学和哲学，通过这种方式，欧几里得等许多古希腊学者的伟大著作得以重现在欧洲的新式大学中。斐波那契在欧洲数学的复兴中占主导地位，在算数、代数、几何等方面都有贡献，是世界上著名的数学家之一。他留给数学界的宝贵遗产是一系列绝妙的数列。

师：介绍得真详细，你一定花了很长时间去整理与收集他的资料。让我们用掌声谢谢这位同学。那什么是兔子问题呢？谁来介绍一下。

生9：(PPT展示阅读材料，并朗读)

1202年，斐波那契在他撰写的《计算之书》一书中提出"兔子问题"，也就是著名的"斐波那契数列"。他在书中提到这个问题：假设一对初生的小兔子要一个月才到成熟期，而一对成熟的兔子每月会生一对兔子，那么，

由一对初生兔子开始，12个月后会有多少对兔子呢？

------------------------------------- ■

四、解读名题，有序思维

师：这就是著名的斐波那契数列，也叫兔子数列。

（出示题目和表格）

■ -------------------------------------

假设一对小兔子，长大需要一个月，在长到第3个月开始有繁殖能力，接下来每月能生下一对小兔子。一位农夫在1月从市场购买了一对兔子，问到12月这位农夫家中会有多少对兔子？先画出（设计）一张空表如表6-3-5。

表6-3-5　兔子数列记录数表

月份	1	2	3	4	5	6	7	8	9	10	11	12
兔子/对												

------------------------------------- ■

1. 引导探究

师：想知道第12个月究竟有多少对兔子，你打算怎么办？

生10：按要求一个月一个月地算出来。

生11：运用——列举的策略。

生12：分别列举出小兔子和成熟的兔子。

生13：利用小棒摆一摆，填一填。

生14：我打算利用画图的方法来画一画。

师：看来同学们已经有了解题的思路，我们先从简单的思路想起：第1个月有几对兔子？

生（齐声说）：1对。

师：第2个月呢？

生15：还是1对，不过和第一个月比较，兔子长大了。

师：第3个月呢？

生16：2对，原来的1对兔子生下了一对小兔子。

（根据学生回答，教师课件演示）

师：第1个月，只有1对小兔子，并没有成熟的兔子，所以第1个月的时候总共只有1对兔子。第2个月时，第1对小兔长大变成成熟的兔子，没有小兔子出生，所以第 2 个月的时候还是 1 对兔子。第 3 个月时，1 对成熟的兔子会生下 1 对小兔子，所以第 3 个月的时候共有 2 对兔子。

师：接下来的几个月又会有多少对兔子呢？请大家小组合作，将得出的结果填写在空表格中（见表 6-3-6）。

表 6-3-6 兔子数列记录数表

月份	1	2	3	4	5	6	7	8	9	10	11	12
兔子/对	1	1	2									

（学生小组合作交流，操作并完成表格的填写）

2. 交流反馈

师：大家都已经完成了表格的填写，请各小组派一位代表来交流一下，其他组员可以对交流的内容进行补充。

生 17（上台展示，指着画的图说明）：

我们小组一开始是通过画图的方法来研究的。我们发现——

三月份有 1 对大兔子和 1 对小兔子；

到了四月份 1 对小兔子长大了，同时 1 对大兔子又生下了 1 对小兔子，所以有 2 对大兔子和 1 对小兔子，共 3 对兔子；

到了五月份又有 1 对小兔子长大了，同时 2 对大兔子生下了 2 对小兔子，共 5 对兔子；

到了六月份又有 2 对小兔子长大了，同时 3 对大兔子生下了 3 对小兔子，一共是 8 对兔子；

到了七月份又有 3 对小兔子长大了，5 对大兔子生下了 5 对小兔子，共 13 对兔子。

我们根据这个发现将每个月的兔子数量整理成表 6-3-7。

表 6-3-7 兔子计数表

月份	○表示小兔子；●表示长大的兔子	兔子/对
1	○	1
2	●	1
3	●○	2
4	●●○	3
5	●●●○○	5
6	●●●●●○○○	8
7	●●●●●●●●○○○○○	13
……	……	……

生 18（补充）：到了八月份之后兔子又多了，不太好画了。我们就没有继续画下去了。但是我们在填写表格时发现了一个规律：第 4 个月兔子的对数加上第 5 个月兔子的对数就得到第 6 个月兔子的对数；第 5 个月兔子的对数加上第 6 个月兔子的对数就得到第 7 个月兔子的对数。然后我们又验证了一下前面月份兔子的对数，发现也有这样的规律，所以我们就没有继续画下去，而是根据规律将表格填写下去了。第 8 个月有 21 对；第 9 个月有 34 对；第 10 个月有 55 对；第 11 个月有 89 对；第 12 个月有 144 对。

师：说得太棒了！一边画图，一边计算，一边填表。竟然把兔子问题解决了，真了不起。让我们把掌声送给这一小组的同学。

3. 揭示规律

师：同学们，你们也发现了这样的规律吗？（出示表 6-3-8）

表 6-3-8　12 个月份的兔子数量计数表

月份	1	2	3	4	5	6	7	8	9	10	11	12
兔子/对	1	1	2	3	5	8	13	21	34	55	89	144

生 19：前两个月兔子的对数合起来，就是第 3 个月的兔子对数。

生 20：将前两个月兔子的对数加起来，就能够得到下个月的兔子对数。

生 21：从第 3 个月开始，每个月的兔子对数都是前两个月兔子对数的和。

师：同学们说得真好，从第 3 个数字开始，每个数字都是之前两个数字之和，由这些数字组成的数列，我们就称为斐波那契数列。

五、再读名题，探索奥秘

1. 分组探究

师："斐波那契数列"的神奇之处仅限这个规律吗？课前大家进行了阅读，查阅了资料，请同学们以小组为单位，根据你了解的材料，大胆猜测，大胆探索，进行验证。

2. 汇报交流

师：各小组有什么发现？

生 22（代表 A 小组）：我们小组通过将这个数列每 3 个数分为一组，如：（1，1，2）、（3，5，8）、（13，21，34）、（55，89，144）。我们发现每组的前两个数都是奇数，第 3 个数都是偶数。

生 23（代表 B 小组）：我们小组也是通过分一分的方法来研究的，不过我们是每 4 个数分为 1 组，如：（1，1，2，3）、（5，8，13，21）、（34，55，

89，144）。我们发现每 4 个数中都有且只有 1 个数可以被 3 整除。

生 24（代表 C 小组）：我们小组发现每 5 个连续的数中有且只有一个能被 5 整除。

生 25（代表 D 小组）：我们小组发现每 6 个连续的数中有且只有一个能被 8 整除。

师：你们通过把数列中的数分组的方法，就有这么多的发现，真了不起，还有没有不同的发现？

生 25（代表 E 小组）：我们小组是通过资料的提示，斐波那契数列中连续 10 个数之和，必定等于第 7 个数的 11 倍。我们进行了验证。

① $1+1+2+3+5+8+13+21+34+55 = 143 = 13 \times 11$；

② $3+5+8+13+21+34+55+89+144+233 = 605 = 55 \times 11$；

③ $5+8+13+21+34+55+89+144+233+377 = 979 = 89 \times 11$。

师：你们发现的这个规律适合所有的连续十个斐波那契数之和吗？可以继续进行验证。

生 26（代表 F 小组）：我们小组是通过计算的方法来研究的。我们这学期学习了有关比的知识，所以我们想到计算前一个数和后一个数的比值。

$1 \div 1 = 1$

$1 \div 2 = 0.5$

$2 \div 3 = 0.666\cdots$

$3 \div 5 = 0.6$

$5 \div 8 = 0.625$

$8 \div 13 = 0.61538\cdots$

$13 \div 21 = 0.61904\cdots$

$21 \div 34 = 0.61764\cdots$

$34 \div 55 = 0.61818\cdots$

$55 \div 89 = 0.61797\cdots$

$144 \div 233 = 0.61802\cdots$

我们小组通过选择连续的两个数并计算出它们的比值，发现它们的比值越来越接近黄金比率 0.618。

师：给你们小组点赞！是的，所以斐波那契数列又被称为黄金分割数列。黄金分割率据说是由公元前 6 世纪古希腊哲学家毕达哥拉斯最先发现的。两位科学家相距 1000 多年，在斐波那契数列中相遇了，又过了 800 多年与我们相遇了。同学们，你们觉得神不神奇？

六、斐波那契数列与生活

师：今天我们认识了一个非常神奇的数列——斐波那契数列，神奇的斐波那契数列只和数学有关吗？和生活有没有关系？课前老师让另一组同学收集了一些资料，我们一起听他们的介绍。

生27：在钢琴的键盘中，从一个 C 键到下一个 C 键就是音乐中的一个八度音程，其中共包括 13 个键，有 8 个白键和 5 个黑键，而 5 个黑键又被分为两组，一组有 2 个黑键，一组有 3 个黑键，而 2，3，5，8，13 恰好是斐波那契数列中的前几个数。

生28：用斐波那契数列的各项，如 1，1，2，3，5，8 为边长画出的正方形，可以拼成一个长 13 个单位、宽 8 个单位的长方形，在每个正方形中画一个 90 度的扇形，连起来的弧线就是斐波那契螺旋线，也称"黄金螺旋"。

生29：我发现自然界中有很多斐波那契螺旋线的图案，它们是自然界最完美的经典黄金比例。比如鹦鹉螺等贝类，还有星云图中，都有完美的斐波那契螺旋线。人类耳朵的形状也符合这种螺旋形状，这种形状的构造可以帮助人类更好地接收声波，从而增强听力。

师：你观察得真仔细！知识面真广泛！

生30：大多数植物的花，其花瓣数都恰是斐波那契数列，如兰花、百合花有 3 枚花瓣，桃花有 5 枚花瓣，飞燕草有 8 枚花瓣，万寿菊有 13 枚花瓣，紫菀有 21 枚花瓣，雏菊属植物有 34，55 或 89 枚花瓣。

生31：我还知道，海棠的花瓣是 2 枚，蝴蝶花是 3 瓣花，梅花的花瓣是 5 枚，向日葵的花瓣有的是 21 枚，有的是 34 枚，菠萝表面的鳞片所形成的螺旋线数也蕴含斐波那契数列。

师：难道这些植物真的懂斐波那契数列吗？那肯定不是这样的，这是很多种植物在亿万年的进化中选择的生长方式。从这一层面说，大自然或许也是"懂"数学的！

师：看来斐波那契数列真是无处不在啊。其实早在古希腊时期，人们就已经将黄金分割运用于建筑、艺术领域。比如 2400 年前的帕提农神庙，还有巴黎圣母院、埃菲尔铁塔等世界著名的建筑。达·芬奇著名的绘画作品《蒙娜丽莎》被人们喻为"永恒的微笑"。这幅作品不管从什么角度看，都会发现画中的女人在对着你笑，那么为什么蒙娜丽莎的微笑会这么迷人呢？科学家们把这幅画放大 30 倍后，恍然大悟，终于找到了这幅画迷人的原因所在——这幅画，每个地方都保持着 0.618 这个黄金比例。

师总结：数学总会在不经意间带给人们惊喜，13 世纪斐波那契无意中发现的数列，在多年后大放异彩，并运用于我们的日常生活中。一串数字与自然和艺术有着不可分割的关系，表面的向日葵、海螺和蒙娜丽莎画像，其实背后也可以被分成"斐波那契数列"。这种奇妙的关系让人觉得惊艳，或许这就是数学的美与魅力所在吧。数学史波澜壮阔，诞生了不少数学名题，今天的"斐波那契数列"只是其中之一，其他数学名题的背后又有怎样的故事和奥秘呢？这个就留给大家自己去探索啦！

【教有所思】

数学经典名题中包含着深远的数学史，蕴藏了丰富的数学思想方法，具有极其深远和广泛的影响力。因此本课以小学生能够理解的数学名题"斐波那契数列"为主题，给孩子们种下一颗研究数学的种子。通过数学经典名题的阅读，让学生在学习的过程中像数学家一样去思考和交流，让学生的思维生长在研究过程中可见，培养学生独立思考、合作探索的数学品质，拓展学生的数学思维。

本课以"斐波那契数列"为主题，带领学生在真实情境中感受数学与生活的紧密联系，让学生在自主探索中发现问题、提出问题，并通过独立思考、合作探究的过程自行去分析问题、解决问题。在课堂前自行查阅资料，使得学生有更多的时间去探究和发现生活当中的数学趣事；在课堂上以学生为主体的自主呈现，则进一步培养了学生实践探索能力。这些真正做到了让学生成为课堂的小主人。

阅读并不限于文科类学科，阅读也不仅仅是读书本、读故事。一个好的数学名题本身就是一个蕴含无穷奥秘的历史典故。在数学名题阅读中感受数学史的源远流长；在数学名题阅读中体会数学家的数学思想；在数学名题阅读中探索数学与生活的有机结合；在数学名题阅读中锻炼学生的数学思维。以数学名题阅读为手段，拓宽学生的数学思路，全面提高学生的数学素养！

【学有所获】

学生 X：斐波那契真是一位了不起的数学家，给我们留下了丰厚的数学财富。他发现斐波那契数列的眼光更是独到，还有生活中竟然也有这么多鲜活的事例，数学在我们的生活中真是无处不在！他真是太了不起了。我以后也要像他一样，成为一名伟大的数学家！

学生 W：自然界中竟然有这么多植物、这么多的物体与黄金分割数列有关。蕴藏黄金分割数列的图案和物体真是有一种别样的美丽！以前我还没什么感觉，现在越来越能体会到黄金分割率的美妙之处了！其他的数学名题中又蕴藏着怎样的奥秘呢？它们和生活又有哪些联系呢？我已经迫不及待想去探索了!

【观有所感】

"斐波那契数列"是一道较为经典的数学名题，在数学史上获得过广泛的关注。"斐波那契数列"是一个蕴藏着艺术美学的数学数列，是一个令人无法忽视的传奇数列。本课教师转变了传统观念，以"斐波那契数列"为名题阅读的教学篇章，让传统的数学课变成了一节让学生发现美、欣赏美的数学课。将学生从枯燥、乏味的数学问题中解放出来，激发了学生的求知欲，锻炼了学生的实践能力。教学设计始终围绕以学生为主体的课程理念，将课堂交给学生，将数学还给天性。

本课设计由易到难，从有趣的小游戏开始，激发了学生的数学学习兴趣。在"兔子问题"的教学中，教师有条理地引导学生从多角度思考问题，运用多种方法解决问题，在解读名题的过程中培养了学生独立思考、合作探究的良好习惯。在教学过程中以学生为主体，让学生做课堂的主人，讲述斐波那契的生平事迹，感受数学史的悠久发展、趣味横生。学生在课前自主收集整理相关资料并在课堂上呈现，让学生有了充足的机会展示自己，在交流的过程中教师对学生展示成果进行提问，引领全班同学扩大了自身的知识面。师生间的合作交流，帮助学生逐渐形成"三会"的核心素养。在探索发现规律的过程中，学生体会到了合作的强大力量。

在课堂的最后，教师留下悬念，吸引学生自己去阅读更多的数学名题。相信通过这节数学名题阅读课的教学，学生体会到了数学的文化与美学价值。学生以后会更加细致地用数学的眼光观察世界，更加深入地研究世界中所蕴藏的数学规律，同时也会在遇到问题时，运用数学思维和方法分析问题，解决问题，真正将数学融于生活，运用于生活。

（课程设计：林高君）

6. 折扣和成数
——百分数在生活中的应用

【适用学段】

第三学段（5~6年级）

【阅读素材】

1. 报纸、杂志、书籍等媒体中含有百分数的资料片段。

2. 生活中含有百分数的实物，如商标、广告等。

【设计意图】

本课是一节指向应用的数学阅读课，也是常态化教学中融合数学阅读元素的研究课。《义务教育数学课程标准（2022年版）》将百分数相关内容置入"统计与概率"领域，顺应时代发展和社会进步的要求，体现了课程内容的时代性，百分数不再只是一种相对稳定的倍比关系的表达，它还是一个重要的统计量，是一种相对随机的表达，充分实现它的统计意义与应用价值。百分数在生活中有着广泛的应用。无论是打开电视，或者翻开报纸，还是从人们随意的交流中，都能见到百分数的影子。本课的设计，以数学阅读为研究点，以百分数的统计意义为核心，以百分数的应用价值为主线，分为三个部分：一是让学生谈谈生活中的百分数，让学生感悟百分数能带给我们丰富的信息；二是通过举例运用百分数解决生活中的实际问题，由此来体会数学与生活的密切联系；三是综合应用，探索百分数的应用价值。同时，教师还可通过提供数学阅读材料，强化读题审题指导等，尝试让学生在自读自悟中发展数学思维能力。

【教学目标】

1. 使学生在练习中进一步理解生活中有关折扣的知识及解决这些问题的基本方法，进一步体会百分数相关问题的内在联系，加深对百分数实际问题数量关系的认识。

2. 使学生理解在农业生产中成数的有关知识，了解百分数在现实生活中的应用。

3. 使学生通过自主探索进一步积累解决问题的经验，培养分析问题、解决问题的能力。

4. 通过对数学教材文本及收集的补充资料的阅读教学指导，帮助学生在深入理解知识本质的基础上更好地解决实际问题。

【教学重难点】

重点：在生活情境中解决关于百分数的实际问题。

难点：理解百分数作为统计学数据的作用。

【教学过程】

一、生活中的百分数

师：我们在生活中经常会用到百分数。近期我们学习了应用百分数的知识来解决一些生活中的实际问题。谁能说一说利用"百分数的知识"可以帮助我们解决哪些问题？

生1：可以用来解决纳税问题。

生2：利息问题要用到百分数。

生3：还有折扣问题也要应用百分数。

师：这是我们在书本上学到的知识。同学们你们还知道生活中哪些地方应用百分数？这些百分数分别起了什么作用？

生4：我看到工厂生产产品有用到合格率、返修率。这些百分数让我们能准确了解产品的质量好坏。

生5：到公司上班经常要统计出勤率、缺勤率。这些百分数能够让我们很快了解到今天有多少人上班，有多少人请假。

生6：老师有时会统计我们练习的合格率、良好率，还有优秀率。这样老师就能了解我们学得怎么样。

生7：我先来读一段天气预报，"今天夜间降水概率为80%，明天白天有五~六级大风，降水概率为10%，早、晚应增加衣服。"80%和20%，让人一目了然下雨的概率是多少。

生8：我也看到一段资料，"春节假期，某省旅游市场迎来强势复苏，据统计，春节假日全省共接待游客4514.61万人次，同比增长244.7%，实现旅游收入384.35亿元，同比增长249.4%。再创假日旅游历史新高。"通过百分数，可以知道出游的人数很多。

师：同学们交流了很多生活中应用百分数的例子。百分数让人们了解到丰富的信息。我们继续研究和百分数相关的实际问题。

二、用百分数解决实际问题

师（出示图片）：从图中你可以获取哪些数学信息？

生9：这家店所有服装，都打九折。

师：九折是什么意思？

生10：九折就是原价的90%。

师：请同学们根据图中信息，解决以下两个问题。

（1）一件西服原价480元，现在售价多少元？

（2）张阿姨买一件羊毛衫用了180元，这件羊毛衫原价多少元？

读题目，说说这两个问题不同在哪里？

生11：第一个问题是求现价，第二个问题是求原价。

师：现价怎么算？

生12：现价=原价×折扣，可以列出算式，480×90%=432（元）。

师：原价怎么算？

生13：现价÷折扣=原价，可以列出算式，180÷90%=200（元）。

师：商场里与百分数应用有关最多的就是打折了，同样是打折，也有不同的方法。请同学们阅读下面一段材料。

商场里有许多种类的促销手段，除了常见的打折促销外，还有譬如"买100送50""买一赠一""买五送一"，等等。这些其实都是打折促销的一些变形，我们在了解了打折后，对其他的促销方式也就一清二楚了。买100送50，就是买100元的商品送50元的购物券，让你继续购买其他的物品。这就相当于你花100元能买150元的东西，如果换成折扣就是大约六七折。买一赠一相当于五折。这些手段我们都可以统一换算成折扣来计算。这样我们就很清楚，到底哪个折扣力度大，能省多少钱。

师：商业上与百分数有关的术语是"折扣"。你知道农业上和百分数有关的术语是什么吗？（出示"你知道吗？"阅读材料，材料有补充。）

在农业生产中，粮食、棉花等农作物收成的变化情况，常用"成数"来表示。"一成"是十分之一，改写成百分数是10%；"三成五"是十分之三点五，改写成百分数是35%。"成数"还用来表示各行各业的发展变化情况。例如：国产电动车销量增加三成；十月份旅游人数比去年增加五成；使用节能灯后耗电量下降二成；等等。

师：你了解"成数"是什么意思吗？

生14："几成"就是十分之几，也就是百分之几十。比如七成就是十分之七，改写成百分数就是70%。

生15："几成几"就是十分之几点几，也就是百分之几十几。比如六成五就是十分之六点五，改写成百分数就是65%。

师：根据对成数的理解，你能完成下面的练习吗？

（1）某工厂今年比去年节约用电二成五。表示：某工厂今年比去年节约用电（ ）。

（2）农场去年棉花产量是1500吨，今年遭受虫害，棉花产量大概是去年的八成。今年棉花产量预计是多少吨？

生16：表示某工厂今年比去年节约用电25%。

生17：棉花产量大概是去年的八成，表示棉花产量大概是去年的80%，所以 1500×80% = 1200（吨）。

师：无论是折扣，还是成数，都是百分数在生活中的广泛应用。

三、综合应用

师（出示阅读材料）：

■ ----------------------------------

　　小芳和爸爸、妈妈暑假去北京旅游，准备7月3日早晨从上海坐高铁去北京，7月9日乘高铁返回。为了准备旅游的物品，小芳妈妈去逛了两个在搞促销活动的商场，A商场"每满100元减40元"，B商场全场打六折销售。妈妈看中了一双标价为350元的旅游鞋。同时，爸爸了解到因为促销活动，A商场本月的销售额比5月份增加了三成，B商场本月的销售额比A商场多10%。

---------------------------------- ■

```
家庭信息
小芳 身高1.42米，体重38kg
爸爸 身高1.78米，体重76kg
妈妈 身高1.63米，体重52kg
```

图 6-3-15　小芳及父母信息

```
上海　　北京
（高铁列车G10）
二等座 576元
（身高1.20~1.50米的儿童享受五折票价）
```

图 6-3-16　上海至北京高铁票价

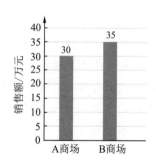

图 6-3-17　5 月份 A、B 商场销售额统计图

　　师：请同学们仔细阅读这段材料，然后来说说你从中获得了哪些数学信息？

生18：A商场的活动是"每满100元减40元"，B商场是"全场打六折"。

生19：妈妈看中的旅游鞋标价为350元。

生20：A商场本月的销售额比5月份增加了三成，B商场本月的销售额比A商场多10%。

生21：从上海到北京的高铁票价是576元。

生22：5月份A商场的销售额是30万元，B商场的销售额是35万元。

师：根据这些信息你能提出哪些数学问题？

生23：小芳一家从上海到北京的高铁车费是多少元？

生24：小芳妈妈在哪个商场买旅游鞋更划算？

生25：A、B两个商场本月的销售额各是多少万元？

师：同学们通过阅读分析，梳理了数学信息，提出了数学问题。你能解决这些问题吗？第1个问题，小芳一家从上海到北京的高铁车费是多少元？

生26：我们需要知道从上海到北京的高铁票价及乘车人数。

生27：一共需要576×3＝1728（元）。

生28：我有不同意见。因为购票信息上说，身高1.20～1.50米的儿童票价享受五折。小芳的身高是1.42米，可以享受五折票价。576×2+576÷2＝1440（元）。

生29：还可以这样算：576×2.5＝1440（元）。因为2人全价票，1人五折半价票，相当于有2.5张车票。

师：在解答这个问题时，我们不仅要考虑到高铁的票价和乘车的人数，还要关注身高信息，而这些资料就隐藏在车票和家庭信息之中，需要从图片中去寻找。在家庭信息中还有体重的信息，但是我们在解决问题的过程中并不需要考虑，所以我们还要学会排除对解题没有帮助的干扰信息。

师：请你继续帮小芳妈妈算一下在哪个商场买旅游鞋更划算？要解决这个问题，我们需要知道哪些信息？

生30：我们要知道旅游鞋的价格及A、B两个商场的优惠活动信息。

师：A、B两个商场分别有什么活动呢？

生31：A商场"每满100元减40元"，B商场"全场打六折"销售。

师："全场打六折"好理解，那什么叫"每满100元减40元"呢？

生32：就是满100元减40元；满200元减2个40元，就是80元；满300元减3个40元，就是120元；以此类推。

师：如果不满100元呢？

生33：那就没有优惠。

师：好，同学们通过阅读，结合举例，弄明白了题意。你能根据这些信息来解决问题吗？

生34：要知道在哪个商场购买旅游鞋更划算，就要算出在A、B两个商场购买旅游鞋分别要花多少钱。

A商场：每满100元减40元，350元里面有3个100元。所以可以这样列式，350−40×3＝230（元）。

B商场：全场商品打六折，就是原价的60%，可以用350×60%＝210（元）。

因为 210 元<230 元，所以在 B 商场购买旅游鞋更划算。

师：通过计算，我们发现到 B 商场购买旅游鞋更划算。你能继续分析一下 "每满 100 元减 40 元" 与 "全场打六折" 这两种促销方式，为什么在 B 商场购买旅游鞋更优惠？

生 35："每满 100 元减 40 元"，要满 100 元才能减，这部分就是花 60 元的钱可以购买 100 元的商品，实质就是打六折（60÷100＝60%）；但是不满 100 元的部分就不能减，差一元都不行。实际生活中，不可能所有商品都正好是整百的。相比 B 商场的 "全场打六折"，"每满 100 元减 40 元" 优惠力度小。

师：分析得很到位，表达得也很清楚。我们可以通过举例计算出哪种方式更划算，也可以通过数学分析来比较。

师：我们接着来解决第 3 个问题，B 商场本月的销售额是多少元？要解决这个问题，我们还需要用到哪些条件？

生 36：A 商场本月的销售额比 5 月份增加了三成；B 商场本月的销售额比 A 商场多 10%。

师：请圈出你认为关键的词语，然后找一找数量之间的关系。

生 37：B 商场本月的销售额比 A 商场多 10%，所以要先算出 A 商场本月的销售额。

师：A 商场本月的销售额可以怎样求？

生 38：根据 "A 商场本月的销售额比 5 月份增加了三成"，可以这样列式，$30×(1+30\%)＝39$（万元）。

师：A 商场的销售额算出来了，那么 B 商场的销售额应该怎样来算呢？

生 39：B 商场本月的销售额比 A 商场多 10%，所以 B 商场的销售额可以这样求，$39×(1+10\%)＝42.9$（万元）。

师：我们在解决这一问题时，主要是通过寻找关键的条件来分析数量关系，从而知道要求 B 商场本月的销售额，必须得先求出 A 商场本月的销售额。而要求 A 商场本月的销售额就需要知道 A 商场 5 月的销售额，而这一信息隐藏在条形统计图中，需要从条形统计图中获取，同时从统计图中还能看出 B 商场 5 月的销售额，但是这一信息对于解决这个问题来说并没有用，只是干扰条件，所以要排除。

师：现在请同学们回顾一下刚刚解决问题的过程，说说你有什么体会？

生 40：读懂题目，理解题意非常重要。

生 41：解决问题时，可以从条件思考，也可以从问题出发。

生42：可以从问题出发，分析并寻找有用的关键信息。

师：我们在解决问题时要学会根据问题分析并寻找有用的关键信息，这些解决问题要用到的关键信息，可能会显示在文本中，也可能隐藏在图表中，需要我们认真梳理数量关系，排除干扰条件，找到对应的条件来解决问题。

【教有所思】

百分数是小学数学教学中的重要内容。学生根据学习分数的经验，往往会简单地将百分数理解成"分母是100的分数"，忽略其重要的统计意义和应用价值，而应用价值又是建立在百分数统计意义的基础之上的，所以，教师需要加强关于百分数统计意义的教学。一方面让数学素材生活化，因为百分数和我们的日常生活结合得非常紧密，因此教学中选用大量生活中的事例，挖掘隐藏在"百分数"后面的故事，让学生分析百分数的意义，从而加深对百分数的理解。另一方面让学生用数学语言来表达生活中的百分数。

【学有所获】

学生Q：这节课我收获颇丰，商场里有各种各样的促销广告，我们要学会用数学的方法来比较哪种促销方式更优惠。以前跟着爸爸妈妈逛商场的时候，经常看到有各种促销广告，有的一目了然，比如"八折""七五折""对折"；有的说法就不一样，比如"买三送一""第一件原价、第二件五折""满百送十"，等等。现在我知道了，其实这些促销信息都可以换算成百分数来比较。

学生S：生活中很多地方都会用到百分数。这节课我通过阅读材料的提示，加上生活中的观察和联想，知道了商业上的折扣和农业上的成数是怎么回事。我通过课外阅读还知道，谈生意的时候往往会说"三七分成""四六分成""五五分成"，这其实就是约定好按成数比例来分配财物。

【观有所感】

《义务教育数学课程标准（2022年版）》将百分数从"数与代数"领域划分到"统计与概率"领域，并指出：结合具体情境，探索百分数的意义，能解决与百分数有关的简单实际问题，感受百分数的统计意义；在简单的实际情境中，应用统计图表或百分数，形成数据意识和初步的应用意识。[1] 本课程在此方面做了有益尝试。

---

① 中华人民共和国教育部.义务教育数学课程标准（2022年版）[S].北京：北京师范大学出版社，2022：40.

1. 体现了百分数的应用价值。教师在众多关于百分数的应用事例中，重点选取了折扣和成数两个典型事例。"折扣"是学生常见的例子，日常生活中随处可见；"成数"多用于农业方面，学生并不熟悉，课堂上进行了此方面的介绍。当然生活中百分数的应用远不止如此，教师通过熟悉和陌生的两个例子，将百分数的应用巧妙辐射到生活的方方面面。最后创设情境，引导学生在具体情境中灵活应用百分数解决问题。教师在指导学生对"每满 100 元减 40 元"和"全场打六折"两种促销方法的比较中，既让学生举例验证，又通过百分数的意义来说明，让学生知其然更知其所以然，学会探求数学的本质。

2. 感受百分数的统计意义。在小学数学中，百分数不仅仅是"分母为 100 的分数"，它还表示比的关系，有着重要的统计学意义，百分数能"反映一组数据的总体情况"。事实上，在我们的日常生活中，常常会遇到需要推测和判断的情况，比如今天天气怎么样，出行路上会不会堵车，购买的商品是否物美价廉，购买策略是否要货比三家？等等。这些都是在真实情境中运用百分数进行推测的案例。可以说，正是因为百分数的统计意义，才和我们的生活关联如此紧密。

3. 渗透数学阅读的指导。在和执教老师的交流中，了解到本课的设计也基于对数学阅读的研究。但是本节课不是专门的数学阅读课，而是在课中融合进数学阅读，加强了数学阅读的指导，这是一项非常有意义的尝试。在课堂的教学过程中，我们也能看到教者有多处这方面的渗透。例如让学生辨识情境中的数学元素，圈出重点词句，找出有关联的数量，建立数量间的逻辑关系，培养学生的数学表达能力等。开展数学阅读教学，在教学中有意识地培养学生读题审题能力，对于提高学生思维能力，发展核心素养，都有很好的促进作用。

（课程设计：邵颖洁）

第七章

数学阅读课堂拾贝

第一节　从学生视角看数学深度学习的五个维度[①]

深度学习，源于人工智能，本意指机器学习领域中对模式（声音、图像等）进行建模、识别的一种方法。随着人们对脑科学和学习科学研究的深化，深度学习的概念逐渐进入教育科学和教学实践的视野，成为目前教育研究领域的热点。

深度学习是基于学习层次划分的一个概念，而小学数学深度学习，则是指在教师引领下，学生围绕着具有挑战性的学习主题，全身心积极参与、体验成功、获得发展的有意义的数学学习过程。[②] 基于上述论断不难看出，学生是深度学习的主体。从学生视角出发，深度学习中的学习者有哪些维度特征？教学中又如何有效促进学生的深度学习？

一、有序的知识结构

编排数学教材是按知识领域交错螺旋上升安排的。学生接收知识，是分块分时段动态存储记忆的，加上"记忆与遗忘"交互作用的特点，决定了学生单一时段的知识是相对有序的；而一个时期内积累的知识却是相对繁杂和零乱的。处于无序状态的知识，致使学生停留在入门阶段。

知识序化是大脑思维对知识进行深度加工的结果，是深度学习的重要维度之一。受年龄的限制，小学生还不具备自主梳理知识的意识和能力，要让

[①]　陆椿．从学生视角看数学深度学习的五个维度［J］．基础教育参考，2020（5）：50-52.

[②]　马云鹏．深度学习：走向核心素养（学科教学指南·小学数学）［M］．北京：教育科学出版社，2019：2.

学生在头脑中形成有序和充满"活力"的知识结构，建构知识体系，教学中就需有意识地加强这方面的渗透和训练。

如江苏教育出版社出版的义务教育课程标准实验教科书《数学（五年级下册）》"简易方程"单元，知识梳理可分以下几个层次：首先是"归类"，引导学生依次整理本单元涉及的主要知识内容，一是等式与方程的含义，二是等式的性质，三是用方程解决实际问题。其次是"再现"，结合例子，梳理每个内容所包含的具体知识点，例如等式和方程的具体含义，等式性质的具体表述等。再其次是"联系"，在上述基础上引导学生梳理各知识点之间的联系和逻辑关系，如等式和方程的关系，等式性质的具体应用（解方程），用方程解决实际问题的基本步骤等。最后是"序化"，沟通与本单元内容相关的其他知识，如用方程解决实际问题与用普通算术方法解决问题的异同等，形成完整的单元知识体系，以思维导图（如图 7-1-1 所示）简要示意如下：

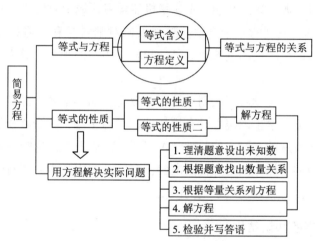

图 7-1-1　"简易方程"单元复习思维导图

通过分类梳理，学生对"简易方程"单元的知识有了比较清晰的认知，明确了各知识点之间的联系，在头脑中形成了模块化的体系。系统的梳理和归类，有效揭示了知识之间的内在联系，将分散的知识点连成线、结成网、组成块，融会贯通。"有序"的知识结构，让思维更具活力，这是深度学习的重要表征。

二、深刻的数学理解

从数学理解视角来看，深度学习应是对数学概念和规律本质上的主动理解，是能举一反三和融会贯通的一种学习，它探索的是表面化、情境化和生活化背后的数学本质的东西。浅层式的学习，是对知识的机械记忆，就事论事，浮于表面，学不致用。① 而深度学习，有对数学知识和概念的深刻理解，看是否能"举一反三"，能从解决一个问题联想到多个问题；看是否能"触类旁通"，能从解决多个问题联想到一类问题；看是否能"融会贯通"，能从解决一类问题联想到解决新的问题。

据此，教师要有针对性地进行深度教学，如："把 2，3，5，7 四个数字分别填入□里，写成乘法算式：□□□×□。要使积最大，应该怎样填？"

把 2，3，5，7 这四个数字分别填入□里，写成乘法算式。

(1) 要使积最大，应该怎样填？□□□×□

(2) 要使积最小，应该怎样填？□□□×□

该题一定要通过计算才能进行比较吗？

这是在三年级学习"两、三位数乘一位数"之后的一道拓展题。要使乘积最大，那么两个乘数中三位数百位上的数和一位数都要大。学生根据已有的知识经验，很快将"2，3，5，7"四个数字按从大到小进行排序，三位数的十位和个位分别为 3 和 2，学生没有异议。但是对于三位数百位上的数和一位数的确定，却有两种不同的意见：532×7 和 732×5。到底哪个算式的乘积大些呢？学生想到可以通过算一算比较：532×7 = 3724，732×5 = 3660，由此得到 532×7 的乘积最大。

课上到这里，问题似乎圆满解决了。但是为何 532×7 的乘积就比 732×5 的乘积大呢？这是个例还是普遍？偶然还是必然？一定要通过计算才能比较出来吗？对于这些问题，学生还是有疑问的，也是值得继续深入思考和探索的。因此，重新给出四个数字"1，4，6，8"，让学生再次尝试，通过计算，果然得到 641×8＞841×6。这时，有思维敏锐的学生发现：四个数中数字最大的数单独组成一个数，剩下的三个数字从大到小排列到百位、十位、个位，组成三位数，这样组合成的两个数的算式乘积是最大的。教师在肯定了学生的探索之后，不直接下结论，而是让学生自己选择四个数字再次进行尝试，不久纷纷得到了肯定的结论。

① 孔企平. 促进学生深度学习的实践路径［J］. 福建教育，2019（48）：41.

针对学生的发现，教师继续引导：造成这一现象的原因是什么？在一阵无序之后，渐渐就有学生将观察点集中到数本身上来，以"532×7 和 732×5"为例：三位数百位上的数乘一位数，都是 3500，比出大小的关键其实是三位数十位上的数和一位数的乘积，即：30×7＞30×5。通过数的意义结合乘法分配律可看出，532×7＝(500+30+2)×7＝500×7+30×7+2×7，732×5＝(700+30+2)×5＝700×5+30×5+2×5，两相比较就一清二楚了。

最后，改编题目："把 2，3，5，7 四个数字分别填入□里，写成乘法算式：□□□×□。要使积最小，应该怎样填？"学生很轻松地解决了问题，并且还有理有据地说出了理由。

深度学习不是以解决问题为结束，而是在解决问题的过程中探索数学现象背后的本质，达到深度理解的目的。

三、丰富的活动体验

深度学习，需要学生多感官参与，因此，学生有更丰富的活动体验。如数学概念的建立，需要让学生在具体情境中获得体验，以少想多，以小想大，达到较好的效果。时间单位"时、分、秒"，长度单位"厘米、分米、千米"，还有质量单位的认识等，这些概念都较为抽象，尤其是"千米""吨"等较大的单位，学生在头脑中形成正确的表象更需要积累经验。因此，教师在进行这类概念的教学时，需要放慢节奏，让学生在丰富的体验活动中逐渐积累经验，从而形成正确清晰的单位概念。

如"认识千克"单元，为了帮助学生形成"千克"的正确认知，就可以设计富有层次、形式多样的体验教学活动：① 掂一掂。把 1 千克的物品放手里掂一掂，直接体验 1 千克的物体有多重。使学生对 1 千克的物体质量有初步的感知。② 估一估。拿一瓶饮料掂一掂，感觉是比 1 千克轻，还是比 1 千克重？验证是否估计准确。接着估一估，几瓶这样的饮料重 1 千克？③ 称一称。凭自己的感觉，在袋子中装 1 千克黄豆。然后称一称，和实际的 1 千克比一比，调整黄豆的数量，直至正好重 1 千克为止。活动中教师让学生在"估、比、称"的过程中逐步形成对 1 千克的认知，积累 1 千克有多重的经验。④ 用一用。估计身边哪些物品的质量正好是 1 千克，哪些物品的质量加起来估计是 1 千克。估计以后，再称一称加以验证。"慢工出细活"，通过富有层次的体验活动，给学生多一点时间去感受"1 千克"的质量，有利于其形成正确的认知，并积累活动经验。

四、灵活地解决问题

看学生能否灵活地解决问题，是检验深度学习显性的维度指标，它是在学生经历有序的知识结构、深刻的数学理解和丰富的活动体验之后，综合形成的一种能力和素养。灵活地解决问题，首先是能以正确的途径得到正确的结果；其次是在解决问题的过程中，能进行不同方法的比较并优化，迅捷准确地找到最佳方案。因为无论是解题还是现实生活中，解决问题的途径往往不止一种，如图 7-1-2 所示：

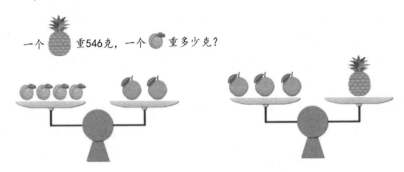

一个🍍重546克，一个🍑重多少克？

图 7-1-2　通过天平计算出桃子重量

学生就有多种解法。解法一是通过直观观察，根据天平上物体的种类和数量，先求出 1 个橙子的重量：546÷3＝182（克），接着求出两个橙子的重量：182×2＝364（克），最后求出每个桃子的重量：364÷4＝91（克）。解法二是分析数量之间的关系。观察左边天平，可以得到 1 个橙子和 2 个桃子的重量相等。因此在求出 1 个橙子重量的基础上，得到：182÷2＝91（克）。解法三是对比观察两个天平，左边天平可得到：1 个橙子的重量等于 2 个桃子的重量，右边天平可得到：1 个菠萝的重量等于 3 个橙子的重量，两者联系起来，可知 1 个菠萝的重量等于 6 个桃子的重量，得到：546÷6＝91（克）。

以上题为例，如果看题即动笔，可能会找到第一种解法；继续稍加分析，找一找水果数量之间的联系，可能会得到第二种解法；在此基础上如能再优化，借助数量的倍比关系，就会得到第三种解法。深度学习，就是要让学生在各知识点之间灵活切换，根据现实情境选择最佳的计算方法。

五、自觉地评价反思

深度学习是学生批判性地学习新知，并将它们融入原有认知结构中的一种学习活动。学生在学习中不是被动地接受，而是主动地进行评价和反思。

评价反思是一种高阶思维，是对知识进行深加工和自我生长的过程。评价反思首先是自我改错纠偏，自行剖析认知中的错误；其次是自觉将新知和已有的旧知通过迁移比较等进行融合；最后还要思考隐藏在知识背后的策略性方法和数学思想。

数学阅读作为一种特殊的阅读形式，对于学生评价反思能力的提高具有积极的作用。首先，数学阅读有利于促进学生形成批判性思维。在数学阅读的过程中，一方面学生需要对阅读素材进行理解和分析，提炼有价值的信息；另一方面学生要对信息进行加工，尝试找出关键点和解题思路。在边读边思的过程中，学生要反复地比较分析、批判优化、评估解决方法和判断结论，形成自己的思维路径。其次，数学阅读能够帮助学生反思自己的学习方法和思考习惯。通过阅读数学问题和解题过程，学生可以了解到不同的解题方法和思维模式。他们可以反思自己在解题过程中的思考方式、学习方法和思考习惯是否合理，是否存在改进的空间。当学生在解决问题的过程中发现自己的思路不够清晰、方法不够有效或者计算出现错误时，会及时寻找适合自己的改进方法。最后，数学阅读可以帮助学生评价自己解题方法的合理性。在阅读的过程中，学生可以对自己的解题方法进行评价。他们可以思考解题方法的逻辑性、有效性和合理性，并评估解题方法是否能够得到正确的答案。同时，数学阅读还可以帮助学生寻找与他人在思维方面的差异。通过阅读，学生可以了解到不同人的思维方式和解题思路。他们可以对比自己的解题方法和思维方式，寻找与其他学生思维方面的差异，并从中学习和借鉴。当学生在阅读他人的解题思路时，他们可以思考为什么他人选择了这种方法，是否有其他更好的方法，以及如何将他人的思维方式应用到自己的解题过程中。因此，教师要注重培养学生的数学阅读能力，为他们的评价反思能力的提高提供更多的机会和支持。

总之，深度学习的主体是学生。"有序的知识结构、深刻的数学理解、丰富的活动体验、灵活地解决问题、自觉地评价反思"是检验学生是否参与到深度学习的维度，也是教师需要在课堂上用心着力之处。

第二节 "读思做"结合 让思维"可视化"

发展学生的数学思维，培养学生的思维能力，是数学教学的根本任务，也是核心素养背景下数学教育的价值追求。思维，不管是形象思维还是抽象思维，都是看不见、摸不着的，有时甚至是难以表达的。课堂上通过引导学生多感官操作，让思维"可视化"，把思维路径呈现出来，是发展学生数学思维的有效途径。

一、做一做

数学思维往往是伴随着教学活动由浅入深产生的。抽象的数学思维要在课堂上得到外显，离不开数学活动。因此，在教学时，教师通过引导学生动手"做"，让学生经历操作、演示、实验、实践等过程，能观察出学生的思维走向，进而更好地培养学生的数学思维能力。

在第一学段，让学生动手"做"所借助的工具非常多，特别是在学习"数与代数"模块中，可以选用小棒、计数器、算盘等工具。学生借助工具，呈现学习数数或是加减法运算等内容过程时，能充分观察出学生的思维过程。

例如，江苏教育出版社出版的义务教育课程标准实验教科书《数学（一年级下册）》中的"两位数加整十数、一位数"（如图7-2-1所示），单元教学45+30和45+3，你是怎样算的？当学生用摆小棒的方法计算45+30时，教师要引导学生先摆哪个数，再摆哪个数，为什么要这样摆。学生在摆小棒时，往往会这样摆：把3捆和4捆放在一起，这是因为几捆的就和几捆的放在一起。而在计算45+3时，学生是这样摆的：把3根和5根放在一起，这是因为几根的和几根的放在一起，如此通过学生的动手"做"，充分展现了学生的数学思维，也体现了计算时的基本算理，3个10和4个10合起来，5个1和3个1合起来。通过学生的动手"做"，区别了不同的算法。

图 7-2-1　两位数加整十数、一位数图

再如二年级"认识千以内的数"，教师在教授999添上1是多少时，通过让学生经历边拨计数器边数数的过程，学生会如下操作（如图7-2-2所示）：

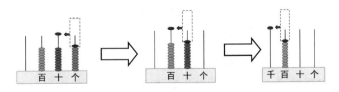

图 7-2-2　用计数器认识千以内的数

根据学生的生活经验，999添上1是1000，那么1000这个数是怎么来的呢，是何意义呢？通过拨珠，学生对1000这个数的含义会更深刻，个位添

上1颗满10向十位进1，十位添上1颗满10向百位进1，百位添上1颗满10向千位进1，原来10个100是一千，1个千是1000。

低年级学生所呈现的思维是零碎的片段。上例二年级学生对于计算较为抽象的题目，确实有一定的难度，通过"做一做"将思维呈现出来，难点就迎刃而解了。而二年级学生的数数结合操作，则让他们在数数过程中对"满十进一"的计数规则，以及十进制有了更加深刻的认识。通过学生的动手"做"，让思维更清晰，借助学生的动手"做"，让思维更有迹可循。

二、画一画

学生在数学练习中，可以把自己的思维过程通过文字、符号或图形等表示出来，画图是一种较简洁易行的方法之一。

例如：江苏教育出版社出版的义务教育课程标准实验教科书《数学（二年级下册）》第三单元"认识方向"，当学生认识了地图上的（上）北、（下）南、（左）西、（右）东之后，要解决物体与物体间的相对位置时，就可以通过"画一画"的形式，很好地解决问题。如：学校在人民桥的（　　）面，在体育场的（　　）面；少年宫的西北面是（　　），西南面是（　　）。学生会用箭头呈现出物体之间的相对位置（见图7-2-3）：

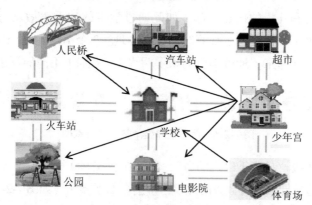

图7-2-3　通过地点认识方向

学校在人民桥的哪一方向，从人民桥指向学校位置，那么箭头所指的方向就是所要的方向。同理，根据这样的思路去解决学校在体育场的哪一面的问题，就迎刃而解了。少年宫的西北面是什么，从少年宫指向西北方向，就知道西北方向有什么了。从图中的箭头可以看出，学生已经分清了要问的是什么，相对于谁来说，然后用画箭头的方式来找出它们之间的相对位置。学生的动手"画"不仅体现了解决问题的思维方式，同时也不失为一种有效且实用的方法。

再如：江苏教育出版社出版的义务教育课程标准实验教科书《数学（三年级下册）》"小数的初步认识"，在表征小数，理解小数含义时，让学生用直观图表示出 0.6 元，结果不同的学生呈现出不同的表示方式。有的学生是画一个长方形，觉得 0.6 是其中一半再多一些，于是在中间多一些的地方直接画了一条线，像这样的学生仅仅只停留在会读会写水平，但对小数含义的理解还较模糊，他的直观图仅仅是根据生活经验，凭借感觉来画的。有的学生觉得凭感觉画一条线来表示 0.6 肯定不准确，于是他觉得应该把长方形平均分成 10 份，取其中的 6 份，才能表示 0.6，像这样的学生已经理解了小数的具体含义，并能用这样直观的图来表示其中的 0.6，这类学生已经有了一定的直观思考与定量表达能力。还有的学生是画了一条线段，平均分成了10 分，取其中的 6 段，来表示 0.6，像这样的学生他的认知水平又得到了进一步的提升与发展。

小小的示意图，让教师直观地看出了学生不同的思维路径和水平，这些都给了教师了解学生思维现状的机会，并可及时调整教学策略。

三、说一说

在数学教学中，要让学生成为课堂的主人，就要给予学生充分表达观点的时间与空间，在师生和生生的对话、沟通、质疑、辨析过程中，不仅能使学生的表达更准确，还能进一步提升和发展学生的数学思维。

例如，二年级"有余数的除法"，用 12 或 13，14，15，16 根小棒分别摆一个 4 根小棒搭成的正方形，结果会怎样？通过学生的操作及观察比较，学生能发现除法算式中的余数都要比除数小。这时候教师追问，为什么余数一定比除数小呢？如果余数等于除数或大于除数又会怎样呢？学生思考并回答，余数是剩下的小棒，不够再搭一个正方形，所以余数肯定比除数 4 小，如果余数等于除数或者大于除数，还可以再搭一个正方形，商就会增加 1。当学生用自己的语言将他对余数为什么要小于除数的道理表述出来时，说明学生对有余数的除法计算理解已经到位，且思路非常清晰。

数学思维用语言的形式表达出来，不仅锻炼了学生的语言表达能力，同时，口脑结合，能让学生数学思维得到更进一步的提升与升华。如二年级"两步计算解决简单实际问题"，解决问题在低学段中需要让学生具备会说已知什么，要求什么，以及解决该问题是怎么想的。数量关系式的具体表达对于低年段的学生来说还是较难的，在教学过程中，用自己的话来表达就很有必要，这样的表达不仅是解决了问题，同时也展现了学生的思维。例如：原有 37 张画片，又买来了 13 张，送给小芳 15 张，还剩几张？讨论中有这么几种想法：① 原有 37 张加上又买来的 13 张，再减去送给小芳的 15 张，列式：37+13-15。② 可以用原有的 37 张先减去送给小芳的 15 张，再加上买来的 13 张，列式：37-15+13。③ 把送给小芳的 15 张减去买来的 13 张等于 2 张，再用原有的 37 张减去 2 张，就是还剩 35 张。15-13＝2（张）是多送出去的 2 张，所以用 37-2＝35（张）。前两种方法属于简单思维，而第三种思维就有了一定的提升，对几种数量之间的关系理解得很透彻。

四、读思做结合

阅读、思考和实践操作是相互关联的，它们共同构成了数学阅读的基本特征。通过阅读，学生获取数学知识和启发；通过思考，学生学会分析问题和发现解决方法；通过实践操作，学生将思考转化为行动，并验证解决方案。在小学生的数学学习中，将"读思做"三者结合起来，通过可视化思维来理解和解决数学问题，是一种行之有效的策略。

例如我们熟知的"小欧拉智改羊圈"的故事：

小欧拉爸爸的羊群越来越多，达到了 100 只。原来的羊圈有点小了，爸爸决定建造一个新的羊圈。他用尺测量了一块长方形的土地，长 40 米，宽 15 米。他算出羊圈面积正好是 600 平方米，平均每一头羊占地 6 平方米。正打算动工的时候，他发现他的材料只够围 100 米的篱笆，不够用。但要是缩小面积，每头羊的面积就会小于 6 平方米。爸爸正发愁，小欧拉却对他说，他有办法解决这个难题。爸爸将信将疑，答应让欧拉试一下。只见欧拉以一个木桩为中心，将原来 40 米的两条边截短，缩短到 25 米；再将原来 15 米的两条边延长，增加了 10 米，也变成 25 米。经过这样一改，原来长方形的羊圈就变成了一个边长 25 米的正方形。爸爸照着欧拉设计的羊圈围上了篱笆，100 米长的篱笆真的够了，不多不少，全部用完；他又算了算面积，也足够了，而且面积还稍稍大了一些。爸爸很高兴，夸赞小欧拉是个爱动脑的孩子。

首先，阅读在数学学习中起到了重要的作用。通过阅读数学故事、数学题目和数学知识，学生可以了解到数学的概念、原理和应用。在上述故事中，欧拉爸爸面临着一个难题：要在有限的材料和面积条件下建造羊圈。学生站在小欧拉的角度思考问题，认识到了面积和周长的关系，并且想出了一个解决问题的办法。通过阅读，学生获取了必要的信息和启发，为思考和实践操作奠定了基础。

其次，思考是数学学习中不可或缺的一环。在阅读故事之后，学生需要进行思考，分析问题的本质和解决问题的方法。欧拉爸爸面临着材料不够用的问题，他的材料只够围 100 米的篱笆。小欧拉通过思考，意识到可以通过改变羊圈的形状来解决问题。他想到了将原来的长方形羊圈改造成一个边长为 25 米的正方形羊圈，从而节省材料的使用。通过思考，小欧拉得出了解决问题的创新方法，展现了他的数学思维能力。

最后，实践操作是将思考转化为行动的过程。在阅读和思考之后，学生需将自己的想法付诸实践，检验和验证自己的解决方案。故事中，欧拉爸爸根据小欧拉的设计，围上了篱笆，建造了新的羊圈。这时候，学生就需要自己动手来分别计算一下"长 40 米、宽 15 米的长方形的周长和面积"和"边长 25 米的正方形的周长和面积"，通过对比结果，直观发现"周长变短而面积变大"。教师还可以让学生继续动手试一下："用 100 米的篱笆，还能围出哪些长方形羊圈？它们和正方形羊圈的面积一样吗？"让学生的思维得到延伸和拓展。这样通过实践操作，小欧拉的解决方案得到了验证，羊圈的面积和周长都符合要求。实践操作不仅是对思考的检验，也是对阅读理解的应用，通过实践操作，学生既巩固了数学知识，也提高了解决问题的能力。

总之，通过学生的操作与实践，将数学思维呈现出来；通过画图，将数学思维以直观图形表征；通过阅读和表达，将抽象的数学思维外显化。只要灵活地运用多感官操作，就可以将"看不见"的数学思维"可视化"，从而提高和发展学生的思维水平。

第三节　思维导图运用于数学教学的有效策略

思维导图运用图文结合的技巧，把各级主题的关系用相互隶属与相关的层级图表现出来，从而激发人类大脑的无限潜能。小学数学概念众多，各种概念之间彼此纵横关联。思维导图能清晰地呈现各元素之间的逻辑关系，复杂的问题，往往通过一张图就能让学生明白。[1] 作为一种思维学习工具，思维导图让数学学习变得简单明晰、更具效率，也更加轻松有趣。

---

① 陆椿. 思维导图运用于数学教学的有效策略 [J]. 教育信息化论坛, 2020 (7): 98-99.

一、分析"条理化"

数学是研究数量关系的一门学科。数量关系讲究的是逻辑性和条理性，分析清楚数量关系，才能解决问题。思维导图的特点是能把繁杂的数量关系通过层级清晰地表示出来，对学生的思维起到关键的引导作用，使人一目了然，直奔主题。

通常解决生活中的实际问题，也没有固定的解答套路，一般通过数量间的逻辑关系，运用综合法、分析法或两种方法结合，把它分解成几个简单的能够一步计算的间接问题，再求出间接问题，层层推进，直至最后解决问题。如："服装厂要生产 8500 件运动服，已经做了 11 天，平均每天做 300 件，剩下的计划 13 天做完，剩下的平均每天要做多少件？"我们可以用分析法来思考，从问题"剩下的平均每天要做多少件"出发，需要知道两个条件：① 还剩下多少件？② 剩下的计划几天做完？条件②已知，条件①未知，因此把条件①作为间接问题，再去找解决它所必需的条件，以此类推。分析思维导图如图 7-3-1 所示：

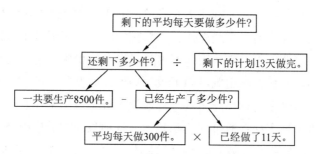

图 7-3-1　分析数量关系的思维导图

思维导图还能对一题多解等提供有效帮助。例如：有两根一样长的木料，从第一根上截去 $\frac{3}{4}$ 米，从第二根上截去全长的 $\frac{3}{4}$，余下的部分哪根长一些？这个问题由于木料的长度不知道，不同的长度有可能得出不一样的结论，因此需要按不同的情况分类讨论，才能做出正确判断。教师可引导学生通过思维导图，分成长度大于 1 米、小于 1 米或等于 1 米三种情况讨论，突破思维定式，分类解决问题。

二、解题"模块化"

数学教材一般按纵向知识体系编排，教师在教学中，就应多关注知识间的横向联系，让知识点纵横交叉产生关联，综合运用，从而激发学生的思维活力。思维导图是一种发散性思维，能有效地将知识目标和思维目标融合。如以往我们总是用"口算""估算""笔算""递等计算""用计算器算"等指导用语单一地指定计算方式，对学生运算策略的培养不足。因此，教师应有意识地弥补这方面的不足。如："老师买 90 根跳绳，每根 2.8 元。她带了 300 元钱，够吗？如果不够，应找回（或再付）多少元？"引导学生模块化分析（如图 7-3-2 所示），沟通几种计算之间的联系。

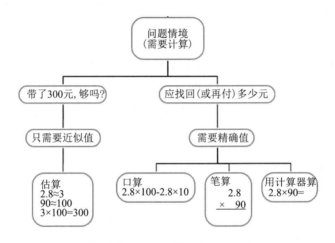

图 7-3-2 选择计算方法思维导图

我们在日常生活中面临计算的实际问题时，一般只考虑大致的结果，很少需要精确的结果。如果只需要大致的结果，那就选择估算；如果需要精确的结果，则还要根据实际情况，选择是口算、笔算，或者需要用计算器算。通过思维导图综合多个知识点，让学生根据现实情境模块化选择计算方法，有利于激发学生的思维活力。

三、记忆"结构化"

数学重在理解，但一些基本的知识概念，还是需要识记。思维导图生动形象，脉络清楚，信息容量大，学生乐于接受，有助于调动学生的记忆兴趣。数学记忆的方法有很多，如比较归类法，就可以以思维导图为手段，提高记忆效率。小学数学阶段常见的量有不少种类，各数量间进率也不一样，教师经常需要花费较多的时间来讲解，如果运用思维导图就能很好的解决这些问题（见图 7-3-3）。

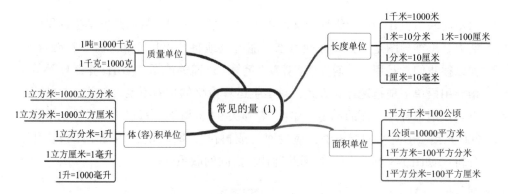

图 7-3-3 常见的量（1）复习思维导图

思维导图将纷繁复杂的内容进行有序归类，结构清晰，简单明了，能帮助学生记忆知识点。很多数学教师也认识到思维导图结构化记忆的显著效果，通过让学生自己画思维导图来达到知识整理的目的。学生也感到兴趣盎然，成效显著。

四、板书"网络化"

精妙的板书是一堂课的高度凝练，它至少应在几个方面启迪学生：一是知识点一目了然；二是能清晰地展现获得知识的思路和过程。板书是随着课堂演进动态生成的，学生临下课看板书，就能像电影回放一样，大脑可以迅速回顾整堂课的脉络。

运用思维导图设计板书，首先要找到思维的"核心"，一般来说一节课的课题即思维的"核心"。其次要找到与"核心"相关的"最近发展区"，即思维的起点。最后找出所有元素，将各元素和"核心"的关系呈现出来（见图 7-3-4）。

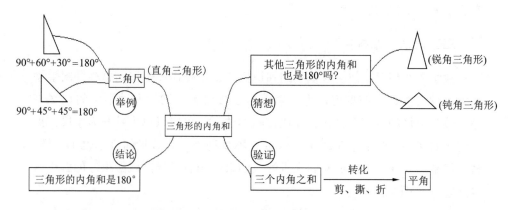

图 7-3-4 三角形的内角和整理思维导图

以"三角形的内角和"一课为例，从学生常见的三角尺导入，通过实际测量得到三角尺三个内角之和为180°，这是导图的第一枝干。继而产生疑问：直角三角形的三角尺的内角和是180°，那么其他三角形如锐角三角形、钝角三角形的内角和也会是180°吗，这些是导图的第二枝干。学生通过量、剪、撕、折等方法，探究各种类型三角形的内角之和，验证得到结论，完成导图的第三、第四枝干。课程结束，导图也基本完成了。最后把隐藏在知识背后的策略性方法："举例—猜想—验证—结论"揭示出来，让学生"知其然并知其所以然"。

思维导图作为一种深度思维工具，能有效地帮助学生构建逻辑框架，形成知识网络。① 只要我们在教学实践中善加运用，就可以达到事半功倍的效果。

第四节　数学语言表达思维的有效路径

数学是思维的体操。而思维是隐性的，它看不见、摸不着，唯有让学生的思维外显，教师才能在课堂上及时作出评价和引导。广义地说，每一种能够承载和展示思维成果的表现形式都是思维的表达方式。小学生的数学思维尚属于萌芽期，语言表达能力不强，要仅凭借语言表述将本就抽象的数学思维清晰地呈现出来，确实勉为其难。因此，结合小学生的年龄特征和数学学科特点，以语言表述为主，辅以图表、图示、模型、符号、演示等工具的"语言+"表现形式，是实现小学生数学思维外显的有效路径。不同的思维内容采用恰当的表现形式，方能让抽象的思维具体化，让说者说得清楚、听者听得明白。

一、语言+图表：让思维有"物"

语言描述是最常见的思维表达方式，它是指用语言描述思维过程、解决问题的路径和方法，以及还存在的疑惑和问题。② 教学中，常见的学生表达或言之无物，或词不达意，有的甚至无话可说。这无非有两种原因：一是思维本身出了问题，这需要从思维内部去寻找根源；二是有想法，但不知道怎

① 居寒芳. 思维导图式板书在英语教学中的运用 [J]. 教育研究与评论, 2019（9）：76.
② 刘月霞，郭华. 深度学习：走向核心素养（理论普及读本）[M]. 北京：教育科学出版社, 2018：103.

么用语言表达出来。要将思维通过语言清晰地呈现出来，是一个人内在的逻辑思维能力和外在的语言表达能力的综合结果。当小学生还不具备这种能力的时候，我们可以借助一些思维工具来架设一座由内而外的"桥梁"，让他们言之有"物"。

例如图 7-4-1 是一道选择题，有四个选项：

"龟兔赛跑"是我们熟悉的童话故事，下面选项中最符合这个故事情节的是（ ）。

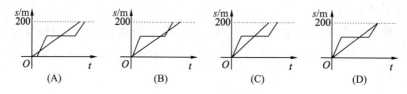

图 7-4-1　龟兔赛跑折线统计图

这四幅折线统计图中，横轴 t 表示时间，纵轴 s 表示路程，四幅图表示的是时间和路程的关系。"龟兔赛跑"是学生熟悉的故事，可以让学生先描述故事的大概情节。根据故事情节，乌龟匀速前进，没停过，所以斜线表示乌龟的时间和路程的关系；兔子走走停停，所以折线表示兔子的时间和路程的关系。对照故事情节和分析，接着让学生逐一描述每幅图的意思，做出判断：乌龟和兔子同时出发的，图 7-4-1（A）出发时间不同，可以排除；根据故事情节，最后是乌龟先到达目的地，图 7-4-1（D）显示的是乌龟和兔子同时到达，所以也不对。剩下 7-4-1（B）、7-4-1（C）两幅图中，B 表示的是兔子先到，C 表示的是乌龟先到，所以 B 也是错误的，最符合故事情节的是C。以上基于龟兔赛跑的故事，分析 4 幅折线统计图的含义，描述每一幅图的意思，从而顺利找到与故事内容匹配的选项。

示意图、线段图、统计图表等都是常见的思维工具。表达的时候借助图表等有形之"物"，学生内在的观察、分析的思维过程就能动态、有序地呈现出来，取得较好的表达效果。

二、语言+操作：让思维有"力"

数学思维伴随着教学活动由浅入深地发展。抽象的数学思维要在课堂上得到外显，离不开操作活动。因此，在教学时，教师通过引导学生动手"做"，让学生经历操作、演示、实验、实践等过程，从而能观察出学生的思维走向，进而更好地发展学生的数学思维。让学生动手"做"所借助的工具非常多，可以选用小棒、计数器、算盘等工具，还有生活中的各种实物。学生借助工具，能充分反映其思维过程。

数学思维是一种抽象思维，可以通过简单的符号来表示事物的本质属性和复杂的数量关系及变化规律。借助简单的符号，人们可以把思路直观地表达出来。例如探索简单的周期规律，观察海星是怎样排列的。（如图 7-4-2 所示）启发学生：你能用自己喜欢的方法简单清楚地表示出来，让别人一眼就能看明白其中的规律吗？

图 7-4-2　海星排列的图

学生展示了各种不同的表示方法：

生 1：（文字表示）红绿蓝　红绿蓝　红绿蓝……

生 2：（符号表示）○□△　○□△　○□△……

生 3：（字母表示）abc　abc　abc……

生 4：（数字表示）123　123　123……

无论是文字、字母、数字，还是图形符号，其实本质上都是一种数学符号。借助符号，上述海星的排列规律不用过多言语，一目了然，充分体现了数学语言的简洁直观。

三、语言+导图：让思维有"序"

思维导图通过图文结合，把各级主题的关系用相互隶属与相关的层级图表现出来，从而激发人类大脑的无限潜能。思维导图能清晰地呈现元素和元素之间的逻辑关系，往往通过一张图就能让学生明白复杂的数学问题。小学数学概念众多，各种概念之间彼此纵横关联。如整理和复习教学单元，必然涉及较多的知识点，尤其还要分析这些知识点相互之间的关系，如果单用语言来表述，很难讲清楚。这时候，语言结合思维导图这一工具，就能让思维呈现变得简单明晰，课堂也更具效率和轻松有趣。

数学是一门研究数量关系的学科。数量关系讲究的是逻辑性和条理性，数量关系分析清楚了，才能解决问题。思维导图能把繁杂的数量关系条分缕析，清晰地表示出各层级，对学生的思维起到关键的引导作用，使人一目了然，直奔主题。

四、语言+模型：让思维有"型"

数学模型是运用数学的思维方法和语言对生活中的实际问题进行抽象或仿真，从而解决问题的一种方法。例如生活中经常用到的"总价＝单价×数量""路程＝速度×时间"等，就是数量关系模型。

有些数学思维内容比较抽象，语言表达效果有限，通过数学模型来说明，则显得简单明了得多。例如："给一块地浇水，每小时可以浇这块地的 $\frac{1}{5}$。$\frac{1}{3}$ 小时可以浇这块地的几分之几？"我们可以通过构筑模型来说明：首先用一个长方形表示这块地，涂出它的 $\frac{1}{5}$；接着想 $\frac{1}{3}$ 小时可以浇这块地的几分之几，就是求 $\frac{1}{5}$ 的 $\frac{1}{3}$ 是多少，在图上涂出 $\frac{1}{5}$ 的 $\frac{1}{3}$。计算过程和结果为：$\frac{1}{5} \times \frac{1}{3} = \frac{1}{15}$，见图 7-4-3 和图 7-4-4。

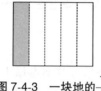

图 7-4-3　一块地的 $\frac{1}{5}$　　　图 7-4-4　$\frac{1}{5}$ 的 $\frac{1}{3}$

通过方格这种"直观模型"，将分数乘法的意义和算法简单清楚地表示出来，让人一目了然。在实际教学中，运用这种"直观模型"来表达的策略也很常见。比如认识小数，要求表示"一本笔记本的价格 1.2 元"。教师为学生提供两个相同的长方形，每个长方形都表示 1 元；引导学生将每个长方形平均分成 10 份，涂色表示价格数。学生通过在方格纸上涂色，理解了这样的对应关系：2 角＝0.2 元＝ $\frac{1}{5}$ 元，涂色表示就是涂出一整张方格纸中的 2 格，见图 7-4-5。

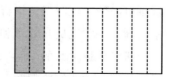

图 7-4-5　用涂色表示价格

数学语言描述的要点是准确、清晰、有序。准确是指思路想法正确，清晰是指表达简洁明了，有序是指逻辑清楚。数学思维用"语言+"的形式表达出来，不仅让学生锻炼了语言表达能力，还让学生的数学思维得到更好的发展。

第五节　数学阅读与学习品质的培养

学习品质，是学生在学习过程中形成的相对稳定的特性和在学习中表现出的特征，优秀的学习品质为一个人的终身发展奠基。学习品质因人而异，但主要受后天教育的影响。从培养学生创新精神和实践能力的要求出发，教师应在数学阅读的过程中着力培养学生"自觉阅读、独立思考、大胆质疑"这三个学习品质。

一、引导学生自觉阅读

自觉阅读是学习态度情感方面的一种品质。具有自觉阅读品质的儿童，能保持对事物的好奇心，有强烈的求知欲，能积极主动地投入阅读，不满足于已有的答案或方法，在阅读中思维是活跃的，体验是愉悦的。在现代学习背景下，具备自觉阅读的品质显得极为重要。日常教学中教师可以通过任务驱动、体验成功、培育"志商"等手段来引导学生达成自觉阅读。

1. 设计层层递进的阅读任务。自觉阅读首要是激发学生的内驱力，唤醒其深层次的阅读自觉。从儿童心理学上说，阅读教学所设计的主题和任务，不单是引起学习兴趣，更是促使学生进入一种思维上跃跃欲试的状态。[①] 课堂上看"任务"能有效"驱动"学生的阅读自觉，关键是要以学定教，把握学生的"已知、未知和须知"，基于最近发展区设计具有挑战性的阅读任务，让学生带着问题和思考全身心地投入学习。例如：江苏教育出版社出版的义务教育课程标准实验教科书《数学（三年级下册）》中"解决问题的策略（从问题想起）"，出示关于运动服、运动鞋和运动帽的单价信息后，引导学生思考：根据已知信息可以提出哪些问题？买一套运动服和一双运动鞋最多剩下多少元？最多花费多少呢？在解决问题的过程中你有什么体会？通过层层递进的问题驱动学生阅读信息，由浅入深思考。

2. 在矛盾冲突中体验学习的成功。自觉阅读离不开学习者积累的成功体验和信心。试问一个能自己解决问题、在阅读中体会到乐趣并获得精神满足

① 余文森. 有效教学十讲［M］. 上海：华东师范大学出版社，2009：37.

的人，又怎么会不爱阅读呢？体验成功绝不是仅把目光聚焦在获得理想的分数上，成功的体验贯穿学习的全过程，学生在课堂中获得新知、参与过程，得到教师和伙伴的鼓励肯定，都是成功的体验。虽然课堂教学有统一的目标任务，但教师需要正视差异，科学分层，帮助孩子树立"每天进步一点点"的小目标，让每个学生在阅读中都有独特的体验和收获，获得发展。同时，课堂评价注重"人的成长的隐性要素"，不仅关注知识的获得过程，更关注此过程中隐含的策略性方法和思想等，让学习的层次更丰富。

3. 从小培育孩子的"志商"。古人云："有志者事竟成！志高远者胜大任！"在阅读过程中，"志商"即意志品质的培养，是一个很重要的指标。人非是"生而知之"，而是"学而知之"，学习中遇到困难并不可怕，可怕的是不敢或不会去克服困难。因此课堂上要渗透"志商"的培养，一是榜样激励，教育学生树立正确的理想信念，形成积极向上的情感态度，让学生从小了解取得成功的不易，懂得生活中每一份收获都是努力坚持的结果。二是要培养学生良好的阅读习惯。三是适当运用挫折教育，让学生学会正确面对和克服学习中的困难。

二、促进学生独立思考

独立思考是指学生面对信息能独立做出决策和判断，属于深度思维的一部分。当下的部分学生缺乏独立思考的品质，碰到问题习惯性地从众和依赖他人。具备独立思考能力的人，才能对问题有新的看法，才能不拘泥于用已有的方法寻求答案。培养学生独立思考的学习品质，可以从先学后教、强化经验、提供"选择"等方面入手。

1. 尝试先学后教。让学生先思考，形成个人的想法或产生疑问，教师再点拨指导，以免学生进入思维定式。[①] 预习阅读也是"先学"的一种方式，教师适当加强预习的引导，如给学生列出阅读提纲、提出一些预习问题、发放"学习单"等，以利学生更好地独立面对问题、解决问题。

2. 让学生积累学习经验，是独立思考的基础。一个人要具备独立思考的能力，需要以系统的认知和个人经验为支撑，这样才不会人云亦云。课堂中要让学生积极参与，多感官投入学习活动，在丰富的体验活动中积累经验，从而形成正确清晰的概念。

3. 提供丰富的"选择"素材。学习素材是学生获取知识的载体。课堂

---

① 郜舒竹. 小学数学这样教 [M]. 上海：华东师范大学出版社，2015：149.

上为学生提供多样的素材，促使学生能通过一系列观察、分析、比较、联想、推理等思维活动，做出个人决策。"选择"实质上就是一个独立思考的过程，阅读中要让学生在多样性的学习素材中做出选择，善于提供多种解决方案或思路让学生进行比较优化，这些都有利于学生形成独立思考的品质。

三、培养学生大胆质疑的品质

大胆质疑体现的是一种高阶思维品质。阅读中不但能理解知识，还能经过分析提出疑问，其思维必然是有深度的。大胆质疑，首先是"大胆"，要敢于提问；其次是"质疑"，学会提问，能提问。培养学生大胆质疑的品质，教师需要引导学生因问促学，运用思维接力，还要注意保护孩子爱问的"天性"。

1. 通过因问促学，鼓励学生质疑。可合理运用"以师问促生问"的方式，如"对于这个问题，你有不同的想法吗？""这样的解法，你觉得有什么问题？""你同意伙伴的看法吗？""你还有什么疑问？"，等等。在数学阅读中使用"以师问促生问"的方式有三点好处：一是可以激发学生的问题意识；二是能培养学生的质疑能力；三是以学生之口提出的问题更易得到课堂共鸣。让学生充分表达不同的思路和想法，当然其中不可避免地会产生错误，学生的错误正是质疑的"激发点"，教师可引导学生之间相互质疑，相互辩论，相互解答。在阅读评价上树立"学生问得有理为好"的导向，让每位学生都能形成大胆质疑的品质。

2. 借助思维接力，引发思维生长。可能有的学生提不出问题，因为个人的思考总是有限的，所以课堂中教师要善于引导学生利用思维接力，促进思考不断深入，产生新的疑问。阅读，就是在和前人无声地对话。学生还可以在讨论交流的过程中得到启发，进而完善自己的方案，甚至想到新的办法。这种以他人的思维结晶作为继续思考的起点，后来的人接过前面人的"接力棒"继续向前冲刺，以团队的力量使思考达到新的高度，或可称之为：思维接力。对于学生的提问，教师不要急着做出评价，而是待学生充分讨论后再点评，有利于促进学生深度思考。

3. 保护学生爱问的"天性"。"爱问"是孩子的天性。学生自懵懂无知逐步认识身边的事物，开始探索世界，学生头脑里充满了许多奇奇怪怪的问题，总是爱问这问那。可是渐渐长大，尤其进入学校学习后，学生却越来越不爱"问"了。诸多原因中非常重要的因素就是环境变了，学生从家庭个体走进班级集体，社会意识开始萌芽，不再是"不懂就问"，而是会考虑"问题是不是太幼稚？伙伴们会嘲笑我吗？会受到老师的训斥吗？"等附加元素。因此，教师要研究学生的心理，在阅读中营造宽松和谐的氛围，给学生"问"的空间和时间，保护孩子的好奇心。同时告诉学生，每个人的基础不同、兴趣不同、侧重点不同，因此提出的问题自然也就各不相同，都需要尊重。"提问"和"质疑"，就是敢于挑战，都值得鼓励。

附录

附录一 关于"数学阅读"现状的调查问卷

亲爱的同学：你好！

　　本问卷是为了解当前同学们的数学阅读现状而制定的，调查结果将作为研究的数据并且保证不会公开，请结合自身实际完成下列问题。感谢你的配合！

　　年级：＿＿＿＿＿＿年龄：＿＿＿＿＿＿性别：＿＿＿＿＿

1. 你听过"数学阅读"这个词吗？（　　　）

A. 经常听到　　　　　　　　　　B. 有时候听到

C. 从没听过　　　　　　　　　　D. 不记得了

2. 你对数学阅读的看法是什么？（　　　）

A. 阅读对数学学习很重要

B. 阅读是语文和英语学科的事，数学只要会做题就行

C. 老师会讲数学课本上的知识，没必要自己再去阅读

D. 数学太难，不知道怎么阅读，也不知道读什么

3. （多选题）你认为数学阅读的主要作用是什么？（　　　）

A. 帮助理解数学知识　　　　　　B. 提高解题能力

C. 拓展数学知识面　　　　　　　D. 激发学习兴趣

4. （多选题）在数学课上，你经常阅读数学课本中的哪些内容？（　　　）

A. 数学例题

B. 重要的概念和公式

C. 练习题

D. 数学拓展知识，比如"你知道吗？"栏目

5.（多选题）在数学课外，你经常阅读哪些数学内容？（　　）

A. 数学趣味故事　　　　　　　　B. 数学教辅材料

C. 数学名家和名题　　　　　　　D. 不清楚，不怎么进行数学阅读

6. 你的数学老师会在课堂上让你阅读数学课本吗？（　　）

A. 经常阅读　　　　　　　　　　B. 有时阅读

C. 很少阅读　　　　　　　　　　D. 几乎不阅读

7. 你的数学老师会要求你们课外开展数学阅读吗？（　　）

A. 经常阅读　　　　　　　　　　B. 有时阅读

C. 很少阅读　　　　　　　　　　D. 不阅读

8.（多选题）当你不理解题意时，你的数学老师会怎样指导你？（　　）

A. 圈出关键词

B. 找出数量之间的关系

C. 反复阅读，书读十遍，其义自见

D. 提炼问题情境，画图列表等

9. 你认为老师的阅读指导对你进行数学阅读有帮助吗？（　　）

A. 非常有帮助　　　　　　　　　B. 比较有帮助

C. 很少有帮助　　　　　　　　　D. 没有帮助

10. 你通常采用哪种方式进行数学阅读？（　　）

A. 逐字逐句地阅读并思考　　　　B. 重点阅读感兴趣的内容

C. 掌握阅读内容的概要　　　　　D. 大致浏览，不懂的地方跳过

11. 你在数学阅读过程中进行标注吗？（　　）

A. 标注出认为重要的知识　　　　B. 标注出不理解的地方

C. 标注概念和公式　　　　　　　D. 不标注

12. 你会在数学阅读的过程中把新问题转换成熟悉的问题吗？（　　）

A. 经常，这有助于知识的联系

B. 有时，在不理解新问题的情况下

C. 很少，需要老师指导才能转换

D. 没有，找不到它们之间的联系

13. 你对数学阅读有什么想法或建议吗？

附录二 师生访谈提纲

1. 你对数学阅读有哪些了解?

（设计说明：旨在了解受访者对数学阅读的基本认识和了解程度，以便为开展数学阅读活动提供背景信息。）

2. 你认为数学阅读对数学学习的积极作用主要体现在哪些方面?

（设计说明：旨在了解受访者对数学阅读的认知经验和价值观，以便进一步探讨数学阅读在学习中的积极作用。）

3. 你认为当前班级里开展数学阅读的情况怎么样?

（设计说明：旨在了解受访者对当前班级开展数学阅读情况的观察和评估，以便进一步探讨数学阅读在提升学生数学素养方面的作用和可能的改进措施。）

4. （师）你平时向学生推荐哪些数学阅读材料? 请举例。

（生）你平时喜欢阅读哪些方面的数学阅读材料? 请举例。

（设计说明：旨在了解受访者对于数学阅读材料的推荐态度，以及学生在数学阅读方面的兴趣和偏好，以便了解学生数学阅读的习惯和方法。）

5. （师）你平时对学生有哪些数学阅读方面的指导?

（生）你平时得到过老师哪些数学阅读方面的指导?

（设计说明：旨在了解受访者关于数学阅读的指导和支持情况，以便了解教师对数学阅读的重视程度、指导策略的有效性，以及是否需要进一步加强教师对数学阅读的指导和培训等信息。）

6. 你对开展数学阅读活动有何想法或建议?

（设计说明：旨在了解受访者对开展数学阅读活动的建议和意见，以便获取可行的实施建议和优化策略，为进一步推广和改进数学阅读活动提供参考。）

后 记

《数学阅读行与思：走向课堂的小学数学阅读》书稿终于要付梓了。这对于我和团队的伙伴们来说，是一种莫大的鼓舞和鞭策。

身边的不少朋友都喜爱阅读。作为一名数学教师，我不由得开始关注起数学阅读。2021年春，我和志同道合的伙伴们组建了团队，申报了2021年度"姑苏教育人才"资助项目，项目名为"基于深度学习的小学数学阅读微课程的构建与实施"，同期申报了江苏省教育科学"十四五"规划课题并立项。课题组成员在项目资助下，认真思考并开展实践研究，其间克服了许多不利因素的影响，积累了一些经验和成果，并有了系统整理、结集成册的想法。

由于我们研究领域的特殊性，书中不可避免地引用了苏教版教材和各类数学阅读出版物中的素材。这些素材，一是用来分析数学阅读的特征；二是作为学生阅读的材料，无商业用途，在此向原作者表示衷心的感谢，并恳求得到包容和支持。书中引用的大部分数学阅读素材都做了备注说明出处，如有疏漏或不妥之处，被引用素材原作者可以通过电子邮箱971969070@qq.com和作者联系。在实践研究和构思本书的过程中，我们得到了诸多专家和同行的指导帮助。特别感谢导师徐斌老师为我们提供全程指导并欣然作序，感谢蔡宏圣老师、李兴贵老师、陈燕虹老师和缪建平老师等专家在百忙中为我们答疑解惑；也特别感谢团队成员秦倩华、褚琳昀、蔡苏茜、陈林、林高君、邵颖洁、孙小婷、尤晓昀、资懿、冷满红、皋岭、董良、余荣军、范丽伟、沈晓飞等老师提供了精彩的实践案例；还特别感谢江苏大学出版社的米小鸽编辑、许睿编辑和编审专家，他们耐心细致地指导我们对书稿的结构、内容进行修改和完善。最后还要感谢全体课题组老师和我工作室的成员，有了大家的团结协作、辛勤付出，我们才将当初的设想变成了有意义的书稿文字。在思考和实践的过程中，我们很努力，但由于水平有限，书中难免存在瑕疵。我们抱着真诚的态度欢迎读者朋友们批评指正，以利于我们后续改进。如果有意见和建议，同样可以通过上述电子邮箱联系我们。最后，想要表达的还是感谢，感谢在书稿从构思到最终成形的过程中，给予我们帮助的每一个人。感恩在心，并衷心祝福所有在路上奋斗前行的教育人。

陆　椿

2023 年仲夏